A busca pela
imortalidade

John Gray

A busca pela
imortalidade
A obsessão humana em ludibriar a morte

Tradução de
JOSÉ GRADEL

1ª edição

EDITORA RECORD
RIO DE JANEIRO • SÃO PAULO
2014

CIP-BRASIL. CATALOGAÇÃO NA PUBLICAÇÃO
SINDICATO NACIONAL DOS EDITORES DE LIVROS, RJ

G82b
Gray, John, 1951-
A busca pela imortalidade: a obsessão humana em ludibriar a morte / John Gray; tradução José Gradel. – 1ª ed. – Rio de Janeiro: Record, 2014.

Tradução de: The immortalization commission
ISBN 978-85-01-09427-8

1. Imortalidade – História – Século XIX. 2. Espiritismo – História – Século XIX. I. Título.

13-01647

CDD: 133.901
CDU: 133.9

Título original em inglês:
THE IMMORTALIZATION COMMISSION

Copyright © John Gray, 2011

Todos os direitos reservados. Proibida a reprodução, armazenamento ou transmissão e partes deste livro através de quaisquer meios, sem prévia autorização por escrito. Proibida a venda desta edição em Portugal e resto da Europa.

Texto revisado segundo o novo Acordo Ortográfico da Língua Portuguesa.

Direitos exclusivos de publicação em língua portuguesa para o Brasil adquiridos pela
EDITORA RECORD LTDA.
Rua Argentina, 171 – 20921-380 – Rio de Janeiro, RJ – Tel.: 2585-2000
que se reserva a propriedade literária desta tradução

Impresso no Brasil

ISBN 978-85-01-09427-8

Seja um leitor preferencial Record.
Cadastre-se e receba informações sobre nossos lançamentos e nossas promoções.

Atendimento direto ao leitor:
mdireto@record.com.br ou (21) 2585-2002.

EDITORA AFILIADA

Cada buraco de bala é um portal para a imortalidade.
Frederick Seidel

O amor tudo pode, menos ressuscitar os mortos.
Emily Dickinson

Sumário

Introdução: Duas tentativas de ludibriar a morte   11

1. Correspondências cruzadas   17

Darwin assiste a uma sessão espírita – F.W.H. Myers e Henry Sidgwick, fundadores da Sociedade para a Pesquisa do Psiquismo, combinam que enviarão mensagens depois de terem morrido — Psicografia e as correspondências cruzadas — Alfred Russell Wallace, o codescobridor da seleção natural convertido ao espiritismo — Sidgwick: a busca de uma vida após a morte e um buraco negro na ética — Darwin: a imortalidade da alma — George Eliot discursa sobre o Dever, ao crepúsculo, no jardim do Trinity College — Algumas variedades de vida após a morte — Myers e a evolução póstuma — A mensagem do além de Sidgwick: "Eu ainda procuro" — Duas versões do inconsciente — O eu subliminar e o poder da encarnação — Henry Sidgwick e Madame Blavátski — Sidgwick, Myers e o sexo *gay* — Myers e um amor secreto — Arthur Balfour: a ciência, a fé e a dúvida — O amor há muito falecido de Balfour lhe envia uma mensagem — Domingo de Ramos — As correspondências cruzadas, a Narrativa e o Plano — Eugenia *post mortem* e uma criança messiânica — Uma carta de Marte — A aparição e desaparição de "Clélia", a musa celeste de Myers — Um romance subliminar chega ao fim — Uspenski sobre a recorrência eterna — Chamas sobre Londres

2. Construtores de Deus 103

H.G. Wells chega à Rússia e se apaixona — Moura, a confidente de Maksim Górki e a "Imagem da Amante" de Wells — Robert Bruce Lockhart, Moura e a "conspiração Lockhart" — Wells descobre a vida secreta de Moura — O riso de Moura — O cheiro de mel — Wells, Darwin e o Dr. Moreau: "feras que perecem" — "Não há um 'padrão de coisas por vir'" — Maksim Górki, construtor de Deus — Anatóli Lunachárski, ocultista e Comissário Soviético para a Educação e a Cultura — Vladimir Bekhterev, neurologista e parapsicólogo, visita Stalin — Lamarck e Lysenko — O humanismo do canal do mar Branco — Górki e o extermínio de roedores — A imortalidade e a ciência dos foguetes: Konstantin Tsiolkovsk — Stalin, uma enorme pulga — A mala de viagem de Górki — A última palavra de Górki — Leonid Krasin, ministro soviético que lavava dinheiro e foi pioneiro da criogenia — Nikolai Fedorov, místico ortodoxo e tecnoimortalista — A Comissão de Imortalização — Kazimir Malevitch, o cubo-futurista e o inspirador do túmulo de Lenin — *Vitória sobre o sol* — Dois super-homens da Cheka — A máquina de café de Stalin — A máquina da morte — Água-de-colônia, cinzas e pão fresco — Walter Duranty, discípulo de Aleister Crowley e apologista de Stalin — O método de interpretação e os julgamentos-espetáculo — A fogueira de Moura

3. Doce mortalidade   187

Da psicografia à suspensão criogênica — Congelar e matar de fome a si mesmo por uma vida imortal — O aquecimento global e a Terra mortal — Ray Kurzweil e a singularidade — A inteligência artificial e a evolução virtual — O imortalismo, um programa para a extinção humana — A ciência como máquina de gerar problemas insolúveis — Leis naturais ou caos primordial — Chuva — O doce aroma da morte em Casablanca — A queda de uma folha

Agradecimentos   217
Autorizações   220
Notas   221

Duas tentativas de ludibriar a morte

Durante o final do século XIX e o começo do século XX, a ciência transformou-se em um instrumento investido contra a morte. O poder do conhecimento foi convocado para libertar os seres humanos de sua mortalidade. A ciência foi lançada contra a ciência e tornou-se um canal para a magia.

A ciência havia revelado um mundo no qual os seres humanos não eram diferentes de outros animais: tinham que enfrentar o aniquilamento definitivo ao morrer e a eventual extinção como espécie. Essa era a mensagem do darwinismo, não aceita totalmente nem mesmo pelo próprio Darwin. Para quase todo mundo era uma perspectiva intolerável e, como muitos haviam abandonado a religião, voltaram-se para a ciência para escapar ao mundo que a própria ciência havia revelado.

Um movimento expressivo e bastante integrado difundiu-se pela Grã-Bretanha, procurando encontrar evidências científicas de que a personalidade humana sobrevivia à morte do corpo. Pesquisadores do psiquismo, apoiados por algumas figuras de destaque da época, acreditavam que a imortalidade pudesse ser um fato demonstrável. As sessões de espiritismo, tão difundidas naquele tempo, não eram apenas jogos de salão vitorianos, inventados para distrair o espírito ao longo de tardes monótonas. Eram parte de uma busca ansiosa, às vezes desesperada, por um sentido da vida. Esse esforço atraiu figuras como o filósofo de Cambridge, Henry Sidgwick, autor de um estudo sobre ética que ainda é lido hoje em dia; Alfred Russel Wallace, que descobrira, juntamente com Darwin, a teoria da seleção natural, mas converteu-se ao espiritismo; e Arthur Balfour, na época primeiro-ministro britânico e presidente da Society for Psychical Research (Sociedade para a Pesquisa do Psiquismo), que foi levado, no final de sua vida, a corresponder-se através da escrita automática ou psicografia (textos produzidos sem percepção consciente, na escrita dos quais outra personalidade parece guiar a caneta) com uma mulher que morrera tempos antes, e que, acreditavam alguns, Arthur Balfour havia amado.

A busca de evidências de que a personalidade humana sobrevivia à morte realizada pelos pesquisadores do psiquismo era impulsionada pela aversão ao materialismo científico. Muitas vezes, porém, essa busca tinha outras motivações, mais pessoais. Membros de uma elite que se protegiam de um escrutínio minucioso ao apegar-se a um código de sigilo, os mais importantes desses pesquisadores do psiquismo usavam suas investigações sobre paranormalidade para revelar, e depois ocultar outra vez, aspectos de suas vidas que eles próprios ou sua cultura não podiam aceitar nem aceitariam. Houve até um caso, tornado público apenas um século depois, que inclusive envolvia um esquema secreto para conceber uma criança messiânica. Ao comunicar-se com os mortos através de "correspondências cruzadas", de milhares de páginas de texto escritas através da psicografia ao longo de quase trinta anos, esses pesquisadores do psiquismo acreditavam fazer parte de um experimento levado a cabo por cientistas mortos, que trabalhavam no Além, experimento que poderia trazer paz para o mundo aqui embaixo.

Ao mesmo tempo que setores da elite inglesa eram atraídos para a pesquisa do psiquismo, outro movimento contra a morte emergia na Rússia. Como na Inglaterra, a ciência e o ocultismo na Rússia não viviam separados, mas misturavam-se em uma corrente de pensamento que visava a criar um substituto para a religião. Em parte alguma isto ficava mais claro do que entre os "construtores de deuses" — um segmento da *intelligentsia* bolchevique que acreditava que os seres humanos poderiam algum dia, talvez muito em breve, superar a morte. Juntamente com Maksim Górki, entre os construtores de deuses contavam Anatóli Lunachárski, ex-teósofo nomeado comissário do povo para a Educação e a Cultura no novo regime soviético; e Leonid Krasin, discípulo do místico russo Nikolai Federov, que pensava poderem os mortos vir a ser ressuscitados através da tecnologia. Krasin, que se tornou ministro do Comércio soviético, foi uma figura-chave nas decisões tomadas sobre a preservação dos restos mortais de Lenin pela equipe de notáveis que ficou conhecida como a Comissão da Imortalização.

Segundo os construtores de deuses russos, a morte poderia ser superada com recurso ao poder da ciência. Os pesquisadores ingleses do psiquismo acreditavam que a ciência poderia mostrar que a morte era uma passagem para outra vida. Em ambos os casos, os limites entre ciência, religião e magia confundiam-se ou não existiam.

Na Rússia, assim como na Grã-Bretanha, a ciência era usada como uma forma de não aceitar a lição de Darwin de que os seres humanos são animais, sem nenhum destino especial que lhes assegure um futuro além de seu lar terreno. Essa era uma verdade da qual o ficcionista científico H.G. Wells não precisava ser persuadido. Wells devotou sua vida a convencer qualquer um que o escutasse de que uma minoria inteligente deveria apoderar-se do controle da evolução. Wells viajou à Rússia para encontrar-se com Górki e Lenin, líderes do novo regime bolchevique, que, acreditava ele, poderiam tirar a humanidade do caos da história. Mas, quando estava na Rússia, Wells envolveu-se com uma mulher, que mais tarde se tornou sua companheira de toda uma vida, a qual já havia aprendido que não havia saída. A arte da sobrevivência era acompanhar o fluxo dos acontecimentos, o que, no caso dela, significava ter sido "plantada" junto de Wells — e, antes de Wells, junto de

Górki — pela polícia secreta russa. A revelação de como esta mulher, que Wells descreveu como sua "Imagem da Amante", havia conseguido sobreviver desmontou a visão que ele tinha do mundo. Incapaz de romper com uma mulher amada que não podia entender, Wells descobriu que não era diferente do resto da humanidade. A minoria inteligente na qual Wells colocava suas esperanças não existia, e ele se viu forçado a aceitar que a extinção humana não podia ser impedida.

Apesar de ambas recorrerem à ciência para buscar a imortalidade, as rebeliões contra a morte na Inglaterra e na Rússia foram muito diferentes. Uma das razões é que as circunstâncias eram muito distintas. Ao longo do período em que a pesquisa do psiquismo floresceu, a vida britânica foi assinalada por uma continuidade ininterrupta. Mesmo a Primeira Guerra Mundial não destruiu o padrão prevalecente na sociedade. A terra foi abalada, mas a velha casa continuou de pé. Se a morte tinha que ser vencida nessas circunstâncias, isso havia de acontecer assombrando-se os vivos.

O propósito dos pesquisadores do psiquismo era não apenas mostrar que o espírito humano permanecia ativo após a morte do corpo, mas igualmente capacitar os mortos a fazerem contato com os vivos. Nas correspondências cruzadas, o objetivo era ainda mais ambicioso. Os mortos receberam a tarefa de salvar os vivos: o messias designado postumamente salvaria a humanidade de si mesma. O mundo poderia deslizar para a anarquia, mas o progresso continuava do lado de lá.

Na Rússia não havia lado de lá. Uma civilização inteira se havia desmaterializado, e o outro mundo havia desaparecido com ela. Enfraquecida pela Primeira Guerra Mundial na Grã-Bretanha, a crença no progresso gradual fora destruída na Rússia. O avanço passo a passo idolatrado pelos liberais não era mais possível. Mas a ideia de progresso não foi abandonada. Foi radicalizada, e os novos governantes da Rússia viram-se fortalecidos em sua convicção de que a humanidade avança através de catástrofes. Não apenas as instituições sociais, mas também a natureza humana devem ser destruídas, e somente então reconstruídas. Uma vez que o poder da ciência fosse totalmente domado, a morte poderia ser dobrada à força. Mas, para conseguir isso, o animal humano deveria ser refeito, uma tarefa que exigiu que dezenas de milhões de pessoas fossem mortas.

Tanto os construtores de deuses como os pesquisadores do psiquismo acreditavam que os seres humanos contassem com potenciais para além dos que eram reconhecidos pela ciência da época. Mas o fato é que a investigação científica do fenômeno paranormal falhou ao não revelar os novos potenciais humanos com que eles sonhavam. Em vez disso, mostrou os limites da percepção consciente e as vastas porções da vida que nunca poderão ser governadas pela vontade humana. Grande parte do estudo dos fenômenos paranormais era o que hoje podemos chamar de pseudociência. Mas a linha entre ciência e pseudociência é nebulosa e incerta: por onde ela passa só aparece com clareza em retrospecto. Não existe uma tradição científica clara, intocada pelos caprichos da fé.

Um velho conto de fadas diz que a ciência começou com a rejeição da superstição. Na verdade, foi a rejeição do racionalismo que deu origem à investigação científica. Os pensadores antigos e medievais acreditavam que o mundo poderia ser compreendido com a aplicação de princípios fundamentais. A ciência moderna começa quando a observação e as experiências passam a vir em primeiro lugar e os resultados são aceitos mesmo quando o que mostram aparenta ser impossível. No que pode parecer um paradoxo, o empirismo científico — confiança na experiência material e não em princípios supostamente racionais — com frequência veio acompanhado de um interesse por magia.

Ciência e ocultismo interagiram em muitos pontos. E se uniram nesses dois episódios de revolta contra a morte, cada qual reivindicando que a ciência poderia dar à humanidade o que a religião e a magia haviam prometido — vida imortal.

1. Correspondências cruzadas

> It is an illusion that we were ever alive,
> Lived in the houses of mothers, arranged ourselves
> By our own motions in a freedom of air . . .
> Even our shadows, their shadows, no longer remain.
> These lives lived in the mind are at an end.
> They never were . . .*
>
> Wallace Stevens

A sessão de espiritismo a que Charles Darwin compareceu no dia 16 de janeiro de 1874, na casa de seu irmão Erasmus, situada na rua Queen Anne, número 6, em Londres, reuniu-o a Frances Galton, antropólogo, eugenista, primo em segundo grau de Darwin e um dos fundadores da então moderna ciência da psicologia, e a George Eliot, a romancista que explorou mais profundamente que qualquer outro escritor as ambiguidades da vida inglesa em meados do período vitoriano. Todos os três temiam que a ascensão do espiritismo impedisse o avanço do materia-

---

*É uma ilusão que alguma vez fomos vivos,/ que vivemos nas casas de nossas mães, que nos organizamos/ por nossos próprios movimentos em uma liberdade etérea.../ Mesmo nossas sombras, as sombras deles, não mais permanecem./ Essas vidas vividas na mente estão chegando ao fim./ Elas nunca foram... — Wallace Stevens.

lismo científico. Darwin achou a experiência "calorenta e cansativa" e saiu antes que nada de extraordinário acontecesse: faíscas foram vistas, ouviu-se a mesa fazer ruídos e cadeiras subiram sozinhas na mesa. Outra sessão foi realizada, 11 dias depois, na qual seu filho George Darwin e T.H. Huxley atuaram como representantes de Darwin. Depois que estes relataram que os médiuns valiam-se de prestidigitação, Darwin escreveu: "Agora, para a minha mente, serão necessárias evidências de grande peso para fazer com que alguém acredite em qualquer coisa além de mera trapaça. (...) Estou satisfeito de ter declarado anteontem, diante de toda a minha família, que, quanto mais eu pensava no que ocorreu na rua Queen Anne mais convencido ficava de que tudo tinha sido impostura."

Outras pessoas comprometidas com o materialismo científico tiveram reação similar. Galton confessou estar "profundamente confuso" por algumas das coisas que testemunhara em sessões desse tipo; mas, sob a influência de Thomas Huxley, o "buldogue de Darwin" e fervoroso materialista, Galton retratou-se e, mais tarde em sua vida, rejeitou inteiramente o espiritismo. Apesar de ter mostrado prolongado interesse pelas igualmente duvidosas crenças da frenologia e do mesmerismo, George Eliot sempre foi consistentemente hostil ao espiritismo, condenando-o como "uma loucura degradante, como imbecil na apreciação das evidências, ou então como uma descarada impostura". Huxley, que cunhou o termo "agnosticismo", era mais dogmático, tendo declarado que se recusaria a investigar os fenômenos mesmo que fossem genuínos.

Os três missionários do materialismo haveriam de ficar bem preocupados se tivessem conhecimento da futura carreira de um quarto participante daquela sessão, F.W.H. Myers. Inventor da palavra "telepatia" e pioneiro na investigação dos processos mentais subliminares, F.W.H. Myers veio a ser um dos fundadores e depois presidente da

Society for Psychical Research* (SPR). Henry Sidgwick, um dos mais respeitados pensadores da era vitoriana, foi o primeiro presidente da entidade. Entre os presidentes posteriores estão os filósofos William James, irmão mais velho do romancista Henry James, e Henri Bergson, bem como o fisiologista ganhador do Prêmio Nobel Charles Richet. A SPR atraiu escritores e poetas como John Ruskin e Alfred, lorde Tennyson, políticos e primeiros-ministros como W.E. Gladstone e Arthur Balfour. Importantes cientistas a ela se filiaram, inclusive o presidente da Royal Society, sir Frederic Leighton, professor de física experimental de Cambridge, lorde Rayleigh e sir William Barrett, físico que acreditava ter demonstrado a realidade da "transferência de pensamento" (nas palavras de Myers, telepatia).

O objetivo da SPR era examinar fenômenos paranormais de um "modo científico e sem preconceitos". Esses pesquisadores vitorianos acreditavam que os fenômenos paranormais deviam ser investigados com base em métodos científicos e demonstraram seu empenho ao expor o caráter fraudulento das mesas que rangiam, do ectoplasma, das fotografias de espíritos, das cartas que se materializavam a partir de misteriosos *mahatmas*,** e assim por diante. Mas esse seu empenho nunca se voltou para todo o espectro do conhecimento científico. Estava focado principalmente na questão que tanto preocupava quase todos eles: seria a morte o fim para o indivíduo humano consciente. Deram seguimento a suas pesquisas de maneira infatigável e continuaram a comunicar suas descobertas aos colegas pesquisadores — se acreditarmos na autoria de alguns textos psicografados — mesmo depois de haverem morrido.

---

*Sociedade para a Pesquisa do Psiquismo. Fundada em Londres, em 1882, com o propósito de investigar os fenômenos psíquicos associados à escrita automática e ao espiritismo. [*N. do T.*]
**Pessoa sábia a ser venerada, em sânscrito. [*N. do T.*]

Myers morreu em janeiro de 1901, numa clínica de Roma para onde havia ido por sugestão de William James com o fim de receber um tratamento experimental para a doença de Bright. De acordo com o médico que tratou de Myers, James e Myers tinham feito um "pacto solene" de que "um dos dois que morresse primeiro deveria mandar uma mensagem para o outro quando passasse para o desconhecido — eles acreditavam na possibilidade de tal comunicação". James, que também se internara na clínica recebendo tratamento, mostrava-se tão angustiado que não conseguiu permanecer no quarto onde Myers estava morrendo. Mesmo assim, tentou receber a mensagem que seu amigo havia prometido mandar:

> ele afundou-se em uma poltrona perto da porta aberta, com seu caderno de notas nos joelhos, caneta na mão, pronto a anotar a mensagem com sua costumeira e metódica exatidão. (...) Quando fui embora, William James ainda estava sentado, recostado na cadeira, as mãos cobrindo o rosto, o caderno de notas aberto sobre os joelhos. A página estava em branco.

Nova tentativa também parece ter deixado um espaço em branco quando um envelope lacrado que Myers havia confiado ao investigador do psiquismo sir Oliver Lodge foi aberto em dezembro de 1904. A carta não correspondeu às mensagens psicografadas que vários médiuns alegavam estar recebendo de Myers, apesar de conter uma referência a um episódio da vida de Myers há muito mantido em segredo e que viria à tona em escritos posteriores.

Os esforços de Sidgwick e Myers para comunicar-se do além-túmulo não deram em nada, o que não diminuiu a esperança de que eles continuariam a tentar.

Myers figura em um grupo de vários supostos autores de uma série de textos de escrita automática interconectados, que foram produzidos ao longo de várias décadas por médiuns de diferentes partes do mundo, aparentemente com o objetivo de demonstrar o fato de que a personalidade humana sobrevive à morte do corpo. Outro pretenso autor desses textos foi Edmund Gurney, músico dotado, estudioso de humanidades e também membro fundador da Society for Psychical Research. Gurney sofreu uma perda devastadora quando três de suas irmãs se afogaram em um acidente no Nilo e morreu em 1888 com 41 anos, ao que tudo indica por acidente, quando usava clorofórmio. Um terceiro desses autores de textos psicografados foi o próprio Sidgwick, um dos sábios que presidiram a era vitoriana. Entre outros pretensos comunicadores do além estavam Francis Maitland Balfour, irmão de Arthur Balfour e biólogo de Cambridge, que morreu em um acidente de alpinismo em 1882; Annie Marshall, esposa de um primo de Myers por quem este se apaixonara, que cometeu suicídio em 1876; Mary Lyttelton, por quem Arthur Balfour havia sido apaixonado, que morreu de tifo em 1875; e Laura Lyttelton, cunhada de Mary, que morreu em trabalho de parto em 1886.

As correspondências cruzadas parecem ter tido seu início em 1901, quando a primeira de uma série de praticantes da escrita automática, todas elas mulheres, mas apenas uma delas médium profissional, começou a receber textos que afirmava serem de Myers. Esse grupo de mulheres incluía a sra. Verrall, esposa de um professor erudito de Cambridge; sua filha Helen, esposa de W.H. Salter, advogado que veio a se tornar presidente da SPR; a "sra. Holland", pseudônimo usado por pesquisadores do psiquismo para ocultar a identidade de Alice Fleming, irmã de Rudyard Kipling e mulher do oficial do exército britânico John Fleming, que servira na Índia, sobre a qual se acredita que foi autora ou coautora de algumas das primeiras lendas indianas de

Kipling; a "sra. Willett", pseudônimo de Winifred Coombe-Tennant, sufragista e representante britânica na Liga das Nações, que começou a praticar a escrita automática quando tentava comunicar-se com uma filha muito amada que havia falecido; e finalmente a única médium profissional, a sra. Piper.

Foi a sra. Verrall que, em 5 de março de 1901, recebeu o primeiro escrito decifrável. Muito embora naquela época ainda duvidasse da realidade da vida do espírito após a morte, a sra. Verrall começara, no início daquele ano, a praticar a escrita automática, na crença de que, se o espírito de Myers tivesse sobrevivido, ela poderia ser um canal para as comunicações *post mortem* dele. No decorrer dos anos seguintes, várias outras psicógrafas uniram-se a ela, alegando receber textos que diziam ser de autoria de Myers. Em 1902, a sra. Verrall recebeu mensagens que pareciam ter relação com aquelas recebidas pela sra. Piper, que então vivia na América, e, em 1903, a "sra. Holland", na época na Índia, enviou um texto endereçado à sra. Verrall em Cambridge. A "sra. Holland", que sofrera um colapso nervoso em 1898, atribuído pela família Kipling a suas experiências com a psicografia, havia abandonado a prática por vários anos. Retomou tais atividades após ler o livro de Myers, *Human Personality and Its Survival of Bodily Death* [*A personalidade humana e sua sobrevivência à morte corporal*], no qual este sugere que apenas claras evidências de intenção por parte de um grupo de pessoas, atuando juntas do além-túmulo, poderiam provar a vida após a morte para além da dúvida razoável. Não muito depois, a "sra. Holland" começou a receber textos assinados por "FWHM".

Importantes pesquisadores do psiquismo logo vieram a acreditar que Myers estava empenhado em uma experiência do tipo da que havia proposto em seu livro. Em 1908, Eleanor Sidgwick, mulher de Henry Sidgwick e também importante pesquisadora do psiquismo, indagou:

entramos em contato com espíritos que sobreviveram à morte corporal e que se esforçam por meio de correspondências cruzadas a proporcionar provas de sua existência? Se esta (...) hipótese fosse verdadeira, isto significaria que é possível a cooperação inteligente entre espíritos humanos não incorporados e as nossas próprias mentes, em experiências de um novo tipo, destinadas a provar a continuação da existência.

Mesmo quando firmemente convencidos, os pesquisadores do psiquismo estavam cientes de que nenhum dos fenômenos que estudavam provava a sobrevivência do espírito para além da dúvida razoável. Apenas uma evidência de clara intenção, produzida por vários canais ao longo de um dado período de tempo, poderia tornar patente que o engenho humano estava trabalhando do além-túmulo. O resultado foi um corpo de textos profundamente enigmático, no qual — como escreveu um pesquisador do psiquismo que o estudou cuidadosamente — "o material a ser investigado estava ele próprio se experimentando".

A teoria de que tais escritos continham correspondências cruzadas destinadas a dar prova da vida após a morte foi lançada pela primeira vez em junho de 1908 por Alice Johnson, integrante da SPR conhecida por sua visão crítica:

> A característica desses casos — ou pelo menos de alguns deles — é que não obtemos na escrita de um psicógrafo nada semelhante a uma reprodução mecânica *verbatim* de frases de outro psicógrafo; nem mesmo obtemos a mesma ideia expressa de modos diferentes, como bem poderia resultar de telepatia direta entre eles. O que obtemos é uma elocução fragmentária em um texto, que parece não ter nenhum significado particular, e outra elocução fragmentária em outro texto, de caráter igualmente sem sentido; mas, quando colocamos os dois escritos juntos, vemos que se suplementam e que, convincentemente, existe uma ideia subjacente a ambos, mas apenas parcialmente expressa em cada um deles.

(...) Agora, aceitando-se a possibilidade de comunicação, pode-se supor que, nos últimos anos, certo grupo de indivíduos vem tentando se comunicar conosco, pessoas que são suficientemente bem instruídas para conhecer as objeções que os céticos razoáveis levantaram contra todas as prévias evidências e bastante inteligentes para compreender por completo toda a força dessas objeções. Podemos supor que essas pessoas inventaram um novo plano — o de correspondências cruzadas — para enfrentar as objeções dos céticos.

Os psicógrafos, os investigadores e os pretensos autores dos textos, apesar de separados, às vezes, por milhares de milhas, estavam interligados de diversas maneiras. A sra. Verrall havia conhecido Sidgwick, Myers e Gurney, ao passo que a sra. Salter e a sra. Piper haviam conhecido Myers, que se casara com uma das irmãs do marido de Winifred Coombe-Tennant. Todos os psicógrafos estavam familiarizados, em distintos graus, com os principais comunicadores. Eleanor, mulher de Sidgwick, que foi presidente da SPR e estudou a fundo as correspondências cruzadas por muitos anos, era irmã mais velha de Arthur Balfour, enquanto que Gerald Balfour, também presidente da SPR, que analisou as correspondências cruzadas até a exaustão, ao mesmo tempo em que desempenhava um papel oculto nelas, era irmão mais novo de Arthur Balfour. Jean Balfour, nora de Gerald Balfour, tornou-se a principal arquivista dos textos.

As pessoas envolvidas nas correspondências cruzadas pertenciam ao estrato mais elevado da sociedade eduardiana. Muitas delas haviam sofrido perdas dolorosas; algumas mantiveram relacionamentos pessoais secretos por muito tempo. Os textos tornaram-se um veículo para perdas pessoais não resolvidas e para o amor clandestino.

Quando as questões filosóficas apareciam nos textos, mencionavam o tema da vida após a morte. O projeto revelado pelos textos de escrita automática ia além, provando que o espírito humano sobrevivia à morte. Os manuscritos eram também o veículo de um programa de salvação do mundo, envolvendo uma ligação amorosa entre duas das pessoas com implicações mais próximas em sua produção: uma Narrativa e um Plano, como dizia o texto, para intervir na história e libertar a humanidade do caos.

O envolvimento de figuras destacadas da época na pesquisa do psiquismo colocava um poderoso desafio para o materialismo científico. Darwin não tinha dúvidas sobre a ameaça. O homem que ele reconheceu como codescobridor da seleção natural, Alfred Russel Wallace, havia concluído que o espírito humano não poderia ter se desenvolvido simplesmente como resultado da evolução. A resposta de Wallace ao espiritismo era, de certo modo, muito crédula: era um defensor ardente da "fotografia de espíritos", por exemplo. Pior ainda, do ponto de vista de Darwin, Wallace descrevia o espiritismo como "uma ciência baseada somente em fatos", declarando que *sabia* que "existiam inteligências não humanas, que existiam espíritos desconectados de cérebros físicos, e que existe, portanto, um *mundo espiritual* (...) e tal *conhecimento* deve modificar minha compreensão sobre a origem e a natureza das faculdades humanas".

Darwin ficou consternado quando, em abril de 1869, num artigo publicado na *Quarterly Review*, Wallace sugeriu que o espírito humano só poderia ser obra de uma "Inteligência Superior". Antes que o artigo fosse publicado, Darwin escrevera a Wallace: "Estou muito ansioso para ler a *Quarterly*: espero que você não tenha assassinado tão completamente o seu próprio filho e o meu." Wallace fizera exatamente isso.

Apesar de admirarem e respeitarem um ao outro, Darwin e Wallace tinham personalidades muito diferentes. De origem pobre, autodidata e sempre tendo trabalhado com muito esforço, Wallace não temia seguir sua própria linha de pensamento. Suas viagens o haviam deixado com a convicção de que a vida entre os povos primitivos era mais civilizada do que a dos pobres em países desenvolvidos e se tornou um radical político que defendia a nacionalização das terras. Sua conversão ao espiritismo era parte de uma vida de heresia. O resultado foi que Wallace logo foi praticamente esquecido, ao passo que a arraigada precaução de Darwin assegurou-lhe uma reputação de iconoclastia que só aumentou com o passar do tempo.

A conversão de Wallace ao espiritismo lançou um desafio a toda a proposta de Darwin. Visando a derrubar a crença de que "o homem está separado por uma barreira insuperável de todos os animais inferiores por suas faculdades mentais", Darwin argumentou em *The Expression of the Emotions in Man and Animals*,* de 1872, que as faculdades mais distintivamente "humanas" evoluíram de características animais. Wallace queria reconstruir a barreira entre os seres humanos e os outros animais que Darwin havia derrubado. Com efeito, Wallace estava antecipando uma versão precoce da Teoria do Projeto Inteligente, aplicada ao espírito humano.

A teoria de Wallace pode não ser muito plausível. Um rápido olhar sobre qualquer ser humano deveria ser suficiente para afastar alguma noção de que possa ser obra de um ser inteligente. Ainda assim, Wallace levantou questões que Darwin mostrou-se extremamente relutante em contestar. Darwin evitava a discussão pública de suas crenças religiosas. Ele parece ter se movido do teísmo para o agnosticismo como resultado da morte de sua amada filha Anne, mais do que em consequência de sua descoberta da seleção natural. Mas a implicação da seleção natural era clara: os seres humanos não tinham um lugar especial no esquema das coisas.

---

*A expressão das emoções no homem e nos animais, São Paulo, Companhia de Bolso, 2009. [*N. do T.*]

Apesar de sua precaução, Darwin rompeu a incômoda paz que protegia a religião de ataques, na Inglaterra de meados do período vitoriano. Até a publicação do livro *On the Origin of Species*,* em 1859, os agnósticos podiam deixar em aberto a possibilidade de que a espécie humana fora criada de forma especial. Depois de 1859, outra visão das coisas estava disponível, segundo a qual os seres humanos pertenciam ao mundo natural lado a lado com seus parentes animais.

John Stuart Mill (1806-1873), que, juntamente com Sidgwick, foi um dos intelectuais vitorianos mais influentes e cujo livro *On Liberty* [Sobre a liberdade] foi publicado, como o de Darwin, em 1859, escreveu vários ensaios sobre religião, publicados postumamente por sua mulher Harriet, sem nunca mencionar Darwin. Curiosamente, a filosofia empirista de Stuart Mill equipava-o para contornar as questões que Darwin levantara. Ao considerar o mundo natural como uma construção do espírito humano, o empirismo dá à consciência uma espécie de centralidade na lógica das coisas. Impressões sensoriais são a base do conhecimento e os objetos físicos são montados a partir de tais impressões. O darwinismo, por outro lado, lançou as bases do materialismo redutivista — uma filosofia segundo a qual o espírito é, apenas, um episódio localizado na história da matéria.

Ao contrário do que dá a entender essa história das ideias em formato de revista em quadrinhos que prevalece hoje em dia, a ameaça do darwinismo à religião não veio principalmente pelo fato de desafiar o relato bíblico da Criação. Já havia alguns séculos, sabia-se que a história do Gênesis era um mito — uma forma poética de apresentar verdades que, de outro modo, seriam inacessíveis. No começo da religião cristã, Santo Agostinho alertou contra os perigos do literalismo na leitura da Bíblia. Os eruditos judeus que o precederam sempre consideraram a história do Gênesis uma metáfora para verdades às quais não se poderia ter acesso de qualquer outro modo. Foi somente com a ascensão da

---

*A origem das espécies, São Paulo, Larousse, 2009. [*N. do T.*]

ciência moderna que o mito do Gênesis chegou a ser mal compreendido como uma teoria explicativa.

Mas o darwinismo ainda era uma ameaça importante à religião, pois confrontava os vitorianos com a imagem de sua mortalidade definitiva. Darwin os forçou a perguntar por que suas vidas deveriam terminar como as dos outros animais, no nada. Se fosse assim, como poderia a existência humana ter algum sentido? Como se poderiam conservar os valores humanos se a personalidade humana era destruída no momento da morte?

> O Cosmos do Dever fica assim reduzido ao Caos, e o prolongado esforço do intelecto humano para emoldurar um ideal perfeito de conduta é visto como condenado de antemão ao fracasso inevitável.
>
> Henry Sidgwick

Ninguém era mais assombrado por essas questões do que Henry Sidgwick. Como seu amigo Myers, Sidgwick era filho de um clérigo anglicano. Tal como muitos vitorianos eminentes, ele não podia aceitar a religião revelada. Diferentemente da maior parte deles, Sidgwick fez valer suas dúvidas e, em 1869, renunciou à sua participação no Trinity College de Cambridge, que exigia de seus membros que se subscrevessem aos Trinta e Nove Artigos da doutrina anglicana. Muito admirado no Trinity College, foi reconduzido às suas funções como conferencista de Ciência Moral. Mais tarde Sidgwick tornou-se professor e retomou sua participação como membro. Nunca retornou à fé cristã que havia perdido. Mas tampouco desistiu de ter esperança de que o teísmo — a crença em um Ser Supremo que criou o universo — pudesse ser verdadeiro:

> Faz muito tempo desde que eu podia me imaginar acreditando na cristandade de qualquer modalidade ortodoxa (...).
>
> Quanto ao teísmo, o caso é diferente (...). Não sei se *acredito* ou apenas *espero* que exista uma ordem moral no universo que conhecemos, um princípio supremo de Sabedoria e Benevolência, guiando todas as coisas para bons fins e para a felicidade do Bem. (...) O Dever para mim é uma coisa tão real como o mundo físico, apesar de não ser apreendido da mesma maneira; mas todo o meu aparente conhecimento do dever submerge no caos se minha crença no governo moral do mundo foi concebida para me ser subtraída. (...)
>
> Bem, não posso reconciliar-me com a descrença no dever; pois, se o fizesse, sentiria que a última barreira entre mim e o total ceticismo filosófico, ou a descrença na verdade de modo geral, havia sido destruída. Portanto, algumas vezes digo a mim mesmo: "Acredito em Deus." Mas algumas vezes não posso dizer mais que: "Espero que essa crença seja verdadeira e devo atuar, e atuarei, como se o fosse."

Aqui Sidgwick revela os motivos de sua contínua necessidade de acreditar em Deus. A não ser que o teísmo seja verdadeiro, não pode haver nenhum "governo moral do mundo". Nesse caso, viver sob qualquer código de dever não tem sentido.

Embora arguindo em favor da necessidade do teísmo, Sidgwick não aceitava a autoridade da religião. Pensador ciosamente moderno, ele aceitava a ciência como o padrão pelo qual todo conhecimento deve ser julgado. Se a morte era o fim, o mundo era caótico; mas Sidgwick não podia aceitar a vida futura apenas com base em confiança. Ele precisava de provas, e só a ciência poderia proporcioná-las.

Ao descrever o enfoque científico que ele e seus amigos trouxeram para a pesquisa do psiquismo, Sidgwick declarou:

Acreditávamos sem reservas nos métodos da ciência moderna e estávamos preparados para aceitar com submissão suas conclusões racionais quando amparadas pelo acordo dos especialistas; mas não estávamos preparados para inclinar-nos com igual docilidade ante meros preconceitos dos homens de ciência. E pareceu-nos haver um importante corpo de evidências que tendia *prima facie* a estabelecer a independência da alma ou do espírito e que a ciência moderna simplesmente havia deixado de lado com ignorante desprezo; ao fazê-lo, a ciência fora infiel a seu método professado, chegando prematuramente às suas conclusões negativas.

Sidgwick fazia distinção entre ciência como um corpo fixo de conhecimentos e como um método de investigação. Retratado pelo materialismo, o universo não tem nenhum significado humano. No entanto, a solução não era rejeitar a ciência. Tratava-se de aplicar o método científico, que poderia mostrar que o materialismo era falso. Como tantos outros, então e depois, Sidgwick procurou, na ciência, a salvação da ciência.

O resultado da investigação científica pareceu determinar que a humanidade estava só. A evolução causaria a morte da espécie e, possivelmente, à medida que o Sol esfriasse e o planeta deixasse de ser habitável, a própria vida desapareceria. Era uma perspectiva desoladora, mas que poderia ser aceita se a ciência também pudesse mostrar que a personalidade humana sobreviveria à extinção universal.

De forma paradoxal, a teoria da evolução de Darwin reacendeu a esperança de imortalidade. Darwin reconheceu essa ligação, quando escreveu em sua *Autobiografia*:

> Com respeito à imortalidade, nada me indica mais claramente como essa crença é forte, e quase instintiva, do que a consideração da perspectiva, agora sustentada pela maioria dos físicos, de que o Sol, assim

como todos os planetas, com o decorrer do tempo ficará demasiado frio para a vida, a não ser que um novo grande corpo mergulhe nele e lhe dê nova vida. Acreditando, como acredito, que o homem em um futuro distante será uma criatura bem mais perfeita do que é hoje, é um pensamento intolerável que ele e todos os outros seres que têm sensações estejam condenados a uma aniquilação completa depois de tão longo e lento progresso. Para aqueles que admitem integralmente a imortalidade da alma humana, a destruição de nosso mundo não parecerá tão terrível.

A visão científica da morte universal fortaleceu a necessidade de acreditar em uma vida futura. A tarefa da ciência era mostrar que tal vida era possível. Como lembrou Myers ao relatar sua conversa com Sidgwick que os levou à pesquisa do psiquismo:

> Num passeio à luz das estrelas que não esquecerei (em 3 de dezembro de 1869), perguntei-lhe, quase tremendo, se ele pensava que, quando a Tradição, a Intuição e a Metafísica fracassassem em resolver o enigma do Universo, ainda haveria uma chance de que, a partir de qualquer fenômeno observável atualmente — fantasmas, espíritos, seja lá o que for —, algum conhecimento válido pudesse ser auferido sobre um Mundo Não Visível. Parece que ele já pensava que isso fosse possível. Com firmeza, apesar de não o fazer de maneira ardente, ele indicava alguns últimos espaços de esperança; e daquela noite em diante resolvi prosseguir nessa busca; se possível, a seu lado.

A busca de Sidgwick por evidências da vida depois da morte vinha entrelaçada com seu trabalho sobre ética. A não ser que a personalidade humana sobrevivesse à morte corporal, como ele acreditava, a moral não teria sentido. O teísmo propõe um universo que é amigável aos valores humanos: a bondade pode ficar sem recompensa aqui na Terra, mas o equilíbrio será acertado no Além. Sem essa segurança, Sidgwick acreditava que não havia razão pela qual os seres humanos não devessem optar pelo egoísmo ou por seus desejos passageiros.

Sidgwick acreditava que a benevolência universal era um bem em si mesma. Mas o egoísmo também era um princípio evidente por si mesmo, e, no livro *Methods of Ethics* [Métodos da ética], ele analisou e rejeitou diversos sistemas éticos, inclusive o utilitarismo, que tentava reconciliar os dois princípios. Sidgwick não encontrou um meio de mostrar que comportar-se moralmente era do interesse de todos. O resultado foi um buraco negro no coração da ética, e ele estava convencido de que apenas o teísmo poderia preenchê-lo.

Moralistas da época de Sidgwick e posteriores objetaram que boas pessoas não precisam de uma razão de interesse pessoal para conduzir-se moralmente: elas cumprem seu dever mesmo que saibam que seu interesse pessoal será prejudicado. Sidgwick não negava que as boas pessoas cumpriam seu dever sem pensar em recompensas (ele mesmo era esse tipo de pessoa). Mais que isso, ele perguntava por que qualquer um desejaria ser uma boa pessoa. Se não há uma razão para ser moral, poderíamos viver como quiséssemos. Somente o teísmo poderia proporcionar uma razão para isso. Como Sidgwick escreveu nas frases que encerram a primeira edição de *Methods of Ethics*:

> Assim, todo o nosso sistema de crenças na razoabilidade intrínseca do comportamento deve cair, sem uma hipótese não verificada pela experiência que reconcilie a Razão Individual com a Razão Universal, sem uma crença em que, de uma forma ou de outra, a ordem moral que vemos imperfeitamente realizada nesse mundo real é, contudo, verdadeiramente perfeita. Se rejeitarmos essa crença, talvez ainda possamos encontrar no universo não moral um objeto adequado à Razão Especulativa, que possa ser, em certo sentido, finalmente entendido. O

Cosmos do Dever fica assim reduzido ao Caos, e o prolongado esforço do intelecto humano para emoldurar um ideal perfeito de conduta é visto como condenado de antemão ao fracasso inevitável.

Sidgwick eliminou essas frases de todas as edições posteriores do livro, substituindo-as por uma conclusão cuidadosamente evasiva em que descreve a reconciliação do dever e do interesse pessoal como uma "questão profundamente difícil e controvertida". No entanto, nunca alterou sua crença de que, na ausência do teísmo, não havia razão para ser moral. O resultado final do trabalho de Sidgwick no campo da ética constitui uma contradição insolúvel, que ele chamou de "dualismo da razão prática". O egoísmo era um fundamento tão razoável para se viver quanto a moral e, quando egoísmo e moral entravam em desacordo, apenas um "impulso não racional" poderia dirimir a questão. Sendo assim, as mais profundas questões da ética eram insolúveis.

Sidgwick temia o materialismo científico porque ele significava que os seres humanos estavam presos a um "universo não moral". Ele não podia compartilhar a confiança dos pensadores seculares de sua época, que acreditavam que a crença no progresso poderia ser um substituto para a religião. Na "Religião da Humanidade", inventada pelo pensador positivista francês Auguste Comte e pregada por Stuart Mill e George Eliot, o teísmo poderia ser abandonado e a moral permaneceria a mesma. Essa era a fé de muitos intelectuais vitorianos e permanece sendo a dos humanistas seculares de hoje. Com sua inteligência mais penetrante, Sidgwick compreendeu que essa fé é uma ilusão.

Para Sidgwick a moral era categórica: dizia às pessoas para fazerem a coisa certa. Quase que por definição, os valores morais seriam mais importantes do que qualquer outra coisa. Porém, por que não buscar outras coisas — a beleza ou o prazer? Por que deveriam as pessoas fazer o que a moral lhes dita ser o seu dever? Apenas o teísmo, acreditava Sidgwick, podia dar-lhes uma boa razão.

Com certeza existem concepções da vida boa que Sidgwick não considera. Com seu modo de pensar modelado pela cristandade, Sidgwick dá por certo que o núcleo da moral é um conjunto de comandos e proibições. No entanto, para os gregos antigos, que nem tinham a ideia de "moral" como a entendia Sidgwick, a vida boa não era uma questão de obedecer a imperativos categóricos. A arte da vida, que eles chamavam de ética, envolvia a preocupação com a beleza e com o prazer. Essencialmente, não há nada nessa ideia grega sobre qualquer dever para com a humanidade.

Os pensadores seculares vitorianos imaginavam que, quando Deus tivesse desaparecido, a moral preencheria a lacuna que ficasse, mas, quando o teísmo desapareceu, a própria ideia de uma moral categórica tornou-se sem sentido. Como Nietzsche — com quem tinha pouca coisa em comum —, Sidgwick compreendeu que teísmo e moral não podem ser separados. Se a crença em Deus é abandonada, a ideia de moral como um sistema de deveres há de ser rejeitada logo depois.

Uma história contada por Myers ilustra como Sidgwick se diferenciava de George Eliot e de outros crentes seculares que imaginavam que o sentido do dever poderia sobreviver à perda da religião:

> Lembro como, em Cambridge, caminhei com ela (Eliot) uma vez pelos jardins do Trinity College, numa noite chuvosa de maio. Um pouco mais agitada do que de costume, e tomando como seu texto as três palavras que vêm sendo usadas tantas vezes como os toques de trombetas inspiradores dos homens — as palavras *Deus*, *Imortalidade*, *Dever* —, ela enunciou, com terrível seriedade, quão inconcebível era a *primeira*, quão pouco crível a *segunda* e, no entanto, quão peremptória e absoluta era a *terceira*. Nunca, talvez, ênfases mais severas afirmaram a soberania da Lei, impessoal e não compensadora. Eu escutava, e a noite caiu; o semblante grave e majestoso de Eliot voltou-se para mim

como o de uma Sibila nas trevas: foi como se ela arrancasse de minhas mãos, um por um, os dois pergaminhos de promessas e me deixasse apenas o terceiro pergaminho, atroz, com seus destinos inevitáveis. E quando nos separamos, em meio àquele circuito colunar de árvores da floresta, sob o último crepúsculo de céus sem estrelas, eu parecia estar olhando, como Tito em Jerusalém, para lugares vagos e salas vazias — para um santuário sem qualquer Presença para cultuar e para um céu deixado sem Deus.

Eliot deu as boas-vindas à morte da religião porque acreditava que isso deixaria mais puro o sentido do dever. Do mesmo modo, rejeitou o espiritismo porque ansiava pelo sentido de nobreza que vem de sermos virtuosos sem esperarmos recompensa. Uma vida depois da morte poderia negar-lhe essa satisfação, e assim ela condenava a busca de evidências dessa vida além-túmulo. Como disse certa vez a Myers: "O triunfo daquilo em que você acredita significaria a inutilidade de tudo o que passei a vida ensinando."

Sidgwick era mais cético, assim como mais realista, ao duvidar de que o sentido do dever pudesse persistir havendo desaparecido a religião. Por algum tempo, as pessoas conservariam seu sentido moral. Quando a descrença substituísse a dúvida sobre as afirmações da religião, tais pessoas poderiam até mesmo encontrar uma espécie de consolo em cumprir seu dever. Foi assim que Sidgwick seguiu adiante, depois que concluiu que a evidência sobre a vida além da morte talvez nunca viesse a ser encontrada. Posteriormente, porém, à medida que o fato da extinção pessoal se infiltrasse na percepção cotidiana, a moralidade se desintegraria.

Tudo dependia de encontrar evidências da vida além da morte, e disso Sidgwick muitas vezes desesperou. Ao escrever sobre o tema, em 1858, declarou que suas "pesquisas fantasmagóricas estavam florescendo". Em 1864, escrevia: "Quanto ao espiritismo, não tive progressos, mas encontro-me em dolorosa dúvida." Por volta de 1886, ele confessava que "a direção natural da minha mente agora tende à total incredulidade com respeito a inteligências extra-humanas". Perto do fim de sua vida, Sidgwick contou a seu amigo Myers: "Quando examino minha vida, parece-me que vejo pouco mais que horas desperdiçadas."

Sem a crença na sobrevivência póstuma, Sidgwick concluiu, não havia razão para viver moralmente. Tendo vivido, sob quase todos os aspectos, como uma pessoa quase absurdamente moral, morreu sem acreditar em nada disso.

> Não resolvemos o enigma da morte ao morrer, assim como não resolvemos o problema da vida ao nascer. Vejam meu próprio caso.
> "Henry Sidgwick", comunicação póstuma

O argumento de Sidgwick de que uma vida póstuma poderia preencher o vazio que ele encontrara na ética dificilmente era inequívoco. Se os princípios do interesse pessoal e da benevolência universal fossem realmente contraditórios, a existência de uma vida após a morte não alteraria esse fato. O máximo que uma vida *post mortem* poderia fazer seria assegurar que as consequências de seguir os princípios fossem as mesmas. Mas o que Sidgwick desejava do teísmo era um mundo no qual o dever e o egoísmo apontassem na mesma direção. Em tal mundo, pensava ele, os dois princípios não estariam realmente em desacordo.

Poderia o teísmo proporcionar o que Sidgwick desejava? Os teístas acreditam que o mundo é criado por uma pessoa divina, à imagem da qual os seres humanos são formados. Se a personalidade está construída dentro da natureza das coisas, como creem os teístas, era concebível que os seres humanos sobrevivessem à morte. No entanto, o dualismo de Sidgwick nem por isso estaria superado. O teísmo talvez fosse verdadeiro, mas Deus talvez não compartilhasse os valores de Sidgwick.

Como para a maior parte dos pensadores da época, religiosos ou não, o bem-estar universal, segundo a moral de Sidgwick, era o bem primário. Em muitas versões do teísmo, no entanto, outros valores são mais importantes. Segundo algumas teologias, um crente egoísta poderia ir para o céu e um incrédulo que fizesse o bem terminar no inferno. Os calvinistas do século XIX eram fortemente hostis ao espiritismo, com sua promessa de uma vida celestial após a morte para todos, por essa mesma razão. O teísmo não assegurará a convergência do interesse pessoal e do bem-estar geral se Deus se preocupa mais com a salvação de uns poucos eleitos do que com o bem-estar de todos.

De todo modo, nem todas as versões do teísmo prometem uma vida após a morte. O judaísmo bíblico fala muito pouco sobre o assunto — existem referências a um mundo inferior (o *Sheol*), que é habitado pelas sombras daqueles que morreram e não por suas personalidades redivivas. Outra visão é a dos antigos gnósticos, que acreditavam que o mundo é a criação de um demiurgo: a salvação está em ascender a um plano mais alto e ser absorvido pela verdadeira Deidade, que é impessoal. Uma variação dessa teologia se produz nos *Dialogues Concerning Natural Religion*,* de David Hume, quando um dos interlocutores formula a ideia do "mais religioso e devoto de todos os filósofos pagãos, de acordo com quem a adoração a Deus não consiste em atos de veneração, reverência, gratidão ou amor, mas em certa misteriosa autoaniquilação ou total extinção de todas as nossas faculdades". Em outra variação, Hume faz com que um de seus interlocutores imagine que o mundo possa ser

---

**Diálogos sobre a religião natural*, São Paulo, Martins Fontes, 1992. [*N. do T.*]

apenas o primeiro e rude ensaio de alguma deidade infantil, que depois o abandonou, envergonhada de seu mau desempenho; ser apenas o trabalho de alguma deidade inferior, dependente; e objeto de escárnio de seus superiores; ser o produto da velhice e da senilidade de alguma deidade aposentada; e que, depois da morte desta, continuou suas aventuras a partir do primeiro impulso e da força ativa que dela recebera.

A divertida sugestão de Hume, de que o mundo possa ser obra de um Deus infantil ou senil, esquecido de por que o fez, talvez seja uma das mais plausíveis versões do teísmo. Tal Deus dificilmente se lembraria de assegurar uma vida após a morte para suas criações humanas.

Mesmo quando o teísmo prometeu uma vida futura, essa vida tem sido imaginada dos mais diferentes modos. A corrente heterodoxa do judaísmo, liderada por Jesus, parece não ter tido qualquer noção de uma alma imortal, criada por Deus e depois infundida no corpo: a imortalidade significava erguer-se dentre os mortos no mesmo corpo que se tivera em vida e depois viver para sempre em um mundo sem decadência ou corrupção. Na religião cristã, inventada por São Paulo e Santo Agostinho, que foi fortemente influenciada por Platão, a imortalidade significava algo bem diferente: uma vida fora do tempo, desfrutada pela "alma" ou pelo "espírito" dos falecidos. Não ficava claro como essa imortalidade platônica haveria de preservar qualquer coisa parecida com as pessoas que certa vez viveram. Na versão favorita dos cristãos da época de Sidgwick, e que modelou seu pensamento mesmo quando ele já não acreditava mais nisso, uma vida futura significava continuar em outro mundo, depois da morte, como a pessoa que fôramos nesse mundo, com um novo corpo, sem as imperfeições daquele que fora deixado para trás.

As religiões não teístas são diferentes uma vez mais. Em vez de cultuarem uma personalidade divina, os hindus e budistas acreditam em uma lei moral impessoal. O carma é causa e efeito moral operando em todas as esferas da existência; não há necessidade de postular algum Deus fazendo julgamentos sobre a vida humana. Não há diferenças intransponíveis entre os seres humanos e os outros animais: as almas — ou, no budismo, que rejeita a ideia de alma, as cadeias de eventos mentais — migram através das fronteiras das espécies, em um potencialmente infinito ciclo de reencarnação. Nessas crenças não teístas, a existência continuada em outro mundo não é vista de nenhuma forma como desejável, mas como algo que se deve evitar. A eterna persistência da pessoa que fomos na vida só poderia ser uma espécie de inferno. Chega-se à imortalidade quando se morre e não se nasce outra vez, neste mundo ou em qualquer outro.

Nenhuma dessas perspectivas pode ser imaginável de forma coerente. Cada uma delas envolve ideias contraditórias misturadas umas às outras: tempo e eternidade, ressurreição do corpo e fim do envelhecimento, salvação do indivíduo e extinção da identidade pessoal. Essa incoerência não deveria surpreender, já que as respostas humanas à mortalidade são contraditórias. Quando achamos que a vida vale a pena de ser vivida, queremos que continue para sempre; quando ela não parece ter sentido, desejamos morrer para sempre ou nunca ter nascido.

Claro que uma vida futura poderia ser apenas um fato. Entre os vitorianos que buscavam a imortalidade havia ateus e agnósticos que acreditavam que, se existisse uma vida futura, ela seria parte da ordem natural das coisas. Havia ocultistas que acreditavam que sobreviver à morte era possível, mas apenas para os poucos que haviam desenvolvido seus poderes ocultos. Também havia muitos, como Myers, que acreditavam que a vida além da morte estava implícita no fato da evolução. Um importante defensor dessas ideias, o egiptólogo e poeta Gerald Massey, escreveu: "O espiritismo aceitará o darwinismo, completa-lo-á e o há de estabelecer lá do outro lado." Para esses não teístas, o espiritismo não era uma filosofia de imaterialismo, na qual o mundo físico é uma ilusão, como formulara o filósofo alemão do século XIX Arthur Schopenhauer, influenciado pelos pensamentos hindu e budista. O espiritismo era outra versão do naturalismo, um relato do universo material ampliado para abranger um mundo invisível.

Compreendida desse modo, a sobrevivência humana à morte poderia ocorrer de diversos modos. Quando alguém morre, o conteúdo de sua mente persiste por um tempo, mas sem ser acompanhado por qualquer experiência em andamento. Esses traços mentais haveriam de continuar como correntes distintas de pensamento, gotejando de maneira gradual. Ou então fluiriam para uma espécie de depósito cósmico, onde permaneceriam indefinidamente. De qualquer modo, não haveria nenhuma ação vinda do além-túmulo. De forma alternativa, os conteúdos da mente da pessoa morta haveriam de persistir junto com as experiências pessoais, mas essas experiências seriam fragmentárias e descontínuas, como as que temos em sonhos. Esse seria o tipo de existência *post mortem* imaginado nos mitos gregos, em que sombras das pessoas que fomos vagueiam sem espírito em um sombrio mundo inferior. Ou então os mortos poderiam parecer-se mais com as pessoas que foram antes de morrer, sobrevivendo como mentes incorpóreas ou adquirindo novos corpos "astrais" ou "etéreos", mas, em cada caso, retendo suas memórias prévias e a capacidade de formar e atuar com base em planos e intenções.

Lado a lado com essas concepções de vida após a morte, houve diferentes concepções sobre o mundo em que as pessoas ingressavam quando morriam. Segundo uma delas — da qual uma versão é a do budismo tibetano sobre o estado intermediário, ou *bardo*,* porque se passa entre uma e outra reencarnação —, o mundo depois da morte é

---

*Bardo. Palavra tibetana. Um estado de existência intermediária entre a morte e o renascimento. [*N. do T.*]

uma construção mental, diversa para cada pessoa. Em outra concepção, esse mundo é sonhado por uma mente impessoal — uma ficção, como o mundo dos vivos, cujos habitantes são figuras desse sonho. Ainda segundo outra versão, o mundo *post mortem* é um ambiente totalmente desenvolvido, em que os mortos persistem como visões reforçadas de como eram. Esse era o tipo de mundo após a morte desejado pela maioria dos vitorianos atrelados a essa busca: a terra do verão, como os espíritas algumas vezes o chamavam, de onde os feios defeitos da vida terrena teriam sido varridos.

Nenhuma dessas versões de uma vida futura assegura a imortalidade para a pessoa que morreu. Seja o que for que sobreviva, pode persistir por um tempo, depois se desvanece de forma gradual e desaparece, ou então se transforma em alguma outra coisa. E, inclusive, o mundo em que o espírito ou a alma sobreviventes se encontram pode ter um tempo de vida finito, como pensamos que nosso próprio universo tem. Neste caso, alguma coisa dos seres humanos poderia sobreviver e encontrar-se em outro mundo, apenas para que esse mundo mais tarde seja implodido e entre em colapso.

Mesmo que uma vida após a morte fosse um fato natural, isto não significa que a personalidade humana durasse para sempre. Se o darwinismo for verdadeiro, é difícil imaginar como tal coisa seria possível. Se não há uma barreira insuperável entre as mentes humanas e as mentes de outros animais, parece não haver razão para que o mundo após a morte fosse habitado apenas por seres humanos. Mas, se outros animais também atravessam para o outro mundo ao morrerem, sobreviverão eles como mentes sem corpos ou hão de adquirir novos corpos? O mundo *post mortem* sempre foi habitado por espíritos sem corpos — anjos ou demônios, por exemplo? Ou esteve vazio até que a vida evoluiu e a morte apareceu sobre a Terra? Uma questão mais se levanta quando o avanço científico possibilita a criação de máquinas conscientes. Há de permanecer a consciência destas máquinas depois que elas sejam desmanteladas, como os espíritas acreditam que a consciência dos seres humanos permanece depois da morte do corpo?

Nenhuma dessas questões pode ser respondida, e na verdade não é possível reconciliar o darwinismo com qualquer ideia de um mundo *post mortem*. No argumento darwiniano, as espécies não são fixas nem eternas; suas fronteiras são confusas e mutantes. Como então poderia apenas uma espécie ir para um mundo além-túmulo? Se toda a vida se extinguisse na Terra, talvez como resultado de uma mudança climática causada pelos seres humanos, ficariam estes olhando para baixo, lá do céu, para o terreno sem vida que deixaram para trás? Certamente, em termos de expectativa de imortalidade, todos os seres que têm sensações se levantam ou caem juntos. Mas, novamente, como poderia alguém imaginar todas as legiões dos mortos — não apenas as gerações de seres humanos que vieram e se foram, mas as inumeráveis espécies animais que agora estão extintas — vivendo para sempre, conservadas no éter?

Os pesquisadores de evidências de que existe vida após a morte da era vitoriana muitas vezes imaginaram que a evolução continuasse no outro mundo. Mas sempre o fizeram de um modo que distorcia a ideia de Darwin, injetando na evolução ideias de propósito e de progresso que não têm lugar nela. Como na Europa e na Rússia, onde os ocultistas e os construtores de deuses adotaram a teoria de Lamarck, a verdadeira lição do darwinismo se perdeu.

❖

A palavra *evolução* é a verdadeira fórmula e símbolo da esperança.

Frederic Myers

Intelectual erudito que escreveu um pequeno livro sobre Wordsworth e alguma inimitável poesia vitoriana, Frederic Myers (1843-1901) foi também o mais dotado pensador produzido pela pesquisa do psiquismo. Em Cambridge, onde estudou no Trinity College e teve Sidgwick como orientador, Myers adquiriu uma reputação de egocentrismo e envolveu-se em um escândalo bastante prejudicial: foi acusado de plágio quando se descobriu que um poema premiado de sua autoria continha versos tirados de versões publicadas de poemas premiados em Oxford. Ambicioso e extravagante, não lhe foi fácil encontrar uma carreira na qual seus complexos dons pudessem florescer. Afinal, decidiu-se por trabalhar como inspetor escolar, profissão que poderia combinar com sua vocação de toda a vida: a busca de provas da imortalidade humana. Myers recorda como sua irritação contra a ciência de sua época o levou ao estudo do espiritismo:

> Primeiro tive grande aversão a estudar os fenômenos de que falavam os espíritas; para entrar de novo pela janela da cozinha na mansão celestial da qual eu fora posto para fora pela porta da frente. Somente no outono de 1873 ocorreu minha primeira experiência pessoal com forças desconhecidas pela ciência (...). Deve ser lembrado que essa foi a época da primeira inundação trazida pela maré do materialismo, do agnosticismo — a teoria mecânica do Universo, a redução de fatos espirituais a fenômenos fisiológicos. Estávamos todos no primeiro resplendor do darwinismo triunfante: a evolução terrena tinha explicado tantas coisas que os homens dificilmente se preocupavam com olhar mais além.

Myers confiou suas esperanças à ciência. E escreveu: "Acredito que a Ciência está tendo sucesso, agora, em decifrar certos fatos cósmicos que não havia alcançado até hoje em dia. O primeiro, é claro, é o fato de o homem sobreviver à morte." A ciência faria mais do que provar a vida após a morte. Mostraria que morrer era um incidente em uma "progressiva evolução moral, não mais truncada por catástrofes físicas, mas que avançava de forma contínua em direção a um objetivo infinitamente distante", "o alvo cósmico, que ajuda o Universo em sua passagem e evolução para uma vida mais elevada e mais plena". A evolução não estava confinada ao mundo "terreno". A Ciência mostraria que a evolução nunca cessou: *Evolução espiritual*: esse, então, é o nosso destino, neste e em outros mundos; — uma evolução gradual e com muitos matizes, ascendendo para um final não previsível." Mais que o final da vida, a morte era uma fase do progresso cósmico.

Myers acreditava que havia descoberto "um ser secundário ou subliminar" lado a lado com o ser que nos é familiar, nosso ser da vida cotidiana, e que esse ser subliminar tinha poderes supranormais. A telepatia era um desses poderes, e "a telepatia certamente é um passo na *evolução*. Ler os pensamentos de outras mentes, sem a mediação de um dos sentidos específicos, manifestamente indicava a possibilidade de uma vasta extensão de poderes psíquicos".

Como muitos outros de sua época e depois dela, Myers considerava a evolução dos seres humanos como uma evidência do progresso. Deixando de lado a questão de que o animal humano é um avanço sobre outras formas de vida — questão bem difícil e delicada —, a existência do homem só pode ser um acidente, e não a realização de qualquer tipo de "objetivo cósmico", se aceitarmos o darwinismo. O fato-chave com respeito à evolução, tal como a concebeu Darwin, é que ela não tem propósito. Às vezes a seleção natural produz organismos complexos e às vezes causa sua extinção. Como postulou Darwin, clara e decisivamente: "Parece não haver mais propósito na variabilidade dos seres orgânicos e na ação da seleção natural do que na direção em que sopra o vento."

No entanto, Darwin nem sempre era tão claro. Na última página do livro *A origem das espécies,* ele escreveu:

Até aqui podemos lançar um olhar profético em direção ao futuro para prever que serão as espécies comuns e amplamente disseminadas, pertencentes aos grupos maiores e dominantes dentro de cada classe, que em última instância prevalecerão e procriarão espécies novas e dominantes. (...) Podemos estar certos de que a sucessão comum por gerações nunca foi rompida e de que nenhum cataclismo atingiu o mundo inteiro. Assim podemos olhar com alguma confiança para um futuro seguro de grande extensão. E, enquanto a seleção natural trabalhe somente em prol do bem de cada ser, todos os dons corpóreos e mentais tenderão ao progresso na direção da perfeição.

"Progresso na direção da perfeição." Como essa fórmula demonstra, Darwin jamais aceitou totalmente as implicações de sua própria teoria da seleção natural. Ele sabia que a evolução não se importa com os seres humanos ou com seus valores — ela se move, como diz ele, como o vento. Porém, Darwin não pôde ater-se a essa verdade, porque ela significava que a evolução é um processo sem um propósito. O progresso implica um destino em direção ao qual estamos viajando, ao passo que a seleção natural é simplesmente ir à deriva.

O culto popular da teoria da evolução sempre evitou essa verdade, e, de fato, as versões mais difundidas da evolução nunca foram de Darwin. Uma foi de Herbert Spencer (1820-1903), o profeta do capitalismo do *laissez-faire,* que inventou a expressão "sobrevivência do mais apto". Na versão de Spencer, a evolução era um processo teleológico — em outras palavras, tinha um propósito: um estado universal de complexo equilíbrio. Outra versão foi desenvolvida pelo naturalista francês Jean-Baptiste Lamarck (1744-1829), que acreditava que os traços adquiridos durante o tempo de vida de um organismo podiam ser herdados pelas gerações futuras. Como Darwin, que elogiou a obra de Lamarck na terceira edição de *A origem das espécies,* este considerava que a evolução tendia para a perfeição. Para Spencer e Lamarck, e às vezes para Darwin, a evolução se movia das formas mais baixas de vida para as mais altas. Não há nada na teoria da seleção natural que sustente tal noção. No entanto, ela se mostrou irresistivelmente atraente, porque tinha o efeito de colocar de novo os seres humanos (supostamente a mais alta forma de vida) como o propósito do universo.

Um entre os muitos que se viram atraídos pela ideia de que a evolução era um processo progressivo, Myers acreditava que o processo continuava após a morte. Mas não há nada a ganhar ao postular-se que a evolução continua depois da morte em algum mundo "extraterreno". O resultado seria apenas o mesmo processo de deriva que funciona aqui embaixo, junto com seu desperdício normal — envelhecimento e morte.

Quanto a Edmund Gurney, que perdera três de suas irmãs em um acidente no rio Nilo, foram as experiências de perda intolerável que o impeliram à pesquisa do psiquismo. Sidgwick pode ter sido levado por uma necessidade de resolver conflitos morais e Myers pela expectativa do progresso póstumo. No caso de Gurney, foi a simpatia pelo sofrimento sem esperança que inspirou sua busca de evidências de uma vida futura:

> Se para o pior e permanente sofrimento não houvesse um possível consolo de esperança, se eu encontrasse em mim e à minha volta uma absoluta convicção de que a existência humana termina com a morte do corpo (...) eu deveria desejar (...) a imediata extinção da raça.

Gurney morreu sem estar convencido da vida *post mortem*. No entanto, como Sidgwick e Myers, ele parece nunca ter duvidado de que a sobrevivência do espírito possibilitaria transcender as tristezas da vida terrena. Ao inverter a afirmação de Darwin de que a crença na imortalidade humana torna mais tolerável a perspectiva de extinção universal, Gurney declarou que, se a personalidade individual não sobrevivesse à morte, seria melhor que a espécie humana desaparecesse.

Gurney acreditava que um mundo sem seres humanos era preferível a um mundo em que eles morressem para sempre; mas, mesmo se os seres humanos vivessem depois da morte, as esperanças de Gurney poderiam não se realizar. Se a vida futura é apenas um fato natural, não há razão para pensar que os conflitos deste mundo se harmonizariam no próximo. A personalidade humana poderia sobreviver em outro reino ou em uma sucessão de outros reinos. A extinção final do indivíduo consciente poderia ser adiada ou não chegar nunca. Mas a agonia da perda, que levou tantos a frequentarem sessões de espiritismo, não seria deixada para trás. Seria repetida uma e outra vez, à medida que os seres humanos passassem de um mundo para outro.

Se a próxima vida é uma extensão desta, por que não conteria dilemas tão intratáveis como esses com os quais nos vemos familiarizados de forma tão dolorosa? Poderíamos passar pelos portões da morte para encontrarmo-nos em um mundo tão arbitrário, injusto e finalmente misterioso como o que deixamos para trás. A vida após a morte poderia ser apenas parcialmente inteligível, tal qual a vida aqui embaixo.

Se formos acreditar nos textos atribuídos a Sidgwick após sua morte, essa foi sua experiência:

> Não resolvemos o enigma da morte ao morrer, assim como não resolvemos o problema da vida ao nascer. Vejam meu próprio caso — sempre procurei obter o que buscava, até que me pareceu, às vezes, que a busca era mais importante, para mim, do que o prêmio. Só que o resultado da minha busca, geralmente, era como o pote de ouro do arco-íris, sempre para além e mais distante. Nada está claro; ainda procuro — apenas com um otimismo renovado, mais perfeito e belo de que qualquer um que imaginamos antes. Não estou oprimido pelo desejo que anima alguns de nós a compartilhar nosso conhecimento ou otimismo com todos vocês antes da hora. (...) Não lhes pude dar

a solução do Grande Problema — ainda estou muito longe dela, e o conhecimento duradouro da própria verdade e da Beleza, nas quais todas as feiuras inevitáveis da Existência afinal se resolvem, chegará a todos em seu devido tempo.

De acordo com os textos psicografados, Sidgwick teria encontrado a evidência que procurara durante grande parte de sua vida — ele sabia, pela experiência irrefutável, que a sobrevivência da alma pessoal após a morte era um fato. No entanto, o ato de morrer não resolveu suas perplexidades mais do que o havia feito a pesquisa do psiquismo. Estava tão perplexo, na morte, como tinha estado em vida.

❖

> Am I not,
> Myself, only half a figure of a sort,
>
> A figure half seen, or seen for a moment, a man
> Of the mind, an apparition apparelled in
>
> Apparels of such lightest look that a turn
> Of my shoulder and quickly, too quickly, I am gone? *
>
> Wallace Stevens

Nenhuma das experiências anômalas investigadas pelos pesquisadores do psiquismo provou a vida após a morte. *Phantasms of the Living* [Fantasmas dos vivos] de 1886, um clássico da pesquisa sobre o psiquismo, interpretava aparições dos mortos como alucinações disparadas por

---

*Não sou eu, eu mesmo, apenas meia figura de uma espécie, // Uma figura vista pela metade, ou vista por um momento, um homem / do espírito, uma aparição vestida com // trajes de aparência tão leve que basta um giro / do meu ombro, e rápido, demasiado rápido, eu desapareço? [*N. do T.*]

mensagens telepáticas dos moribundos. As comunicações dos médiuns podiam ser explicadas da mesma maneira. Se os seres humanos tinham poderes que a ciência ainda não reconhecera, não havia razão para invocar a comunicação com os mortos. Todos esses fenômenos poderiam ser tarefa dos vivos.

Um dos autores de *Phantasms of the Living*, Myers estava apaixonadamente interessado em qualquer evidência que parecesse apontar na direção da vida após a morte do indivíduo. No entanto, suas pesquisas o levaram na direção oposta, pois, ao conceder-se o poder da telepatia ao ser subliminar, faculta-se o contato direto entre mentes distintas. Além disso, Myers especulou que poderia haver um registro cósmico de tudo o que jamais aconteceu, talvez de tudo o que ainda viesse a ocorrer. A mente subliminar poderia ser capaz de acessar esse registro, sem necessidade da telepatia, por "percepção direta supranormal". Em outras palavras, os seres humanos podiam usar a percepção extrassensorial, superpsi — como é chamada na literatura da parapsicologia — para conseguir informações que nunca estiveram em nenhuma mente.

Ao sugerir essa possibilidade, Myers cortou pela base qualquer argumento de que uma informação não conhecida por nenhum ser vivo só poderia ter vindo dos espíritos dos mortos. Se existissem provas convincentes da vida após a morte, elas teriam que revelar atividade humana. Foi essa conclusão que levou às "correspondências cruzadas", ou seja, aos milhares de páginas de escrita psicografada transcritas durante várias décadas — às vezes proibitivamente eruditas e às vezes tão íntimas e insólitas que seus conteúdos só foram revelados em tempos recentes — que davam a entender que transmitiam as comunicações póstumas de Sidgwick, Myers e outros. Esses textos de escrita automática formam um vasto palimpsesto, no qual espíritos diferentes parecem apresentar pistas fragmentadas e, ao mesmo tempo, lentamente proporcionar indicações de como essa colagem que se expande poderia ser decifrada.

Existe algo de fantástico na iniciativa de demonstrar a vida após a morte dessa maneira. Juntar as muitas referências clássicas colhidas nos textos psicografados exige um nível de cultura que poucos possuíam quando os textos apareceram e que menos ainda possuem hoje em dia, mas os problemas na interpretação das correspondências cruzadas se originam apenas em parte dessa deficiência de erudição. Mesmo aqueles que detinham os conhecimentos necessários com frequência não conseguiam encontrar sentido nos textos. Quando o faziam, eram apenas conexões conceituais ou simbólicas. A questão da autoria nunca foi resolvida. A vida após a morte do tipo que esses pesquisadores do psiquismo queriam era pelo menos imaginável, dadas as suas próprias descobertas? O labirinto de referências cruzadas era obra de mentes conscientes desencarnadas ou, pelo menos, assim afirmavam os textos de escrita automática. Mas o resultado das pesquisas de Myers foi colocar um ponto de interrogação sobre a própria ideia de mente consciente.

Foi Myers que apresentou a obra de Freud ao mundo anglófono e, como Freud, apesar de o fazer de um modo bem diverso, mostrou que o comportamento humano apenas em parte é resultado de qualquer coisa que se possa chamar de pensamento consciente. Myers fez sua resenha do trabalho sobre histeria de Freud e Joseph Breuer apenas poucos meses depois que estes publicaram seu primeiro artigo sobre o assunto em Viena, em janeiro de 1893, por ocasião de um encontro da Society for Psychical Research. Como escreve o biógrafo oficial de Freud, Ernest Jones, "o primeiro escritor a fazer uma resenha da obra de Breuer e Freud certamente foi F.W.H. Myers".

O artigo dos dois médicos vienenses era importante para Myers porque lançava a ideia de que muito do que se passa na mente não é acessível à consciência. Breuer e Freud argumentavam que a histeria é um sintoma de memórias reprimidas. Uma vez que essas memórias são trazidas ao plano consciente, os sintomas histéricos desaparecem. Na verdade, foi assim que a psicanálise começou.

Freud conhecia algo de Myers, tendo observado, em seu livro *A interpretação dos sonhos*, que Myers havia publicado "uma coleção completa" de sonhos hipermnésicos — sonhos que fazem uso de memórias não acessíveis à pessoa em vigília — na revista *Proceedings*, da Society for Psychical Research. Correspondente da SPR, Freud também publicou um artigo resumido na revista da sociedade, em que esclareceu as diferenças entre a concepção de Myers sobre o ser subliminar e sua própria teoria do inconsciente.

Durante toda sua vida, Freud desejou dissociar a psicanálise de qualquer coisa que parecesse ocultismo. Ele especulou que a telepatia poderia ser "o método arcaico, original, de comunicação entre as pessoas". Ao mesmo tempo, rejeitou duramente a crença de Jung de que o inconsciente pudesse ser compreendido com a ajuda de ideias da mitologia e da alquimia. Em uma conhecida conversa, entre os dois, relatada por Jung, Freud pediu a este último:

> "Meu querido Jung, prometa-me que nunca abandonará a teoria sexual. Essa é a coisa mais essencial de todas. Veja, precisamos fazer um dogma dela, um baluarte inabalável." Ele disse isso para mim com grande emoção. (...) Um tanto atônito, perguntei-lhe: "Um baluarte contra quê?" Ao que ele me respondeu: "Contra a negra maré de lama" — e aqui ele hesitou um instante — "do ocultismo".

Freud sempre reconheceu que pode haver algo misterioso nas relações humanas. Talvez como resultado disso, ele nunca se curou inteiramente de sua fascinação pela telepatia. Mas insistia em que o inconsciente precisava ser entendido em termos de aspectos reprimidos do desenvolvimento humano natural.

Essas diferentes imagens do inconsciente teriam um grande impacto no desenvolvimento da psicanálise. A ideia de Myers da criatividade subliminar encorajou o uso da hipnose e da cristalomancia como técnicas terapêuticas, ao passo que o psicólogo francês Pierre Janet (1859-1947) defendia a prática da escrita psicografada como parte de uma "cura através da escrita". Foi principalmente como resultado das ideias de Freud que a psicanálise se desenvolveu como uma "cura através da fala". Mas o papel terapêutico dos textos psicografados não terminou com a afirmação da psicanálise. Continuou a ter lugar na pesquisa sobre o psiquismo, acima de tudo nas correspondências cruzadas.

Myers e Freud tinham em comum a noção de que a vida psíquica avança, em sua maior parte, sem percepção consciente, mas aí a similaridade termina. Myers não acreditava que o inconsciente era constituído sobretudo de experiências reprimidas, como pensava Freud. Aquém e além da mente consciente existia o eu subliminar, dotado de faculdades que a mente consciente — ou como Myers gostava de chamá-la, o eu supraliminar — não possuía.

Como explicou Myers:

> A ideia de um *limiar* (*limen*, *Schwelle*) de consciência, de um nível acima do qual a sensação ou o pensamento devem ascender antes que possam ingressar em nossa vida consciente, é simples e familiar. A palavra subliminar — que significa "debaixo daquele limiar" — já foi utilizada para definir aquelas sensações que são demasiado fracas para serem reconhecidas por elas mesmas. Proponho estender o significado do termo, para que cubra *tudo* o que ocorre abaixo do limiar comum, ou, se preferirmos, fora da margem comum de consciência. (...) Sinto-me compelido a falar de uma consciência *subliminar* ou *ultramarginal* — uma consciência que veremos, por exemplo, pronunciando ou escrevendo sentenças tão complexas e coerentes como as que possam ser produzidas pela consciência supraliminar.

A mente subliminar funciona nos sonhos, levando mensagens à personalidade consciente, e ela faz o mesmo através da escrita automática. Ambos os fenômenos, segundo Myers, "apresentam-se a nós como mensagens comunicadas de um estrato para outro da mesma personalidade". Em muitos casos, as mensagens consistiam em informação adquirida através dos sentidos, ou por contato cotidiano com outras pessoas, que com isso é recuperada da memória inconsciente. Em outros casos, acreditava Myers, a informação se deve à mente subliminar que se vale de faculdades não disponíveis normalmente para a personalidade consciente, tais como a telepatia e a clarividência.

Entre os poderes da mente subliminar identificados por Myers estava a faculdade de incorporação. De seus estudos sobre os médiuns, Myers sabia que muitas das atuações destes podiam dever-se a uma certa capacidade inconsciente para a dramatização. Os "mentores de espíritos" que apareciam nas sessões seriam, então, seres virtuais, produzidos pelos médiuns, que se valiam de recursos do eu subliminar. De maneira similar, argumentava Myers, a personalidade cotidiana é uma incorporação produzida pelo eu subliminar.

Neste ponto surge um paradoxo no pensamento de Myers. Apesar de ter empreendido o estudo dos fenômenos paranormais para mostrar que a personalidade humana continuava depois da morte, suas investigações resultaram em abalar a ideia de que os seres humanos têm uma personalidade única quando estão vivos. Myers acalentava a ideia de "alma" — a unidade individual da consciência. Provar que a alma sobrevivia à morte foi o trabalho de sua vida. No entanto, as próprias pesquisas de Myers tiveram o efeito de dissolver o ser unitário cuja sobrevivência ele chegou a pensar que havia provado. Como resultado de investigar fenômenos paranormais, ele ficou convencido do "caráter múltiplo e mutável do que conhecemos como a Personalidade do Homem".

Como Myers chegou a vê-la, a consciência comum é um episódio de um processo muito maior que passa despercebido. A mente subliminar é a realidade psicológica primária, da qual deriva, em última instância, toda a vida mental. Em seus textos tardios, Myers avançou ao postular um ser cósmico que evoluía, pelo qual a personalidade humana finalmente seria absorvida. Nesse relato, "a alma" era uma pequena mancha que desaparecia em uma mente divina que se ia constituindo. A ideia de que a personalidade individual pudesse sobreviver à morte era uma projeção, no mundo do além, de uma imagem de si humana que é enganosa mesmo no mundo dos vivos. A personalidade humana era, ela mesma, uma espécie de fantasma, tão sistematicamente fugidio como as aparições que foram objeto dos muitos anos de trabalho de Myers na pesquisa sobre o psiquismo.

O trabalho de Sidgwick na ética teve resultado similar. Seu "dualismo da razão prática" descansava na suposição de que "o Princípio Egoísta" era incontestavelmente racional. No entanto, quando considerou a possibilidade de que o Ego pudesse ser parte de nossa imagem de nós mesmos, mas não um fato definitivo, Sidgwick questionou essa concepção. Se cada um de nós não é nada mais que um feixe de sensações, o egoísmo pode não ser mais racional que a benevolência universal. Ele escreveu:

> Não vejo por que o Princípio Egoísta deveria passar incólume e ser menos contestado do que o Princípio Universalista. Não vejo por que o axioma da Prudência não deva ser questionado, quando entra em conflito com a inclinação presente, em termos similares àqueles com base nos quais os Egoístas se recusam a admitir o axioma da Benevolência Racional. Se o utilitarista tem que responder à pergunta "Por que devo sacrificar minha própria felicidade à maior felicidade de outrem?", certamente deverá ser possível perguntar ao Egoísta "Por que devo sacrificar um prazer atual por um prazer maior no futuro?

Por que devo preocupar-me com meus próprios sentimentos futuros mais do que com os sentimentos de outras pessoas"? (...) Admitamos que o Ego seja meramente um sistema de fenômenos coerentes, como sustentam Hume e seus seguidores. Por que, então, deveria uma parte da série de sentimentos nos quais se resolve o Ego preocupar-se com outra parte da mesma série, mais do que com qualquer outra série?

Aqui Sidgwick aparece no auge de sua perspicácia. A Prudência — por assegurar que o eu futuro de cada um não seja prejudicado pela atuação relacionada aos desejos presentes de cada um — sempre foi encarada como racional, sendo isso aceito como evidente por si mesmo. Mas se o Ego, ou a personalidade, é simplesmente uma série de continuidades na memória e no comportamento, algumas delas bastante tênues, por que deveríamos preocuparmo-nos com nossos eus futuros? Eles podem ser tão insignificantes para nós como os eus dos outros o são para os egoístas consistentes.

As implicações de aceitar-se que a personalidade humana é "meramente um sistema de fenômenos coerentes" foram exploradas em uma carta dirigida a Sidgwick por seu amigo Roden Noel:

> (...) se o indivíduo é absolutamente impermanente, uma espécie de ilusão, um brilho na peneira (...) assim também é a raça, assim também é o mundo e finalmente (como alguns de nossos cientistas expressamente nos ensinam) assim também é o universo, pois afinal os indivíduos fazem o todo. Terei eu de sacrificar-me? E por quê? Por uma vasta ilusão, um brilho impermanente na peneira, um mero amontoado de fenômenos transitórios, vãos, insubstanciais, irreais como eu mesmo!!! Não é absurdo falar do bem absoluto e do mal absoluto com base nesta suposição? Pode haver alguma coisa assim? Não, mas se *eu* não for real, permanente, eterno, verdadeiro e absoluto, e se *você* não o for, como poderia, afinal de contas, haver qualquer coisa assim?

A ironia da carta de Noel está em que, enquanto Sidgwick se voltou para a pesquisa do psiquismo buscando provas de que a personalidade era "real, permanente, eterna, verdadeira e absoluta", sua obra no campo da ética abriu a possibilidade de que a identidade pessoal pudesse ser quimérica. De uma certa perspectiva, isto podia parecer um avanço. Até o ponto em que o eu resultou ser ilusório, o conflito entre dever e interesse pessoal desapareceu e uma objeção à moralidade foi removida. Porém, o buraco negro no campo da ética, que Sidgwick havia descoberto, esse não desapareceu. Ficou maior. Os princípios rivais já não eram egoísmo e moral, mas moral e atuação por impulso — as compulsões do nosso eu presente. A alternativa à moral já não era o egoísmo, mas o simples desejo — um panorama que Sidgwick considerava extremamente inquietante.

A não ser que a personalidade sobrevivesse à morte, não havia razão para que ninguém reprimisse seus desejos. Por isso encontrar provas da vida após a morte era tão importante. A chegada de Helena Petrovna Blavátski em Cambridge parece ter sido um dos episódios que levaram Sidgwick a concluir que tais provas talvez nunca pudessem ser apresentadas.

No início, Sidgwick deu as boas-vindas a madame Blavátski, ex-amazona que se exibia com cavalos em circos, ex-empresária (cedo em sua carreira, ela fundara uma fábrica de tinta e uma loja de flores artificiais; ambas faliram), às vezes informante da polícia secreta czarista e cantora de cabaré que assumira a profissão de médium. Ao fundar a Sociedade Teosófica, Blavátski publicou um dos textos canônicos do ocultismo ocidental, *Isis Unveiled* [Isis desvelada]. O circunspeto filósofo de Cambridge achou que Blavátski era "um ser genuíno, dotada de uma vigorosa natureza intelectual, assim como emocional, e de um desejo verdadeiro pelo bem da humanidade". Ele parecia aceitar as afirmações de Blavátski de que recebia cartas de sabedoria esotérica de misteriosos mestres tibetanos. Só depois de uma rigorosa investigação da Society for Psychical Research, Sidgwick reconheceu que Blavátski era uma charlatã e uma impostora.

Segundo escreveu Myers, depois "do colapso da assim chamada Teosofia de Madame Blavátski", Sidgwick "insistiu em que tudo que tínhamos provado era coerente com a morte eterna. Pensava não ser improvável que aquele último esforço para olhar além do túmulo falhasse; que os homens teriam que se contentar com um agnosticismo, cada vez mais sem esperanças — e que fariam melhor em voltar-se para seus deveres cotidianos e esquecer a escuridão do fim". Com a religião em retirada, Sidgwick não podia deixar de esperar, contra toda esperança, que alguma evidência da vida após a morte finalmente aparecesse.

Sidgwick tinha outra razão para aferrar-se a esta esperança. A sobrevivência *post mortem* com a qual sonhara terminaria com qualquer dúvida sobre a identidade pessoal e confirmaria a integridade de sua própria personalidade. O Sidgwick desencarnado não seria mais dividido e fragmentado. Desejos que haviam povoado sua vida terrena, apesar de reprimidos em sua maioria, deixariam de perturbá-lo. Se a vida após a morte, tal como Sidgwick a havia imaginado, fosse um fato, a imagem ideal que ele formara de si mesmo poderia se tornar real.

A divisão interna do Sidgwick terreno era, em parte, produto da ambiguidade sexual vitoriana. Todos os amigos íntimos de Sidgwick eram homens, a maior parte deles homossexuais ou bissexuais durante boa parte de suas vidas. Ele pertencia à geração dos Apóstolos — membros da Cambridge Conversazione Society — que celebravam o amor *gay*, criando a cultura da qual saíram John Maynard Keynes e o grupo de Bloomsbury. No diário de Sidgwick, vamos encontrá-lo perguntando a si mesmo se poderia reconhecer, em Oscar Broad, o lendário "Don Juan" de Cambridge e expoente do amor grego, "o amigo que procuro", e tecendo comentários sobre os amigos que já havia feito: "alguns são mulheres para mim, e para alguns eu sou uma mulher". Roden Noel, que tinha um casamento feliz, era, ao mesmo tempo, um libertino *gay* que se deixou fotografar nu como o deus Baco. Amigo da vida toda, foi ele que escreveu a Sidgwick a carta citada acima sobre a qualidade efêmera da identidade pessoal. Outro deles, John Addington Symonds, admirador de Walt Whitman, escreveu o artigo "A Problem in Greek Ethics" ["Um problema na ética grega"], no qual defendia o valor da *paiderastia,* e compôs versos eróticos *gays,* alguns dos quais foram encerrados em uma caixa de lata preta e lançados, junto com a chave, no rio Avon, depois que Sidgwick o alertou sobre os riscos que eles traziam para a reputação de seu autor. Tido como bissexual pelo filósofo C.D. Brown, Myers bem pode ter mostrado afinidades "uranianas".* Fazia parte de um círculo em torno de Symonds que incluía o irmão homossexual de Sidgwick, que era o amigo mais íntimo de Myers em Cambridge. Myers havia lido para Symonds versos de "Calamus", de Walt Whitman, que celebravam o amor com rapazes, depois retirados das edições posteriores do livro *Leaves of Grass.*** Quando Edmund Gurney morreu em 1888, Myers escreveu: "Por quinze anos fomos tão íntimos e tão ligados um ao outro como os homens podem ser: todas as partes de nossas respectivas naturezas encontraram resposta na compreensão pelo outro. Mas não falarei mais disso." Myers confessou haver tido um período "sensual" em sua vida que envolveu algumas mulheres jovens, mas que pode ter incluído relacionamentos com homens, entre eles Henry Sidgwick. Em uma de suas últimas cartas, escrita quando estava próximo ao fim, Sidgwick disse a Myers que a amizade deles ocupara "*um grande lugar* em minha vida".

---

*Termo do século XIX que se referia a uma pessoa de um terceiro sexo — originalmente, alguém "com uma psique feminina em um corpo masculino". [*N. do T.*]
***Folhas de relva,* São Paulo, Brasiliense, 2002. [*N. do T.*]

Dificilmente se poderá duvidar de que tenha havido um elemento *gay* na sexualidade de Sidgwick. Também está bem claro que Sidgwick não haja reprimido essa parte de sua natureza durante a maior parte da sua vida. Claro que não se pode ter certeza de nada. Parece que seus papéis foram meticulosamente censurados após sua morte. Há indicações de que, por exemplo, cartas entre Sidgwick e Addington Symonds tenham sido destruídas. No entanto, é difícil ler as reflexões de Sidgwick sobre o "caos do Dever" sem suspeitar que o caos em questão viesse da ameaça de um desejo insistente. A essência do dever, para Sidgwick, era a renúncia de si. Se a morte fosse o fim, ele teria rejeitado uma parte de si mesmo por nada.

A mensagem que Sidgwick colocou em uma carta lacrada para ser aberta depois de sua morte e que foi lida por sua mulher, seu irmão e outros em fevereiro de 1909 sugere que ele estava consciente do risco de suprimir seus desejos e nada receber em retorno. Datada de 16 de maio de 1900 e com o cabeçalho "Para lembrança H Sidgwick", a mensagem dizia:

> I keep under my body and
> bring it into subjection.
> Shall we receive good at the
> Hands of the Lord and shall
> we not receive evil?*

Roden Noel, o amigo de Sidgwick, aparece em seus textos psicografados em versos rimados bem semelhantes a alguns publicados em vida por Noel, depois em versos brancos que parecem referir-se à amizade dos dois homens. Textos posteriores se referem a Noel pelo nome e mencionam a data de sua morte. Alguns desses versos brancos rezam:

---

*Pacifico meu corpo e / o levo à submissão. / Havemos de receber o bem das / Mãos do Senhor e não / receber o mal? [*N. do T.*]

> All the air
> Was full of peace and twilight and we walked
> We who have trod such diverse way since then.*

As linhas de verso são seguidas pela pergunta: "Terei sido um zangão — pelo menos havia mel ao meu alcance — mesmo que eu não tenha trazido nada para a colmeia?"

Parecia que a supressão de seus desejos em vida continuava a perturbar Sidgwick mesmo após a morte.

Certamente a vida futura não poderia, por uma questão de lógica, dar a Sidgwick qualquer razão para refrear seus desejos. Se nosso futuro eu não é mais importante para nosso eu presente do que os eus de outros possam ser para um egoísta coerente, isto continuará sendo verdadeiro mesmo que o eu futuro em questão tenha sobrevivido à morte corporal. De fato, não fica claro por que deveríamos nos preocupar com nosso eu *post mortem*. Pode haver razão para preocupar-se com o eu *post mortem* caso aquele eu e nosso eu presente sejam um e o mesmo. Existe menos razão para isso se a identidade pessoal for simplesmente uma questão de continuidades, já que sob qualquer aspecto a descontinuidade envolvida em morrer é considerável. Se o eu que há de sobreviver é irreconhecível como o eu que fomos, parece não haver razão para que nos preocupemos com ele. Por que se preocupar com o destino de alguém com quem se tem tão pouco em comum?

Mais do que dissipar dúvidas sobre a identidade pessoal, a sobrevivência à morte corporal só poderia tornar essas dúvidas mais prementes. Mas, para Sidgwick, essas dúvidas não eram importantes por si mesmas. Eram suas implicações para a ética que o intrigavam. Como escreveu em carta a Roden Noel:

---

*Todo o ar / estava cheio de paz e crepúsculo e nós caminhávamos. / Nós que trilhamos caminhos tão diversos desde então. [*N. do T.*]

Nunca baseei minha crença na imortalidade em nossa consciência de uma identidade própria. (...) Aquilo em que realmente fundamento esta crença (para além das evidências oferecidas pelo espiritismo e dos argumentos religiosos) é na *Ética*. (...) Em face do conflito entre Virtude e Felicidade, minha própria vida voluntária, e a de qualquer outro homem constituído como eu, isto é, penso eu, de todo homem normal, está reduzida a uma anarquia sem esperança. (...) O único modo de evitar essa anarquia intolerável é pelo Postulado da Imortalidade.

Sidgwick procurou a vida além da morte para solucionar questões sobre a moral e sobre sua própria identidade. O eu que Sidgwick desejava que sobrevivesse à morte não era o eu que tinha sido em vida. Era o eu que havia falhado em ser. Mas, se é para acreditar no escrito psicografado acima mencionado, nem a morte o fez inteiro.

Sidgwick foi celebrado em seu tempo por sua integridade, mas isso não o impediu de participar da hipocrisia vitoriana quando o desejo sexual — dele ou de seus amigos — estava em jogo. De certo modo, sua reputação de honestidade tornou a prática do engodo mais fácil para ele. Por sinal, a proficiência de Sidgwick em matéria de hipocrisia não era incoerente com sua filosofia. Ele defendeu por muito tempo a necessidade de uma "moralidade esotérica" — um código de conduta que sancionaria a prática do sigilo e mesmo do engano por razões estritamente éticas. Quando, no final do livro *Methods of Ethics*, discute as regras da moralidade comum, Sidgwick afirma de forma clara que essas regras devem ser obedecidas fielmente pelas pessoas comuns. Mas a moral utilitarista poderia liberar das regras comuns certos tipos particulares de pessoas:

> conforme os princípios utilitaristas, poderia ser considerado certo fazer, e mesmo recomendar no plano do privado, em certas circunstâncias, o que não seria certo defender em público; poderia ser considerado

certo ensinar abertamente a um grupo de pessoas o que seria errado ensinar a outras; poderia ser concebível considerar certo fazer, sempre que pudesse ser feito com relativo sigilo, o que seria errado fazer à vista de todos; e mesmo, se um completo sigilo puder ser razoavelmente garantido, por conselho ou exemplo privados, fazer o que seria errado recomendar. (...) Assim a conclusão utilitarista, cuidadosamente enunciada, parece ser essa: a opinião de que o sigilo pode tornar certa uma ação que, de outra maneira, não o seria deve ela própria ser igualmente mantida em segredo; e, de forma similar, parece conveniente que a doutrina de que a moralidade esotérica é conveniente deve, também ela, ser esotérica.

Não apenas Sidgwick, mas igualmente Myers aplicaram essa moralidade esotérica ao longo de suas vidas. No caso de Myers, foi ela, inclusive, parte integrante de seu engajamento na pesquisa do psiquismo.

❖

> He looked at us coldly
> And his eyes were dead and his hands on the oar
> Were black with obols and varicose veins
> Marbled his calves and he said to us coldly:
> If you want to die you will have to pay for it.*
>
> Louis MacNeice

Todos os protagonistas das correspondências cruzadas praticavam a hipocrisia esotérica de Sidgwick. Seu amigo Myers conservou em segredo, durante toda a sua vida, as circunstâncias que animaram sua

---

*Ele olhou para nós friamente / E seus olhos estavam mortos e suas mãos, no remo, / Estavam negras de óbolos e veias varicosas / davam aspecto de mármore às suas pernas, e ele nos disse friamente: / Se quiserem morrer, terão que pagar por isso. [N. do T.]

busca por evidências da vida eterna. Supunha-se que a investigação devesse ser guiada pelos mais rigorosos métodos científicos. Mas os motivos eram pessoais, intensamente pessoais.

Myers só escreveu sobre Annie Marshall, a mulher casada por quem se apaixonou, em um ensaio autobiográfico, *Fragments of Inner Life* [Fragmentos de vida interior], impresso pela primeira vez em 1938 e que circulou de forma restrita durante sua época. O ensaio só foi publicado 60 anos após a sua morte, muito depois que a viúva de Myers tratou de expurgar o texto para publicar uma primeira versão fortemente censurada.

Em uma "Nota Preliminar" aos *Fragments*, Myers escreveu:

> Desejo que o seguinte rascunho seja alguma vez publicado em sua integridade; mas provavelmente seria bom conservar em reserva pelo menos parte dele até alguns anos após a minha morte. Para evitar acidentes, portanto, proponho que essas páginas sejam impressas de forma privada e que uma cópia lacrada seja remetida a cada um dos seguintes amigos mais íntimos: Professor Henry Sidgwick, de Cambridge; Professor William James, de Harvard; Professor Oliver Lodge, de Liverpool; sir R.H. Collins, K.C.B.,* de Claremont; sr. R.W. Raper, de Oxford. Eu gostaria que esses amigos abrissem o envelope depois de minha morte (...).
>
> Vinte e cinco cópias numeradas devem ser impressas: seis das quais devem ser enviadas a amigos, tal como foi dito antes, quatro devem ser separadas para minha mulher e filhos, e as restantes devem permanecer por agora em meu escritório (...).
>
> Ao intitular as páginas adiante *Fragments of Inner Life* quero deixar claro que elas não constituem uma autobiografia completa, mas

---

*Knight Commander of the Bath. Cavaleiro Comandante da Ordem do Banho. Título honorífico inglês. [*N. do T.*]

tratam apenas de fatos e sentimentos que poderiam ser de interesse em alguns casos especiais. Omito muitas coisas que foram de profunda importância para mim...

Como escreveu um presidente posterior da Society for Psychical Research, familiarizado com a matéria, em suas próprias memórias inéditas, ao descrever os *Fragments* de Myers:

> Aqui estava ele declarando a seis amigos, e pedindo-lhes que o dessem a conhecer ao mundo, o fato de que o grande evento de sua vida, o ponto de virada de seu desenvolvimento espiritual, não havia sido seu amor pela mulher que foi sua esposa por 20 anos, que lhe dera três filhos e que contribuíra grandemente para o sucesso social do marido, mas sim uma mulher casada que ele conhecera por três anos e que já estava morta havia 25.

O suicídio de Annie — ou "Phyllis", como Myers a chama nos *Fragments* — em 1876 marcou o resto da vida desse último. Sofrendo de uma exaustão nervosa depois de anos de luta na relação com seu marido, um rico perdulário que tinha sido confinado em um manicômio, Annie — mãe de cinco filhos — afogou-se depois de haver tentado cortar a própria garganta com uma tesoura. A morte de Annie transformou em paixão o interesse de Myers por encontrar evidências da vida após a morte. Ele deu início a uma longa luta para entrar em contato com ela através de médiuns, com algum sucesso, pensava ele em 1877, embora só se tenha convencido totalmente disso 20 anos mais tarde: "Este ano, 1899, depois de 23 anos de tantos esforços, trouxe-me a certeza (...). Alcancei (...) a convicção de que um Espírito está ao meu lado, que faz minha religião e que fará o meu céu."

O envelope lacrado que Myers deixou com sir Oliver Lodge reforça a importância que ele atribuía a seu encontro com Annie Marshall. No dia 13 de julho de 1904, três anos após a morte de Myers, a senhora Verrall recebeu uma mensagem psicografada que instruía que a carta fosse aberta: "Há muito lhe contei sobre o conteúdo do envelope. O envelope lacrado que Myers deixou com Lodge. Você não compreendeu. Ele contém palavras do *Banquete* (de Platão) — sobre o Amor que constrói uma ponte sobre o abismo." Aberto em uma reunião do Conselho da Society for Psychical Research convocada por Lodge no dia 13 de dezembro de 1904, o envelope continha apenas a afirmação: "Se eu puder visitar outra vez um cenário terreno, escolheria o Vale da região de Hallsteads, em Cumberland." Como a mensagem não continha nenhuma referência ao *Banquete* de Platão, Lodge e seus colegas pesquisadores do psiquismo concluíram que a experiência havia "fracassado completamente".

Eventos posteriores fizeram com que alguns pensassem de forma diferente. Em dezembro de 1903, alguns meses antes que a sra. Verrall recebesse a mensagem sobre o envelope lacrado, Eleanor Sidgwick encontrou por acidente um exemplar de *Fragments* de Myers enquanto esquadrinhava os papéis de seu falecido marido no gabinete que este ocupava na faculdade. Quando o livro foi mostrado à sra. Verrall, em 21 de dezembro de 1904, esta afirmou ser capaz de decifrar a mensagem que a carta continha. Construída por amigos de Dorothy Wordsworth, Hallsteads era a mansão em que Myers fora criado. Também era o lugar onde Myers teve seu encontro mais inspirador e decisivo com Annie Marshall, depois do qual se afastou das tais relações "sensuais". A mensagem que Myers deixara no envelope lacrado, concluía a sra. Verrall, estava ligada à referência ao amor platônico que ela recebera em seu texto psicografado.

Àqueles que pertenciam ao círculo mais íntimo pareceu que Myers havia, enfim, obtido sucesso em comunicar-se do além-túmulo. Não se sabe se Eveleen, a mulher de Myers, compartilhava essa ideia. Myers lhe havia contado sobre seus encontros com Annie Marshall em Hallsteads quando se casaram, de modo que, para sua viúva, não havia nada de novo na carta lacrada. Mas ela pode ter ficado surpresa com a intensidade dos sentimentos que seu marido nutria pela mulher morta e que a carta revelava. Assim, lançou uma longa campanha para conservar secretos os *Fragments* ou para destruí-los.

O amor de Myers por Annie Marshall, que ele celebrou em versos sobre "Phyllis" nos *Fragments*, e a amputação desse amor pelo suicídio dela transformaram a visão de mundo de Myers. Não apenas abandonou a "sensualidade" pelo amor platônico, mas ficou convencido de que nenhuma filosofia materialista era defensável.

A "vontade de ir" de Myers, observada por William James quando Myers estava morrendo, era uma expressão dessa convicção. Uma médium lhe havia dito que ele morreria logo e se encontraria nos braços de Annie, uma profecia que ele aceitava, mesmo que a data profetizada para sua morte — o aniversário dele em 1902 — se tenha revelado claramente equivocada pelo avanço de sua doença terminal, que o levou em 1901.

O último quarto de século da vida de Myers foi orientado por sua necessidade de contatar uma mulher com quem ele tivera uma relação que não pudera reconhecer durante sua vida. As reverberações de sua busca envolvem aparições em sessões conduzidas por médiuns em diversas partes do mundo, décadas depois de sua morte. Mas o abismo entre a morte e a vida não foi cruzado.

O filho mais velho de Myers, Leo Myers, organizador de uma edição condensada de *Human Personality and Its Survival of Bodily Death*, e autor de um bem conhecido romance histórico indiano, *The Root and The Flower* [A raiz e a flor], de 1935, tinha uma personalidade problemática e havia tomado parte em sessões espíritas quando criança. Não muito depois que seu pai morreu em 1901, Leo viajou com a mãe para os Estados Unidos da América do Norte, onde tinha sido marcada uma sessão espírita na qual se esperava que seu pai se comunicasse com eles. Nada transpirou dessa sessão, e, apesar do apoio de amigos como o autor de ficção científica Olaf Stapledon, Leo teve uma vida persistentemente assombrada pela depressão e suicidou-se em 1944.

❖

> Não tropeçamos meramente com a verdade apesar do erro e da ilusão, o que é estranho, mas por causa do erro e da ilusão, o que é ainda mais estranho.
>
> Arthur Balfour

A busca de provas da vida após a morte que consumiu grande parte da vida de Myers foi uma resposta a um pesar intolerável causado pelo trágico fim de um relacionamento secreto. Uma trajetória aparentemente similar levou Arthur Balfour a seu envolvimento com as correspondências cruzadas. Herdeiro de uma grande fortuna, recebeu sua herança em 1869, com a idade de 21 anos: 180 mil acres de propriedades rurais e investimentos financeiros que, reunidos, valiam aproximadamente 4 milhões de libras, equivalentes a 250 milhões de libras de hoje. Era um dos mais ricos jovens da Grã-Bretanha. Balfour vinha de uma família que unira a riqueza territorial na Escócia a uma das grandes dinastias políticas inglesas, através de sua mãe, que pertencia à família dos Cecil, influentes desde o período elisabetano. Estudou em Eton e em Cambridge, onde chegou a conhecer Myers e assistiu a seminários orientados por Sidgwick, vindo a fazer uma longa carreira como estadista conservador. Sobrinho da marquesa de Salisbury e último membro da Câmara dos Lordes a ser primeiro-ministro da Inglaterra, Balfour foi

Secretário de Estado para a Irlanda (quando criou o punitivo Perpetual Crimes Act para acabar com a agitação na Irlanda, ganhando o título de "Bloody Balfour" [Balfour, o Sanguinário]), secretário de Relações Exteriores, primeiro-ministro e depois, no governo de Lloyd George durante a Primeira Guerra Mundial, de novo secretário de Relações Exteriores. Em 1917, quando exercia este cargo, escreveu uma carta para lorde Rothschild que veio a ser chamada de "Declaração Balfour", empenhando a Grã-Bretanha na criação de um lar nacional para os judeus na Palestina. Mais tarde, em 1926, Balfour foi responsável por conceder autonomia a domínios britânicos de além-mar, criando uma "Commonwealth of Nations" (Comunidade Britânica das Nações) dentro do marco do Império.

Apesar de ele haver ocupado os mais altos cargos da nação, sempre dando mostras de que podia cumprir seus deveres de forma eficiente e, quando necessário, impiedosamente, a carreira política de Balfour não é vista como bem-sucedida. Confrontado com questões como o Governo Autônomo Irlandês e a escolha entre o livre comércio e o protecionismo imperial, foi incapaz de dar uma liderança clara a seu partido. Sua fraqueza como político tem sido vista como resultado de sua personalidade reservada. Uma frase atribuída a ele — "Nada tem muita importância, e a maioria das coisas não tem importância nenhuma" — capta bem o que parece ter sido sua atitude em relação à vida. O distanciamento cético de Balfour, no entanto, não fez dele um cínico. Seu ceticismo só fez fortalecer sua fé religiosa e permitiu-lhe, no final da vida, cogitar a possibilidade de que estivesse em contato *post mortem* com uma mulher que ele teria amado no passado.

De certo modo Balfour se distingue dos pesquisadores do psiquismo. Cristão a vida inteira, nunca se preocupou com provar a vida além da morte por métodos científicos. Ao contrário de Sidgwick, Balfour não precisava de evidências. Como escreveu em 1915:

Por mim, não tenho nenhuma dúvida sobre uma vida futura. Julgo que, pelo menos, ela é tão certa como qualquer das cento e uma verdades da estrutura do mundo (...) Não é uma mera acreção teológica, que estou preparado a aceitar em certos casos e a rejeitar em outros. Estou tão seguro de que aqueles que amei e perdi estão vivos hoje, como o estou de que, ontem, estavam lutando heroicamente nas trincheiras.

Balfour nunca foi tentado a renunciar à sua fé porque ela pudesse entrar em conflito com a ciência. Mas compartilhou o horror de Sidgwick pela perspectiva de um universo sem Deus, que ele prenunciou com *pathos* vitoriano:

O homem, na medida do que a ciência natural, por si mesma, é capaz de nos ensinar, não é mais a causa final do universo, o herdeiro descido dos céus de todas as eras. Sua própria existência é um acidente, sua história um acidente breve e transitório na vida do mais insignificante dos planetas. A ciência, na verdade, até agora nada sabe sobre a combinação de causas que, pela primeira vez, converteu um composto orgânico morto nos progenitores vivos da humanidade. Basta saber que, de tais começos, a escassez, a doença e o massacre mútuo, enfermeiros adequados para os futuros senhores da criação, fizeram evoluir, depois de infinitos trabalhos de parto, uma raça com suficiente consciência para sentir que é vil e suficiente inteligência para saber que é insignificante. Pesquisamos o passado e vemos que a sua é uma história de sangue e de lágrimas, de disparates irremediáveis, de revoltas selvagens, de estúpida aquiescência, de aspirações vazias. Procuramos conhecer o futuro e aprendemos que, após um período longo se comparado à vida de um indivíduo, mas curto se comparado aos intervalos de tempo abertos à nossa investigação, as energias de nosso sistema declinarão, a glória do Sol se ofuscará, e a Terra, sem marés e inerte, não tolerará mais a raça que, por um momento, perturbou sua solidão. O Homem descerá ao túmulo, e todos os seus pensamentos perecerão. A consciência inquieta que, com esse obscuro canto, rompeu por um breve lapso de tempo o silêncio contente do universo terá seu descanso. A matéria não mais se conhecerá. "Monumentos imperecíveis" e "feitos imortais", a própria morte, e o amor mais forte que a morte — será como se nunca houvessem existido.

Apesar de Balfour compartilhar a resistência dos pesquisadores do psiquismo ao materialismo científico, não se voltou para a ciência, como estes o fizeram, para refutar o materialismo. Em vez disso, questionou a própria ciência.

Valendo-se da dúvida para afirmar a fé, Balfour argumentou que o método empírico, a que os cientistas recorrem para formular leis universais de causa e efeito, leva a conclusões rigorosamente céticas. A base do método empírico é uma crença na uniformidade natural: se dois eventos estão regularmente conectados em nossas observações, podemos concluir que obedecem a uma lei universal. Mas esta não é uma conclusão que alcançamos pela observação. A mais expressiva quantidade de provas não pode demonstrar a existência de leis da natureza, já que novas experiências sempre podem derrubá-las. A ciência descansa na crença de que o futuro será como o passado; mas tal crença é racionalmente infundada.

Esta não é uma nova linha de pensamento. David Hume sustentava que a expectativa de que o futuro seja como o passado, que é o fundamento da indução, não passa de uma questão de hábito. Hume queria mostrar que, como os milagres transgridem conhecidas leis da natureza, era irracional aceitar relatos sobre eles, os da Bíblia ou quaisquer outros. Mas seus argumentos contra a indução mostravam que as leis da natureza não podiam ser, de fato, conhecidas, de modo que eventos que pareciam impossíveis poderiam ocorrer a qualquer tempo. A conclusão era que a fé em milagres retornava pela porta traseira da dúvida cética. É muito provável que Hume, que estava longe de ser simpático à religião, nunca teria imaginado que seu ceticismo seria usado a serviço da fé. Mas isso foi o que aconteceu quando pensadores religiosos nele inspirados afirmaram que Deus podia fazer que o impossível acontecesse. O pensador alemão do contrailuminismo J.G. Hamman, o escritor cristão dinamarquês do século XIX Soren Kierkegaard e o fideísta judeu russo do século XX Leo Shestov defenderam a fé com fundamento em uma dúvida de longo alcance.

Balfour pertencia a uma longa tradição de pensadores que lançaram mão da dúvida cética para invalidar as pretensões da razão. Mas agregou um novo argumento contra as limitações da ciência, que foi buscar na teoria da evolução. De um ponto de vista darwinista, as crenças humanas são adaptações ao que nos coube do mundo. Decerto, muitas das coisas em que acreditamos devem ser grosseiramente exatas ou não teríamos sobrevivido. Mas as crenças que desenvolvemos poderiam estar em relação com o mundo apenas o suficiente para ajudar-nos a seguir tropeçando pelo nosso caminho através dele, e apenas nesses termos. Os sistemas de crença humanos talvez não sejam mais que ilusões úteis, que aparecem e desaparecem quando são mais ou menos vantajosas ao avanço aleatório da seleção natural.

Não poderia a própria evolução ser uma dessas ilusões? O naturalismo científico é a teoria de que as crenças humanas são adaptações evolutivas cuja sobrevivência nada tem que ver com sua veracidade. Mas, nesse caso, o naturalismo científico é autodestrutivo, já que, por suas próprias premissas, as teorias científicas não podem ser conhecidas como verdadeiras.

Se Myers e os pesquisadores do psiquismo quiseram usar a ciência para minar a existente visão científica do mundo, Balfour fez uso da ciência para colocar a própria ciência em dúvida. O problema da crença racional não está limitado à religião. A base da ciência é o método empírico, que usa os sentidos para construir um retrato do mundo; mas a ciência nos diz que nossos sentidos evoluíram para ajudar-nos a viver, não para nos mostrar o mundo como ele é. A ciência é apenas um exame sistemático de nossas impressões e, ao fim das contas, tudo que resta a cada um de nós são nossas próprias sensações:

> O Homem, ou melhor, "eu", tornei-me não só o centro do mundo, como *sou* o mundo. Além de mim e de minhas ideias, ou não há nada, ou nada que possa ser conhecido. Os problemas sobre os quais nos inquietamos em vão, a origem das coisas e as formas de seu desenvolvimento, a constituição interna da matéria e suas relações com o espírito são questionamentos sobre nada, interrogações gritadas no vazio. O tecido sem fundamento das ciências, como o próprio grande globo, dissolve-se ao toque de teorias como essas sem deixar sequer ruínas para trás.

O resultado final do método empírico, então, é que cada indivíduo é deixado sozinho com suas próprias experiências. Podemos escapar a essa solidão, sugere Balfour, somente se aceitarmos que existe uma consciência divina.

O ceticismo de Balfour com relação à ciência levou-o a manter-se afastado do aspecto experimental da pesquisa sobre o psiquismo. Tanto não aceitava que a vida após a morte pudesse ser cientificamente comprovada como não aceitava qualquer das grandes afirmações feitas pela ciência em seus dias. Mas foi esse mesmo ceticismo, aparentemente inspirado pela memória dolorosa de um amor antigo, que o levou a aceitar a possibilidade de que os mortos pudessem contatar os vivos por meio da escrita automática.

Os textos de escrita automática do "Domingo de Ramos" são assim chamados porque começaram a ser transmitidos no Domingo de Ramos de 31 de março de 1912 e levaram os destinatários dos textos a acreditar que Mary Lyttelton, que morrera de tifo aos 24 anos no Domingo de Ramos de 1875, estava tentando comunicar-se com Arthur Balfour, com o propósito de assegurar-lhe seu continuado amor por ele.

Mulher atraente e vivaz, cuja família era relacionada pelo casamento com a do jovem político liberal W.E. Gladstone, Mary Lyttelton tivera dois pretendentes, mas ambos morreram antes que um compromisso pudesse ser anunciado. De acordo com um relato, Balfour esteve a ponto de propor-lhe casamento pouco antes que ela morresse. O relacionamento de Balfour com Mary — ou "May", como era conhecida pelos amigos — foi um dos episódios mais significativos da formação deste. Ao saber da morte de May, Balfour pediu ao irmão dela que colocasse no caixão um anel de esmeraldas, que lhe viera de sua mãe. Mais tarde, ele veio a obter, com a irmã dela, um cacho dos cabelos de Mary, conservado em uma caixa de prata forrada de cetim púrpura que mandou confeccionar especialmente para guardá-lo.

Ao redor desses eventos teceu-se uma lenda vitoriana segundo a qual Balfour passara o resto de sua vida mergulhado em tristeza inconsolável, devotando-se ao serviço público enquanto esperava com paciência pela morte. A história foi resumida, em 1960, por Jean Balfour (nora de Gerald Balfour e, como este, estudiosa de longa data das correspondências cruzadas). Sobre o relacionamento de Arthur Balfour com Mary, Jean Balfour escreveu:

> mesmo que ele não tenha admitido abertamente, estivera vivendo somente para ela: a totalidade da existência tinha sido engrandecida para ele através dela, e ele havia exigido pouco mais da vida durante esses anos do que o deleite da companhia dela (...) compartilhava com outros Balfour de sua geração uma reticência e uma humildade

combinadas com uma saúde neutra, e em toda sua carreira nunca se preocupou por nada que fosse realmente importante. Isso não ocorria porque seus sentimentos fossem fracos, mas porque tudo significava tanto (...) ele estava chegando à convicção, que nunca mais o deixou, de que a morte não era o fim, e acredito que essa conclusão se impôs porque (como no caso de F.W.H. Myers) sua tristeza era espiritualmente tão profunda que seria intolerável sem aquela esperança.

Sua vida, no entanto, não ficou arruinada. (...) Ele encontrou o mais aguçado prazer em interesses intelectuais e em escrever seus livros, e as atividades da vida política foram ocupando seu tempo e energia mais e mais. (...) Por 55 anos, com pequenas interrupções, ele visitou seus velhos amigos, os Talbot (a irmã mais velha de May, Lavinia, havia se casado com o reverendo Edward Talbot, diretor do Keble College de Oxford) todos os Domingos de Ramos e passava o dia com eles em retiro e contemplação.

Nesta versão da vida de Balfour, a perda de Mary Lyttelton estava por trás de sua decisão de permanecer solteiro. Mas os fatos a respeito do relacionamento de Balfour com Mary não são nada claros. Ele pode ter sentido algo por ela durante algum tempo, mas nenhuma carta sobreviveu em que ele expresse seu amor por Mary ou a intenção de casar-se com ela. Nem existe nenhuma carta dela mostrando que estivesse aberta a uma proposta de casamento dele. O diário de Mary nos relata seu amor por um dos seus pretendentes anteriores, mas não por Balfour. Perto do fim de sua vida, o irmão de Balfour, Gerald (que conhecera e se lembrava de Mary Lyttelton), descreveu-a como uma mulher de "disposição amorosa" que tivera dois casos de amor antes de morrer. Na opinião de Gerald, Arthur nunca entendeu "a natureza apaixonada de que Mary era dotada", nem compreendeu que ela "tivesse uma grande necessidade de demonstrações físicas dos sentimentos". Como resultado disso, Arthur "a cortejou bem mal".

O tímido ato de cortejar de Balfour poderia ter outra explicação. Seus sentimentos podem não ter sido tão fortes quanto ele supunha. A perda de Mary não o impediu de formar, poucos anos depois, uma amizade íntima com Mary Wyndham, mais tarde Lady Elcho e condessa de Wemyss (depois de casar-se com Hugo Charteris em 1883). Essa relação sobreviveu à rejeição de Balfour ao projeto de um casamento, que Mary Wyndham e sua família claramente desejavam, bem como ao caso de Mary com o poeta Wilfred Scawen Blunt, que resultou em uma criança que o marido dela adotou como sua. Frequentemente se presumiu que o relacionamento entre Balfour e Lady Elcho, que se prolongou por quase meio século, era platônico. Cartas recentemente publicadas, porém, registram que os dois se engajaram por muitos anos em jogos sexuais sadomasoquistas, pelos quais ambos tinham suas preferências.

Apesar de ter declinado casar-se com ela, os sentimentos de Balfour por Mary Wyndham parecem ter sido profundos. Wilfred Scawen Blunt não tinha dúvidas de que Balfour tivesse uma *grande passion* por Mary. Em 1887, antes de partir para uma viagem na qual sua vida poderia estar em perigo (ele era secretário-geral para a Irlanda na época), Balfour deixou uma carta para sua irmã Frances, juntamente com um estojo de couro que continha outra carta, a ser aberta apenas na eventualidade de sua morte. Na carta à sua irmã, que versava sobre "uma questão de que só você pode tratar", pediu-lhe que, se o pior lhe acontecesse, Frances "dissesse a ela [Lady Elcho] que, no último momento de sua vida, se pudesse pensar em algo, pensaria nela". Balfour sobreviveu à viagem, e o estojo, aberto por Frances e Lady Elcho 40 anos mais tarde, depois da morte de Balfour em 1930, continha um broche de diamantes.

Balfour com toda certeza era capaz de manter relações duradouras com mulheres. Mas talvez não estivesse interessado em sexo convencional ou em casamento com Mary Lyttelton ou com qualquer outra. Escrevendo a Mary Wyndham em 1892, observou de forma abrupta: "Tenha eu tempo para o Amor ou não, certamente não tenho tempo para o Matrimônio." Sua condição de celibatário pode ter refletido essas preferências. Balfour não era um homem de fácil leitura. Segundo seu próprio relato e os de muitos outros, era um cristão muito piedoso. No entanto, Scawen Blunt, que no início vira Balfour como um "gato domesticado", achou-o "curiosamente severo e cínico", um homem que arvorava uma filosofia darwinista "pseudocientífica" para justificar o "racismo agressivo" dos conservadores, e até mesmo sugeriu que Balfour havia "transformado Mary Wyndham em uma pagã".

Tudo indica que Balfour era capaz de mostrar distintos aspectos de sua personalidade a pessoas diferentes enquanto mantinha alguns bem escondidos. Nesse caso, a lenda de que seu coração tivesse ficado partido com a morte de Mary Lyttelton poderia ser um engodo maquinado com muito cuidado, outro exemplo da hipocrisia esotérica que seu contemporâneo de Cambridge, e cunhado, Sidgwick tanto fizera para justificar.

Ainda assim, Balfour achou que valia a pena explorar a possibilidade de que Mary Lyttelton pudesse estar tentando entrar em contato com ele através de médiuns. Mas não chegou a isso sem delongas. Em 1912, os textos psicografados haviam pedido que o irmão de Arthur, Gerald, participasse de uma sessão com a médium "sra. Willett" enquanto ela produzia seus textos de escrita automática. Parece que foi nesses encontros que a médium e Gerald Balfour concluíram que os textos produzidos por três médiuns, dois na Grã-Bretanha e um na Índia, em um período de mais de 10 anos, traziam indicações da personalidade de Mary Lyttelton e de seu amor por Balfour.

No entanto, foi somente em 1916 que Arthur Balfour concordou (a pedido dos textos, como foi relatado) em tomar parte nas sessões. Os textos então passaram a mencionar Mary Lyttelton pelo nome. De acordo com Jean Balfour, foi somente depois de uma dessas sessões na casa de Balfour em Londres que este falou a seu irmão, que não conhecia o episódio, da caixa de prata na qual guardara um cacho do cabelo de Mary Lyttelton em 1875.

Jean Balfour interpretou o longo período durante o qual os textos haviam omitido qualquer menção explícita a Mary ou a Arthur Balfour como evidência da vontade dos autores dos textos:

> Os pesquisadores declararam que estava claro para eles, pelo estudo dos textos, que os "comunicadores" preferiam que os médiuns não conhecessem a história que estava sendo mencionada, ou quem fossem os personagens dela, e particularmente que não percebessem quem era o pretenso destinatário da mensagem; de fato, os comunicadores com frequência afirmavam que este era seu desejo, e recorrer a símbolos era o único modo de assegurá-lo.

Olhando para trás pelo período de mais de uma década, os intérpretes dos textos concluíram que estes continham correspondências cruzadas, que haviam passado despercebidas, mas se referiam ao relacionamento entre Mary Lyttelton e Arthur Balfour. Essa era a evidência de intenção vinda do além-túmulo, cuja necessidade Sidgwick e Myers tinham reconhecido como exigência para provar a vida após a morte.

Jean Balfour concluiu:

> São numerosos os textos que realmente parecem sustentar a afirmação, feita pelos pretensos comunicadores, de que eram obra de um grupo no Outro Mundo, operando através de um conjunto de médiuns

com a intenção de obter o escrutínio e a compreensão de ainda outro grupo de pessoas vivas. Nada como isso havia jamais aparecido antes na história das ocorrências psíquicas.

Alguns pesquisadores do psiquismo aceitaram essa afirmação, sustentando que as correspondências cruzadas proporcionavam a mais forte evidência de vida após a morte que provavelmente jamais se venha a encontrar. No entanto, neste caso como em outros, as correspondências cruzadas são uma mistura de alusões literárias e de romance familiar, e qualquer interpretação presta-se a ser altamente especulativa.

Como exemplo, um texto produzido em 9 de outubro de 1902 continha o seguinte trecho:

> Os sonhadores veem a maior parte da verdade — em douradas visões do amanhecer. Eles podem dizer que isso é verdade. (...) Há sinais de púrpura real no samito perfumado quando você vê, em algum lugar, tais coisas em um baú, depois acredita, e certas outras pessoas também. Vestes púrpuras, mas não refinadas, sobre um baú brilhante, e um aroma que está presente. É alguma coisa deixada de lado com cuidado, que uma vez foi vestida. Está longe de você, você nunca a viu, mas Arthur sabe do que estou falando. Ele a viu sendo usada. (...) Quem chegou até a torre escura? É preciso perguntar-lhe quem? E onde? A torre era escura e fria, mas todos a amávamos; ele se lembrará.

Não entendido a princípio, esse trecho foi interpretado muitos anos depois: há uma alusão a Whittingehame Tower, velha propriedade da família Balfour (a "torre escura"), a "púrpura real" é referência ao cacho de cabelos de Mary Lyttelton, o samito (tecido de seda), remete ao poema de Tennyson "Passing of Arthur", no qual a espada Excalibur é descrita como coberta por samito branco, menção que reapareceu em outros textos anos mais tarde quando uma citação maior de Tennyson foi psicografada aludindo à "Blessed Damozel" ("Donzela Abençoada"), posteriormente interpretada como a imagem de Mary Lyttelton.

É uma leitura engenhosa, para dizer o mínimo. Arthur Balfour finalmente parece ter sido convencido de que os textos poderiam conter mensagens de Mary Lyttelton, mas apenas perto do fim de sua vida. Em 1926, em resposta a uma mensagem de um texto que se afirmava vir de Mary, ele mandou uma mensagem psicografada para ela. Sobre a mensagem de Mary, Arthur escreveu:

> em sua essência foi compreendida por ele e profundamente valorizada. (...) Certamente não é preciso dizer-lhe que "a Morte não é o fim". No entanto, existe na mensagem dela uma nota quase de dor que o deixa perplexo. Ela parece, pela primeira vez, encontrar nele uma mudança que, apesar de admitidamente superficial, ela trata com intensidade. Ele não reconhece nenhuma mudança. Mais de meio século já se passou. Nascimentos e mortes se sucederam em um fluxo incessante. A hora da reunião não pode ser postergada. Durante todo esse período, ele não teve acesso à mente dela, exceto através da intervenção de outros, não teve nenhuma intuição de sua presença, apesar de ele não duvidar de sua realidade.
>
> Pela sua completa deficiência em dons psíquicos, ele não tem nenhuma intuição dessa "indizível proximidade" da qual a mensagem fala com tão profunda convicção e que ele imagina ser de infinito valor. Novas mensagens ajudariam muito.

Balfour pode ter chegado a aceitar que os textos traziam comunicados de Mary Lyttelton. No entanto, não deu nenhum sinal de que estava consciente de sua presença póstuma, nem endossou a versão de sua vida dada na Narrativa. Em outubro de 1929, quando estava morrendo, foi visitado pela "senhora Willett", que entrou em estado de transe e lhe transmitiu uma mensagem final de Mary Lyttelton: "Diga-lhe que ele me dá Alegria." Relatou-se que Balfour ficou "profundamente impressionado". No entanto, como comenta seu biógrafo R.J.Q. Adams, "nunca saberemos se ele acreditou na mensagem ou simplesmente admirou o desempenho da médium". Parece provável que Balfour tenha preservado seu ceticismo até o fim, de par com sua obstinada reserva.

❖

> Do they know me, whose former mind
> Was like an open plain where no foot falls,
> But now is as a gallery portrait-lined
> And scored with necrologic scrawls,
> Where feeble voices rise, once full-defined,
> From underground in curious calls?*
>
> Thomas Hardy

Os textos de escrita automática não eram apenas o canal para uma Narrativa. Eram também veículos de um Plano, do qual as personagens principais foram a "sra. Willett", pseudônimo de uma personalidade pública, a sra. Winifred Coombe-Tennant, sufragista e delegada britânica à Liga das Nações, e o irmão de Arthur Balfour, Gerald. Essas duas eminentes figuras seriam veículos para um esquema secreto de regeneração do mundo, transmitido através das correspondências cruzadas, no qual elas mesmas desempenhavam um papel vital.

---

*Será que me conhecem, aquele cuja mente antiga / era como uma planície aberta, que nenhum pé jamais pisou, / mas que agora é como uma galeria de retratos alinhados / e marcada por garranchos necrológicos, / onde vozes débies, que uma vez foram bem definidas, se elevam / do subterrâneo em curiosos chamados?

Como seu irmão Arthur, Gerald era um político conservador que se tornou membro do Parlamento e serviu em importantes postos do Estado, inclusive como secretário de Estado para a Irlanda. Mas Gerald parece ter sido menos ambicioso que o irmão. Membro do Trinity College e estudioso de filosofia, retirou-se da política no início dos anos 1900. Presidente da Society for Psychical Research, dedicou muito do restante de sua longa vida (morreu em 1945) à pesquisa do psiquismo; gastou várias décadas estudando as correspondências cruzadas, nas quais figurava de maneira essencial, apesar de muito camuflada.

Como outros protagonistas das correspondências cruzadas, Winifred Coombe-Tennant sofreu perdas angustiantes. Sua segunda filha, Daphne, morreu em 1908 antes de chegar aos dois anos, e seu filho Christopher foi morto nas trincheiras, antes dos 20 anos, em 1917. Seu envolvimento com a pesquisa do psiquismo não fez dela uma médium, no sentido comum do termo. A maior parte de sua atividade nesse campo foi através da psicografia, e ela nunca entregou sua consciência a nenhum "mentor". Não mencionado em seu obituário publicado no *Times*, seu papel nas correspondências cruzadas foi revelado ao público pela Society for Psychical Research somente após sua morte em 1956. Retomou a psicografia, com a qual fizera experiências na juventude, mas que havia abandonado, por causa da morte de Daphne: procurou a sra. Verrall para descobrir se Daphne havia aparecido em textos de escrita automática. Os textos que a sra. Coombe-Tennant produziu desde então, que afirmava serem de autoria de Myers, informavam-lhe que seria usada em uma importante experiência.

Parte do experimento continuava sendo uma tentativa de demonstrar a vida após a morte. Em um texto psicografado em março de 1909, "Myers" anunciou:

Nenhum esforço que possa ser aproveitado será poupado deste lado e, se me fosse possível transmitir completamente a emoção e a alegria que brilham dentro de mim ao som de vossas palavras de boas-vindas, eu tentaria expressar a encarnação de Myers que sinto. Deixe-me dizer apenas que creio enfim ter sido bem-sucedido ao provar não apenas a vida após a morte, mas a identidade; que eu sou Myers e que existo em mim, apesar de ampliado, porém no Ego principal e real idêntico àquele de Myers, que buscou salvar sua própria alma.

A parte mais abrangente da experiência era o Plano, que os textos descreviam como um experimento de "eugenia psicológica". A eugenia exerceu uma poderosa influência no final do século XIX e no início do século XX, que o espiritismo refletia. Os eugenistas tinham como propósito livrar o mundo de seres humanos defeituosos, ao passo que os espíritas acreditavam que o corpo que nos aguarda na vida após a morte estaria purgado de defeitos. A eugenia e o espiritismo eram ambos credos progressistas, que afirmavam que, ao utilizar conhecimentos novos, a humanidade poderia atingir um nível de desenvolvimento maior do que tudo o que jamais fora alcançado.

Os dois sistemas de pensamento reuniram-se no Plano. O esquema, que parece ter aparecido pela primeira vez em textos de outubro de 1910, foi mantido oculto do público por quase um século. Colocado sob a guarda de Jean Balfour em 1930, ficou com ela até sua morte em 1981. Depois disso, permaneceu enterrado nos arquivos que ela tivera sob seu controle. Um esboço do esquema foi exposto, em 1948, em *An Introduction to the Study of the Scripts* [Uma introdução ao estudo dos textos de escrita automática], um volume impresso privadamente por W.H. Salter, presidente da Society for Psychical Research que se casara com Helen Verrall, ela própria praticante da psicografia. Foi somente em 2008 que Archie E. Roy, depois que o acesso aos arquivos lhe foi concedido pela filha de Jean Balfour, Lady Allison Kremer, pôde fazer um relato completo do Plano em seu livro *The Eager Dead* (Os mortos impacientes).

O Plano envolvia o nascimento de um terceiro filho da "sra. Willett", especialmente escolhido pelos membros do grupo que supostamente estava se comunicando com ela do além-túmulo. "Myers" descreveu a criança como "o filho de Gurney que está por vir (...) uma grande Encarnação da Divina Efulgência". Em outra versão do Plano, à qual a "sra. Willett" parece ter dado mais crédito, a criança por nascer deveria ser o "filho espiritual" de Arthur Balfour e Mary Lyttelton (quando soube disso, em seu leito de morte, Balfour descartou a ideia como fantástica).

Embora a criança viesse como um messias, apareceria no mundo graças ao poder da ciência. Durante os últimos anos de sua vida, Myers gostava de observar que a ciência havia ingressado em uma fase de rápido avanço no outro mundo, assim como o fizera na Terra. Dirigindo-se à "sra. Willett" através da escrita automática, "Myers" escreve: "Deixe-me perguntar primeiro se o uso da palavra Experiência foi totalmente entendido e admitido pela senhora e, em segundo lugar, se a senhora admitirá a experiência mesmo como uma hipótese de M. Myers."

O Plano exigia que a "sra. Willett" ficasse grávida de uma criança que havia sido cientificamente programada com as virtudes necessárias para modelar o curso dos eventos mundiais. Nas gerações prévias, os mortos não tinham perícia científica. Com o avanço do conhecimento, isso já não era verdade. A criança por vir seria projetada pelo falecido biólogo de Cambridge, Francis Maitland Balfour, entre outros.

A criança não seria filha de uma virgem. Seria concebida pela maneira normal, e Augustus Henry Coombe-Tennant, a criança que nasceu como realização do Plano no ano de 1913, foi fruto de um relacionamento, conhecido por poucos, entre a "sra. Willett" e aquele que havia participado de muitas de suas sessões espíritas, Gerald Balfour (que foi também padrinho da criança). O marido da médium, Charles Coombe-Tennant, que tinha 60 anos quando se deu o nascimento, bem pode ter suspeitado que Henry (como a criança era conhecida) não era seu filho. Pode ter-lhe ocorrido ser possível que sua esposa, a quem Jean Balfour descreveu como "uma mulher com uma grande apreço pela maternidade", houvesse optado por ter um filho com um homem mais jovem. Seja lá o que possa ter pensado, Charles Coombe-Tennant obedeceu ao código de sua casta e nada disse. A outra parte interessada do caso, a esposa de Gerald Balfour, Betty, teve uma depressão quando ele a informou de que não poderia mais dormir com ela. Os dois se reconciliaram quando, oito anos depois, Betty soube das razões que haviam motivado aquela decisão de Gerald.

A tarefa da "criança-espírito" era libertar a humanidade do caos. Cientificamente programada para desempenhar seu papel, a criança se desenvolveria até tornar-se um ser humano extraordinário, que traria paz e justiça ao mundo.

Não foi a única vez, na Inglaterra do início do século XX, que as esperanças messiânicas estiveram ligadas a uma criança. Jiddu Krishnamurti (1895-1986), defensor da "revolução espiritual" da Nova Era, começou sua carreira sendo adotado pelos líderes da Sociedade Teosófica como o próximo Salvador do mundo. A força motriz por trás do culto que rodeou Krishnamurti foi Annie Besant, socialista, feminista e secularista, que havia sido convertida à teosofia por Madame Blavátski. Outra teosofista envolvida de perto com Krishnamurti foi Lady Emily Lutyens, que se tornou, por uma década, sua "mãe adotiva". Lutyens era neta do escritor Edward Bulwer Lytton, de cujo romance fantástico *Zanoni* (1842) deriva grande parte da teosofia.

Lady Emily Lutyens, esposa do arquiteto Edwin Lutyens e também cunhada de Gerald Balfour, trouxe Krishnamurti para ver os Balfour na casa deles em Fisher's Hill, no condado de Surrey. Jean Balfour deixou um registro dessa visita. Emily, escreveu ela,

> era uma ardente teosofista, e a expectativa de um novo messias era perfeitamente familiar ao círculo dos Balfour. Penso que é verdadeiro dizer que, em todo o mundo, naquele período, existia um movimento que criava uma atmosfera mental em que algum tipo de intervenção espiritual nos negócios do mundo era assumido de maneira tácita: e muitas pessoas sustentavam a crença de que um Salvador universal estava a ponto de surgir (...)
>
> Não muito depois do meu casamento (creio que por volta de 1927), "Tia Emmie" trouxe o jovem indiano Krishnamurti — a esperança do movimento teosófico — a Fisher's Hill (...) Krishnamurti tinha mais ou menos 17 anos naquela época, e não se poderia encontrar criatura mais gentil e encantadora, cheia de sabedoria e profundidade espiritual; mas B.B. [Betty Balfour] disse-me depois que GWB [Gerald Balfour] estava certo de que as perspectivas de Augustus Henry eram bem superiores.

Nos anos que antecederam a Primeira Guerra Mundial, e até mais nas décadas que se seguiram, a crença na vinda de um messias fez parte de um sentido bastante disseminado de crise. Não causa surpresa que essa crença tenha prevalecido nos círculos em que os Lutyens e os Balfour se moviam. E, com toda a certeza, nada veio a surgir de suas esperanças. Nem Krishnamurti nem Augustus Henry Coombe-Tennant desempenharam o papel que deles se esperava.

Em 1911, foi estabelecida a "Ordem da Estrela do Oriente" como um veículo para a missão de Krishnamurti, mas não passou muito tempo antes que ele começasse a ter dúvidas sobre o papel messiânico que lhe fora atribuído. Em 1929, renunciou inteiramente a esse papel, dissolvendo a organização e declarando sua convicção de que a liderança e a autoridade eram prejudiciais à vida do espírito. Passou o resto de sua vida pregando esse antievangelho diante de audiências de discípulos devotos. No entanto, depois de quase 60 anos de negação de que fosse, em qualquer sentido, um messias, Krishnamurti anunciou nas últimas semanas de sua vida que, enquanto vivesse, ele seria "o Professor do Mundo".

O caso de Henry Coombe-Tennant foi menos dramático. Parece que ninguém disse nada a ele sobre seu esperado papel futuro, até bem tarde em sua vida e, mesmo então, provavelmente não toda a verdade, e grande parte de sua carreira foi o que se poderia esperar, na época, de alguém com o seu *background* familiar e social. Depois de Eton, Henry foi para o Trinity College, onde estudou filosofia como aluno de C.D. Broad e entrou em contato com Wittgenstein. Depois de Cambridge, uniu-se aos Welsh Guards (Guardas de Gales) e serviu na Segunda Guerra Mundial. Capturado na França, passou mais de dois anos em campos alemães de prisioneiros, fugiu e retornou à Grã-Bretanha e ao serviço ativo. Em 1948 deixou o exército, entrando para o Secret Intelligence Service (Serviço Secreto de Inteligência), o MI6, onde trabalhou com Kim Philby. Durante uma temporada de serviço no Iraque, converteu-se ao catolicismo e, em 1960, tornou-se monge, passando o resto de sua vida em Downside. Morreu em 1989.

Apesar de ter fracassado em desempenhar o papel que lhe conferiam os textos de escrita automática, Henry foi responsável por uma espécie de posfácio a tais textos. As correspondências cruzadas cessaram em 1932, a pedido de seus intérpretes, que diziam estar soterrados pela massa do material. Mas a médium Geraldine Cummins publicou dois livros — *The Road to Immortality* [O caminho para a imortalidade], de 1932, e *Beyond Human Personality* [Para além da personalidade humana], de 1935 — que pretendiam trazer comunicações posteriores de Frederic Myers.

Em 1957, Geraldine Cummins, que havia acedido em tomar parte em uma experiência com pesquisadores da Society for Psychical Research, começou a receber textos de uma pessoa que não podia identificar, mas que mais tarde afirmou serem provenientes da sra. Coombe-Tennant, que morrera no ano anterior. A experiência foi iniciada por Henry, que queria ver se poderia fazer contato com sua mãe. De acordo com a sra. Cummins, ela não sabia que a mãe de Henry era a "sra. Willett" até que a entidade com quem se comunicava, que ela conhecia como "Win" ou "Winifred", insistiu em ser chamada de "sra. Wills". A essa altura, a sra. Cummins, que havia lido que a "sra. Willett" era médium, fez a conexão e, por três anos, transcreveu textos da entidade Coombe-Tennant/Willett. O pai de Henry, Gerald Balfour, também fez uma aparição nos textos, em que comentava sobre as dificuldades de comunicação, tendo observado, em um estilo bastante parecido com o de "Myers": "parecemos nadar no mar da mente subliminar dos psicógrafos, e qualquer corrente mais forte pode desviar-nos das memórias objetivas que temos em vista".

Estes textos tardios constam de um livro, *Swan on a Black Sea* [Cisne em um mar negro], publicado pela primeira vez em 1965 com um prefácio do orientador de Henry no Trinity College, C.D. Broad. Sob vários aspectos, são uma relíquia da vida vitoriana. As relações humanas que retratam, como se continuassem no outro mundo, são da Inglaterra vitoriana, não como poderiam na verdade ter sido, mas como os que nela viveram as poderiam ter imaginado.

A Narrativa de Balfour e Mary Lyttelton é contada outra vez. Em certo ponto, a entidade através da qual se comunicam (a "sra. Willett") volta a narrar o encontro de Arthur Balfour com Mary, amiga de "A.J.B". Ela repete a versão do relacionamento entre Balfour e Mary, que era corrente durante a vida de Balfour, sua "unidade inviolável intrínseca", as décadas de vazio durante as quais Balfour preencheu sua vida com trabalho e a saudade com que ele aguardava reunir-se a Mary após a morte:

> Tantos anos se passaram depois da separação deles. Um vazio, uma insatisfação contínua para ele. Nenhuma alegria. Ele meramente passava o tempo com trabalho intelectual difícil e variado. Tanta fidelidade, tanta paciente espera. Então, por fim, depois de 50 ou 60 anos, o encontro do outro lado da morte, quando sua velhice desprendeu-se dele como uma vestimenta esfarrapada. Mas ah!, valera a pena esperar tanto tempo por aquele evento (...) ela continuava esperando, esperando na fronteira por ele, de regresso do nível mais alto, e com que sacrifício! Um mundo tão tentador lhe acenava, mas ela o ignorou. Pôs tudo aquilo longe dela para encontrar a alma de um velho. Portanto, não é necessário dizer que ela foi a primeira a saudar A.J.B. quando ele voltou para casa, para ela. Um homem solitário até então.

Não há dúvida de que a "sra. Willett" acreditava no romance vitoriano do desolado amor de Balfour. Se tal romance não se enquadra com o que se pode conhecer agora da vida de Balfour, isso significa apenas que o mundo vitoriano foi sempre parcialmente fictício. Fatos inconvenientes eram reprimidos, como as memórias dolorosas são destinadas ao inconsciente, apenas para voltarem transmutadas. Eventos que possam não haver tido nenhum significado tornam-se parte de uma história consoladora. Assim foi que a lenda do amor imortal de Balfour viu-se envolvida em uma mortalha e apresentada como a Narrativa nos textos psicografados.

No seu prefácio para o livro *Swan on a Black Sea*, C.D. Broad comenta:

Se existe um mundo após a morte, os textos psicografados devem apresentar um recanto extremamente restrito e peculiar deste mundo. Todas as pessoas que encontramos nesses textos são particularmente cultas, membros inteligentes das classes alta ou média-alta inglesas, cujas vidas foram vividas em certo período breve da história inglesa. É banal, mas não supérfluo, assinalar que a maior parte dos seres humanos não são cavalheiros e ladies, ingleses vitorianos, e que muitos deles são selvagens. Mesmo que, com bastante arbitrariedade, confinemos nossa atenção a nossos conterrâneos que nos são contemporâneos, devemos lembrar que certa proporção deles é de criminosos reais ou potenciais; que uma proporção muito maior deles tem a cabeça fraca, ou é neurótica, ou francamente louca; e que a vasta maioria do resto é composta de nulidades mais ou menos amigáveis, desprovidas de qualquer interesse cultural ou vida intelectual. Se todos os seres humanos sobrevivessem à morte de seus corpos, provavelmente deveria haver, entre as muitas mansões da casa de seu Pai, lugares à espera de todos eles. E devem ser muito diferentes dos apartamentos ingleses próprios para cavalheiros e intelectuais acadêmicos que os textos nos apresentam.

O comentário de Broad é cômico em sua antiquada altivez, mas a estocada principal é perfeita. Em todos os textos, o mundo após a morte é composto a partir de vidas vitorianas, com ambientes de estilo brilhantemente iluminados, os arredores sombrios eliminados. Nada é mostrado do torvelinho e do mundo do trabalho nos quais a vida humana sempre se passou ou da maneira dolorosamente inconsequente pela qual ela de forma habitual termina. Nesse outro mundo pouco nítido, mas mesmo assim reconfortante, a morte podia ser embelezada. Não era mais o último ato de uma luta perdida contra a pobreza ou a doença, nem o triste final que vem com o crime ou a guerra. Morrer era apenas uma mudança de uma ala de uma grande casa de campo para outra, uma mudança em que nada se perdia.

❖

> One need not be a chamber to be haunted
> One need not be a house;
> The brain has corridors surpassing
> Material place.*
>
> Emily Dickinson

De acordo com os envolvidos, as correspondências cruzadas eram parte de uma experiência científica. Se a ciência havia revelado um universo sem significado, ela também poderia mostrar que o significado ainda viria a ser encontrado — do outro lado, em um mundo preservado da morte, mas que interagia com o dos vivos. Essa era a fé que inspirou os pesquisadores do psiquismo e produziu os textos psicografados.

No entanto, tais escritos não são evidências suscetíveis de serem cientificamente avaliadas. São textos que apenas podem ser compreendidos — se é que podem — através de um processo de interpretação. Mas a hermenêutica — a prática da interpretação — é uma arte, não uma ciência. Visando a conceber um experimento científico conclusivo, os pesquisadores do psiquismo puseram em movimento uma investigação que nunca produziria resultados definitivos. O saldo final foi uma massa de textos que rivaliza com as escrituras das religiões reveladas em sua resistência ao deciframento. Tratadas de modo obscuro e reinterpretadas de forma contínua, as correspondências cruzadas eram textos de uma nova fé nascida da ciência.

---

*Não se precisa ser um quarto para ser assombrado; / Não se precisa ser uma casa; / O cérebro tem corredores que ultrapassam / lugares materiais. [*N. do T.*]

A hermenêutica é um negócio complicado. No discurso comum, a relação entre o sentido de uma expressão e a intenção de quem produz o discurso com frequência é confusa. Lapsos de linguagem têm seu significado — dizem ao ouvinte o que o orador está pensando contra a vontade deste. Outras modalidades de expressão vocal parecem vir de alguém que não o orador, mas ainda assim parecem conter pensamentos dele. Se o discurso dos vivos é tão equívoco, como poderíamos entender a linguagem dos mortos?

Uma das dificuldades tem a ver com a identidade das pessoas que falam. As entidades que aparecem nos textos psicografados — "Sidgwick", "Myers", "Gurney", "Mary Lyttelton" e outros — eram versões de pessoas que uma vez existiram. No entanto, *personas* convincentes foram criadas pelos médiuns quando a pessoa original não estava de fato morta ou nunca existira. "Myers" falou através de diversos médiuns durante muitas décadas mas essas muitas repetições eram o mesmo indivíduo apenas no sentido em que, na ficção, pode haver muitas versões de um mesmo personagem.

As correspondências cruzadas eram, elas mesmas, uma espécie de ficção, de um tipo que seria impossível hoje em dia, até um certo ponto — e num sentido que é inimaginável na Grã-Bretanha do século XXI — os psicógrafos e os pesquisadores da Society for Psychical Research compartilhavam uma cultura comum. Alguns tiveram uma educação clássica, outros não, mas, para todos eles, os temas clássicos e as alusões literárias que povoavam os textos de escrita automática eram parte de um léxico compartilhado. Histórias e frases da Antiga Grécia e de Roma, a bíblia do rei James e Shakespeare, juntamente com a poesia de Wordsworth, Browning e Tennyson, deram sustentação a como aqueles que produziam e aqueles que liam os textos psicografados se comunicavam uns com os outros. Não apenas eles entendiam as alusões da mesma forma; eles as associavam com as mesmas imagens. Esses sinais e símbolos eram parte de um inconsciente coletivo que, pelo menos na Grã-Bretanha de hoje, não existe mais.

Tendo surgido ao longo de muitos anos de uma rede de relacionamentos ocultos, os textos de escrita automática não precisavam de autor, vivo ou morto. Quando, por exemplo, em um texto de abril de 1912, relata-se que "Edmund Gurney", "querendo dizer alguma coisa a alguém — sentado sobre uma (pausa) disse: Que asno! E então todos eles riram", isso foi interpretado como uma referência ao Domingo de Ramos (quando Jesus, de acordo com a história bíblica, entrou em Jerusalém montado em um burro). A pretensão de que referências cruzadas desse tipo não podem ser explicadas pelo acaso ignora o fato de que os vínculos que os intérpretes descobrem nos textos psicografados eram dados pela cultura que tinham em comum com os psicógrafos. Muitos investigadores usaram técnicas aleatórias para ver se produziam algo similar. Os resultados são controversos, mas a própria controvérsia está fora de centro. As correspondências cruzadas não poderiam ser replicadas por nenhum processo aleatório. As conexões estavam criptografadas em um modo de vida que desde então desapareceu.

A suposição de que as correspondências cruzadas só podiam ser um artefato de uma inteligência consciente subestima a criatividade da mente subliminar. Não apenas personalidades fictícias, mas corpos inteiros de literatura apareceram sem nenhuma contribuição de um autor consciente.

Uma obra de literatura que apareceu dessa forma, em 1925, foi *A Vision*,* de W.B. Yeats. O livro traz um sistema elaborado de filosofia ocultista e de psicologia esotérica que deriva de textos de escrita automática, transcritos pelo poeta irlandês e por sua esposa durante um

---

*Uma visão, Lisboa, Editora Relógio d'Água, 1994. [*N. do T.*]

período de vários anos, iniciado alguns dias depois do casamento de ambos, em outubro de 1917. Os textos, que incluem algumas aparentes correspondências cruzadas com outros textos que surgiram na Irlanda naquela época, foram produzidos em 450 sessões e cobrem mais de 3.600 páginas.

Yeats não tinha dificuldade para aceitar que os textos eram comunicações de espíritos desencarnados. Ex-membro da Sociedade Teosófica que havia ingressado na Rosicrucian Order of the Golden Dawn (Ordem Rosacruz do Amanhecer Dourado, à qual também pertencia Aleister Crowley), Yeats cultivava um antigo interesse pelo ocultismo. Dando a entender que os textos se originavam de algumas entidades mentoras, que se comunicavam com o poeta através de sua mulher, Georgie, grande parte do material se refere a questões pessoais — neste caso, relações de Yeats com outras mulheres. Como no caso da "sra. Willett", segredos eram revelados apenas para que pudessem ser de novo escondidos.

Gerada por um método no qual Yeats fazia perguntas aos textos e sua mulher registrava as respostas, "a escrita automática" — como a chamava Yeats — continha muito do hermético sistema de crenças que o poeta estabelecera em *A Vision* e que usara em seus versos. Yeats estava familiarizado com o trabalho de Myers, mas parece que não lhe ocorreu que os textos psicografados eram o trabalho do eu subliminar — do seu próprio, mas, de forma mais importante, do de sua mulher — tecendo um romance esotérico em torno das tensões de suas vidas. Apesar de reconhecer que algumas vezes fora enganado pelos textos, parece que ele nunca duvidou de que as entidades existissem.

Myers reconheceu o papel do eu subliminar na criação de tais romances:

algumas vezes se alegou que os espíritos desencarnados podem estar implicados na composição de tais romances, segundo a hipótese de que, se eles realmente operam sobre mentes humanas, provavelmente atuam dessa forma algumas vezes para se divertirem, bem como para nos agradar ou informar (...) uma espécie de impulso literário de escrever romances ou de participar deles, através da intermediação de algum ser humano, poderia ser uma forma dessa intervenção mistificadora. Não existe, porém, nenhuma necessidade de postular a existência de espíritos brincalhões, já que tais fenômenos podem ser explicados de forma adequada pelas conhecidas tendências do eu subliminar.

Portadora de informação inacessível para a personalidade consciente, a mente subliminar poderia vir a assumir o controle da conduta quando esta personalidade fosse fraca ou ausente. Poderia engendrar novas personalidades, com histórias complexas e excitantes. Poderia até mesmo inventar uma nova linguagem.

Foi a obra de Myers que inspirou seu quase contemporâneo Theodore Flournoy a estudar a médium Helene Smith, que afirmava não apenas ser a reencarnação de Maria Antonieta, como também ser uma visitante regular do planeta Marte, cuja linguagem dizia conhecer. Não sendo espírita, Flournoy interpretou que as comunicações de Helene Smith demonstravam o poder do eu subliminar. E, de fato, ela havia inventado subliminarmente o que um amigo de Flournoy, o linguista Ferdinand de Saussure, reconheceu como uma linguagem genuína (apesar de infantil). Este não era um exemplo de xenoglossia, que ocorre quando alguém fala uma língua previamente desconhecida. Seria antes um caso de glossolalia — o "falar em línguas", na qual devotos religiosos falam como se supõe que o fazem os anjos, numa linguagem desconhecida pelos seres humanos. No entanto, à diferença da glossolalia, o "marciano" podia ser decifrado e entendido.

Como escreveu o fundador do surrealismo, André Breton, Myers inventou uma "psicologia gótica":

> A despeito do lamentável fato de que tantos desconheçam a obra de F.W.H. Myers, que antecede a de Freud, penso que devemos mais do que geralmente se reconhece ao que William James chamou de psicologia gótica de F.W.H. Myers, a qual, em um mundo inteiramente novo e muito mais excitante, levou-nos às admiráveis explorações de Theodore Flournoy.

Os surrealistas tinham grande interesse pela psicografia. Breton até mesmo atreveu-se a definir o surrealismo em termos de "um certo automatismo psíquico que corresponde bastante bem ao estado do sonho", proclamando: "Nunca perdi minha convicção de que nada do que é dito ou feito vale a pena fora daquele *ditado* mágico."

Os surrealistas não acompanharam Myers em sua crença no espiritismo, como não o fez Flournoy. Adotaram Helene Smith como sua musa sem jamais aceitarem a imagem que ela fazia de si mesma. Para eles, a escrita automática não era um caminho para outro mundo, mas um método de explorar o inconsciente. Os poderes ocultos que a escrita automática revelava poderiam ser sobrenaturais, mas não eram paranormais. Eram simplesmente o eu subliminar trabalhando.

Myers estava completamente consciente da capacidade do eu subliminar de criar personalidades tão convincentes como as que são encontradas nas relações cotidianas. Ele examinou a manufatura subliminar de uma personalidade no caso de "Clélia", que apareceu em uma experiência de escrita automática realizada pelo "senhor A", "um amigo do escritor". Em uma passagem chamada "Clélia, ou cerebração inconsciente", Myers registra que esse seu amigo teria escrito:

O seguinte experimento será considerado por alguns como uma linda prova da cerebração inconsciente; por outros, como prova indubitável da existência de espíritos. Outros, ainda, permanecerão, como eu, hesitantes entre os dois modos de ver, com uma decidida inclinação pelo que é cientificamente mais ortodoxo. Eu queria saber se era um psicógrafo ou um assim chamado médium da escrita. A experiência foi feita na Páscoa de 1883. (...) No primeiro dia, fiquei seriamente interessado; no segundo dia, intrigado; no terceiro, parecia que estava começando a ter experiências inteiramente novas, meio terríveis, meio românticas; no quarto dia, o sublime terminou dolorosamente no ridículo.

No terceiro dia dessa experiência de quatro dias, uma mulher misteriosa apareceu para o amigo de Myers, e ambos conversaram através da escrita automática:

P. Quem é você?
R. *Clélia!!*
P. Você é uma mulher?
R. Sim.
P. Alguma vez viveu na Terra?
R. Não.
P. Vai viver um dia?
R. Sim.
P. Quando?
R. Seis anos.

No dia seguinte, último do experimento, o seguinte diálogo teve lugar:

P. Para que veio falar comigo?
R. Onde você me responde?
P. Sou eu que respondo a mim mesmo?
R. Sim.
P. Clélia está aqui?
R. Não.
P. Quem, então, está aqui agora?
R. Ninguém.
P. Clélia existe?
R. Não.
P. Com quem falei ontem?
R. Com ninguém.

No terceiro dia, depois da aparição de "Clélia", o "amigo" de Myers havia escrito:

Não estou escrevendo um conto de Edgar Poe, mas uma narração científica de um fato. Portanto, nada deve ser dito nesta ocasião sobre meus sentimentos e ideias. Era evidente que eu estava em comunicação com um — belo? — espírito de nome romântico, que daqui a seis anos nascerá na Terra. Meus breves intervalos de sono naquela noite foram poucos e espaçados.

Depois do término da experiência, o amigo de Myers comparou explicações científicas e espiritualistas para a aparição de "Clélia" e concluiu: "Muito embora, como eu disse, eu me incline fortemente pela explicação científica, tal inclinação não se eleva a uma crença absoluta."

Esse "amigo" bem pode ter sido o próprio Myers. A experiência aconteceu em 1883, quando ele já estava envolvido em sua longa tentativa de contatar sua falecida amada, Annie Marshall. A esquiva "Clélia" é a síntese dessa busca. Sua súbita desaparição pode ser lida como uma mensagem do eu subliminar de Myers, alertando-o de que sua tentativa de alcançar Annie Marshall era a perseguição de uma ficção.

Ao escrever em um artigo posterior, Myers analisou o caso nessas palavras:

> em "Clélia" vemos produzida, talvez pela primeira vez nas discussões psicofísicas, o exemplo de um homem são e desperto que mantém um colóquio, por assim dizer, com seu próprio sonho; uma instância em que, falando desse modo, a ação cerebral inconsciente não estava subordinada à consciente, não dependia, para suas manifestações, da direção da atenção consciente, que está em outro lugar, mas apresentava-se a si mesma como coordenada com a ação consciente e tão capaz quanto esta última de impor-se à atenção da mente desperta.

No caso "Clélia", observa Myers, "a recordação inconsciente fluiu em recorrência com a consciente". O resultado foi "a certeza *subjetiva,* que o psicógrafo logo sente, de que sua lembrança *consciente* não está dando as respostas escritas que fluem de sua caneta". Ao comentar a análise que apresentara no artigo anterior, Myers escreve que havia "empurrado a expressão 'cerebração inconsciente' tão longe quanto ela pudesse ir".

O caso de "Clélia" é uma ilustração convincente da teoria de Myers sobre o eu subliminar. A escrita automática é uma revelação de um estado de coisas normal, em que a personalidade consciente é só uma de muitas personificações. O processo normal de escrever tem, ele próprio, um aspecto misterioso, com palavras que vão vindo do nada e se estampam sobre a página. Grande parte da obra de Myers foi um tipo de escrita automática na qual uma parte dele teorizava sobre o que o seu eu subliminar estava fazendo. Sua busca de Clélia era uma comunicação subliminar muita parecida com aquela que ele queria travar com a falecida Annie Marshall. Mas como poderia qualquer mensagem destas resolver a perplexidade em que Anne o deixara? Como escreveu o psicanalista Adam Phillips, "a intimidade entre as pessoas, como os fenômenos ocultistas, é fundamentalmente desconcertante".

Myers reconheceu a força criadora do eu subliminar para engendrar mitos românticos a partir de eventos humanos. Mas fracassou em reconhecê-la em ação em sua própria vida. Myers não podia aceitar que Annie Marshall — a figura fantasmagórica que ele buscou incansavelmente e que acreditou ter encontrado — era uma invenção do seu eu subliminar.

Em outra passagem sobre escrita automática, Myers observou:

(...) antes é a sanidade que precisa ser explicada, uma vez que o ser físico e moral de cada um de nós é construído a partir da falta de coordenação e da incoerência e que o microcosmo do homem é apenas um microcaos, sustentado com alguma aparência de ordem por uma mão frouxa e vacilante, a parelha selvagem que um Faetonte está guiando e que está precisando cair logo no mar.

No mito grego, Faetonte, filho do deus-sol Hélio, persuade seu pai a deixá-lo guiar a carruagem do Sol por um dia. Ao sentirem um condutor pouco firme, os cavalos ficaram fora de controle, correndo o risco de incendiar-se a Terra. Ao ver o perigo, Zeus fulminou Faetonte com um raio. Faetonte caiu em um rio, onde foi pranteado por ninfas cujas lágrimas se transformaram em âmbar.

Em sua busca por evidências da vida após a morte, Myers encenou outra vez a história de Faetonte. Invocou o mito para ilustrar a qualidade fragmentária da mente consciente. Não se deu conta de quando a "mão frouxa e vacilante" de sua própria consciência perdeu o controle. Levado, nas últimas décadas de sua vida, a tentar alcançar outra "Clélia", Myers tornou-se o médium de um fantasma que ele próprio criara.

❖

> If there were dreams to sell,
> What would you buy?*
> Thomas Lovell Beddoes

Os pesquisadores do psiquismo eram todos personagens de um romance subliminar. A ciência havia convocado o espectro da morte universal — a aniquilação do indivíduo, a extinção da espécie e a morte do cosmo quando entrasse em colapso sob o peso da entropia. A pesquisa de evidências da vida após a morte que se seguiu era a busca da imortalidade adaptada às condições de uma era científica. A ciência tornou-se um canal para histórias de amor *post mortem*, e personalidades fraturadas procuravam uma vida além do túmulo na esperança de se tornarem completas.

As correspondências cruzadas acrescentaram outro elemento a esse romance. A Narrativa pode ter sido uma ficção criada para possibilitar que uma mulher frustrada tivesse outro filho. Mas era também o veículo de uma tentativa de escapar ao terror da história — o espectro do caos que assombrava segmentos da elite britânica em fins do século XIX e início do século XX.

Como os mitos messiânicos de certas épocas ou de qualquer outra parte do mundo, a Narrativa permitia, àqueles que a aceitavam, observar

---

*Se houvesse sonhos para vender, / qual você compraria? [*N. do T.*]

os eventos de seu tempo como atos de uma peça cujo fim era redentor. O caos da história não terminou, mas por um tempo foi interrompido, pelo menos para um pequeno segmento da humanidade, e substituído por um sonho de salvação.

Não demorou muito para que os fatos dissipassem o sonho. As correspondências cruzadas terminaram no começo dos anos 1930, supostamente porque se haviam tornado de manejo demasiado difícil para serem adequadamente analisadas. Os textos de escrita automática davam pistas da perspectiva de uma nova guerra. Mas falharam em antecipar a convulsão que estava a caminho na Europa ou os horrores que desencadearia.

Houve um outro vidente que testemunhou eventos que não pôde prever. P.D. Uspenski, antigo discípulo do ocultista russo G.I. Gurdjieff, não esperava qualquer messias que viesse para salvar o mundo. Sua filosofia ocultista era diferente: não havia um plano de salvação coletiva, nenhum ponto de virada em que o caos da história terminasse. Em vez disso, cada pessoa nascia e renascia no mesmo ponto no tempo, no mesmo lugar e nas mesmas circunstâncias, em uma sucessão de recorrências.

Nietzsche inventou o mito do eterno retorno como um teste da vitalidade do indivíduo superior — se você puder aceitar de bom grado reviver sua vida uma e outra vez, então você viverá bem e nobremente. Em contraste com isso, a variação de Uspenski sobre a ideia da reencarnação prometia uma espécie de progresso. Valendo-se de disciplinas psicológicas especiais, os indivíduos poderiam lembrar-se de sua última recorrência e mudar a próxima. E alguma vez, se persistissem em seus esforços internos, poderiam livrar-se do círculo de recorrência e tornar-se imortais.

Tendo vivido como escritor nos últimos dias dos tsares, Uspenski era adverso aos bolcheviques e emigrou para o Ocidente. No final dos anos 1930, depois de alguns anos dando conferências em Londres para grupos ocultistas que, em seu apogeu, atraíram escritores e poetas como Aldous Huxley e T.S. Eliot, Uspenski instalou-se em Lyne Place, uma mansão do século XVIII em Virginia Water, cerca de 30 quilômetros de Londres. Por volta de 1940, a influência de Uspenski havia empalidecido, e ele chefiava um pequeno culto de devotos. No início de setembro de 1940, Uspenski e alguns de seus discípulos estavam no teto da mansão de Lyne Place. Os ataques aéreos haviam começado. As docas de Londres estavam em chamas, e o fogo era claramente visível a 30 quilômetros. De pé no teto, observando a tempestade de fogo, Uspenski parecia estar concentrando suas forças espirituais em uma luta interna — um esforço, um superesforço para lembrar a cena tal como esta lhe havia aparecido em sua última recorrência. Depois de algum tempo ouviram-no murmurar: "Isso eu não consigo lembrar."

2. Construtores de Deus

Algum dia um macaco vai pegar do chão um crânio humano e se perguntar de onde veio aquilo.

Lenin

Em setembro de 1920, por sugestão do escritor Maksim Górki e com uma carta de Lenin no bolso, H.G. Wells chegou à Rússia. Quando visitara a antiga São Petersburgo pela primeira vez, em janeiro de 1914, havia passeado pelas ruas movimentadas da capital e feito algumas compras. Por volta de 1920, só encontrou meia dúzia de lojas abertas no centro da cidade — uma loja do governo onde se podia comprar louça e algumas que vendiam flores. As outras haviam sido abandonadas e, pelas janelas quebradas ou obstruídas por tábuas de madeira, viam-se restos empoeirados de antigos estoques de mercadorias. A luz elétrica havia desaparecido, juntamente com os lampiões de querosene; as velas eram feitas de gordura animal. Leite, ovos e maçãs eram vendidos por camponeses nas esquinas e nas estações de trem. Cordões de sapato, cobertores, colheres, garfos, lâminas de barbear e remédios não se conseguiam por nenhum preço. As pessoas vestiam-se com retalhos e sobras, os chapéus eram feitos com o feltro que cobrira as mesas de bilhar, os vestidos com o pano de velhas cortinas e tapetes se transformavam em sobretudos.

A morte aleatória era lugar-comum. Os corpos de pessoas que haviam sido mortas por causa de suas botas ou casacos jaziam nas sarjetas. Viam-se cadáveres de cavalos pelas ruas, atacados por cães e corvos. Figuras apressadas carregando trouxas rumavam para fora da cidade (apenas uma de cada 10 pessoas registradas como habitantes da cidade em 1917 estavam lá em 1923). As que ficaram consumiam as casas de madeira da cidade como lenha. Homens e mulheres vagueavam perdidas, como se a cidade em que haviam vivido tivesse sido um sonho. Quando Wells foi encontrar-se com Lenin na nova capital, Moscou, os teatros estavam cheios, e as orquestras ainda eram regidas por homens de fraque e gravata branca. Mas a cidade perdera cerca de metade de sua população, e os que nela permaneceram levavam uma vida que nem sequer poderiam ter imaginado. Ninguém sobreviveu como a pessoa que havia sido.

Enquanto estava no apartamento de Górki em Petersburgo, Wells conheceu a "terceira mulher" do escritor russo que todos chamavam de Moura, então com 30 anos. "Um raio de intensa paixão" correu de um para o outro, e Moura juntou-se a Wells por uma noite, no quarto dele. "Acreditei que ela me amava", escreveu ele, "e acreditei em cada palavra que ela me disse". Uma década depois, Moura foi assistir a uma conferência que Wells deu em Berlim em 1929, e uniu-se a ele em Londres e, apesar de sempre recusar casar-se ou viver com ele, tornou-se companheira de Wells pelo resto da vida dele.

Nascida na Ucrânia, na fazenda de sua família de oficiais czaristas, Maria Ignatievna Zakrevskaia — o nome de solteira de Moura — casou-se em 1911, aos 19 anos, com o conde Djon (Ivan) Benckendorf, um diplomata russo que veio a conhecer por ocasião de uma festa em uma embaixada. Seu marido havia herdado uma propriedade familiar na Estônia, então uma província russa. Mãe de dois filhos, dividia seu tempo entre a casa no campo e o apartamento em Petersburgo e vivia no estrato mais alto da sociedade.

Era uma sociedade destruída, não uma, mas várias vezes. Antes da Primeira Guerra Mundial, a Rússia era um país que se desenvolvia rapidamente. São Petersburgo estava entre as maiores cidades do mundo, um centro de vanguarda cultural tão influente como Paris e Viena. A Grande Guerra pôs fim a tudo isso. O czarismo entrou em colapso, e a guerra civil alastrou-se até o início dos anos 1920. Muitas das cidades russas trocaram de mãos repetidamente, cada nova ocupação marcada por uma onda de confiscos e execuções.

Se os que ficaram tinham pela frente mais guerra civil, escassez e os expurgos, a invasão nazista e o retorno do Terror de Stalin, aqueles que emigraram tornaram-se nômades, estabelecendo-se por certo tempo em Harbin ou Xangai, Berlim, Paris ou Praga, e depois seguindo adiante. Alguns foram capazes de continuar exercendo suas profissões e, como resultado disso, a música, a literatura, a teologia, a linguística, e outros campos da cultura mundial se enriqueceram. Muitos foram menos afortunados. Ex-oficiais do exército ofereceram suas habilidades como mercenários ou guarda-costas, professores tornaram-se motoristas de táxi ou mineiros de carvão, mulheres que nunca haviam trabalhado antes se tornaram faxineiras, professoras de idiomas ou garçonetes de clubes noturnos e lutaram para continuar vivas quando o mundo que conheciam desapareceu.

Essa era a geração de Moura, a primeira a que ela sobreviveu. Para ela, o velho mundo terminou em abril de 1919, quando camponeses mataram seu marido e queimaram a casa da família. Depois disso, ela ficou por conta própria. Em uma passagem suprimida da autobiografia de Wells, que não foi publicada até quase 40 anos depois de sua morte, ele descreve Moura como ela era quando se conheceram em 1920:

Ela usava um velho impermeável inglês cáqui e um puído vestido negro; seu chapéu era alguma coisa negra torcida para cima — uma meia, eu acho — e, no entanto, ela era magnífica. Moura meteu as mãos nos bolsos do impermeável e parecia estar disposta não somente a enfrentar o mundo, mas a pô-lo em ordem. (...) Ela se apresentou aos meus olhos como galante, íntegra e adorável.

No início de *Russia in the Shadows* [Rússia nas sombras], o livro que escreveu ao regressar da viagem, Wells descreve sua guia durante sua estada na cidade. Era

uma senhora que eu havia conhecido na Rússia em 1914, sobrinha de um ex-embaixador russo em Londres. Educada em Newnham, tinha sido presa cinco vezes pelo governo bolchevique e não lhe permitiam deixar Petersburgo por causa de uma tentativa sua de cruzar a fronteira da Estônia para ver seus filhos. Era portanto, provavelmente, a última pessoa que se prestaria a qualquer tentativa de enganar-me. Menciono isso porque inúmeras vezes, em casa e na Rússia, fui alertado de que me veria diante da mais elaborada camuflagem da realidade e de que seria mantido com antolhos durante toda minha visita.

Wells estava confiante de que poderia ver através da camuflagem. No entanto, de acordo com o que contou sua filha, Moura nunca frequentou Newnham e nunca esteve em Cambridge. Duvida-se até de que, naquela época, ela tenha estado na Inglaterra. Não fica claro se ela foi feita prisioneira cinco vezes pelos bolcheviques, nem mesmo que tenha sido presa.

Moura nunca publicou nenhuma narrativa de sua vida. Todos os seus papéis foram destruídos em um incêndio, pouco antes de sua morte. Mesmo as fotografias que sobreviveram são enganosas. Aqueles que a conheceram se lembram de uma figura arrebatadora — Anthony West, o filho de Wells com a escritora Rebecca West, descreve sua primeira imagem de Moura em 1931, sentada no jardim dos Wells, em Londres: "uma grande beleza que havia passado por seu apogeu, e cujo fatalismo permitia-lhe irradiar uma serenidade reconfortante". No entanto, na maior parte das imagens preservadas pela câmera, ela aparece indefinível, até mesmo deselegante. Somente quando é mostrada junto com Wells e Górki o encanto que projeta fica aparente.

Antes de tornar-se companheira de Górki, Moura tinha sido amante de Robert Bruce Lockhart, representante britânico não oficial na Rússia. Lockhart e Moura se encontraram em março de 1918, em uma festa em uma embaixada. Foram apresentados pelo capitão George Hill, outro agente britânico, mais tarde considerado agente duplo, pois se acreditava que trabalhava também para a Cheka. Em *Memoirs of a British Agent* [Memórias de um agente britânico], de 1932 — um relato sobre o período em que viveu na Rússia, parecido com as histórias de Buchan,* que se transformou em um filme de sucesso, *British Agent* (1934), de Michael Curtiz, que mais tarde dirigiu Casablanca — Lockhart escreveu sobre Moura:

> Na época ela tinha 26 anos. Uma russa entre os russos, ela cultivava um altivo desprezo por toda a mesquinhez da vida e uma coragem posta à prova contra toda covardia. Sua vitalidade, devida talvez à sua constituição de ferro, era imensa e revigorava a todos com quem ela entrava em contato. Onde amava, ali estava o seu mundo, e essa filosofia de vida tornou-a a senhora de todas as consequências. Era uma aristocrata. Poderia ter sido uma comunista. Nunca poderia ter sido uma burguesa.

---

*John Buchan, romancista escocês, autor de *Os trinta e nove degraus*. [N. do T.]

Chegando à Rússia pela primeira vez, Lockhart encontrou-se no apogeu do velho regime. Ao visitar monastérios, frequentar corridas de cavalos e as vastas mansões de comerciantes ricos, foi testemunha de uma forma de vida que logo seria extinta. Mas sua memória mais vívida era a da tristeza das canções ciganas, cantadas por uma "roliça e pesada mulher de aproximadamente 40 anos" — canções que eram "mais inebriantes e mais perigosas que o ópio, as mulheres ou a bebida". A música cigana liberava algo, em Lockhart, que ele não podia expressar de outra forma: "É a mais completa antítese de qualquer coisa que seja anglo-saxônica. Ela rompe todas as reservas de inibição. Levará o homem aos usurários e até mesmo ao crime." Guardou pelo resto da vida seu gosto pela música cigana, e os usurários na verdade também o perseguiram por boa parte do resto de sua vida.

Quando o melancólico e impulsivo escocês, amante dos prazeres, chegou a Moscou, em janeiro de 1912, foi na qualidade de diplomata que representava os interesses comerciais ingleses. Quando retornou em janeiro de 1918, foi como um agente capaz de mobilizar influências, enviado pelo primeiro-ministro Lloyd George para "fazer todo o possível para impedir a Rússia de assinar uma paz em separado com a Alemanha".

A política britânica era substituir o regime soviético por um outro que desse continuidade à guerra, e uma torrente de enviados secretos foi mandada para assegurar este resultado. Vários eram cavalheiros amadores no campo da política, alguns deles escritores bem conhecidos. Na introdução de *Ashenden*, a coletânea de histórias baseadas em sua própria experiência, Somerset Maugham escreveu: "Em 1917, fui para a Rússia. Fui enviado para impedir a Revolução Bolchevique e manter a Rússia na guerra. O leitor saberá que meus esforços não tiveram sucesso."

Lockhart não foi mais feliz. Para começar, aceitou o argumento soviético de que a intervenção dos Aliados na Rússia só poderia fortalecer a Alemanha. Mais tarde, instou Londres a preparar-se para intervir na Rússia "tão rápida e secretamente quanto possível". Não pode haver dúvida de que ele era parte de uma campanha dos Aliados para minar o regime bolchevique, de que bem podem ter constado planos para o assassinato de Lenin e de Trótski. No entanto, a "conspiração Lockhart" — como chegou a ser chamada — parece hoje em dia tanto uma bem-sucedida operação soviética quanto um golpe fracassado contra os bolcheviques. O autor da conspiração provavelmente terá sido o próprio Lenin, que, no verão de 1918, decidiu com Felix Dzerzhinski, fundador da Cheka (Comissão Extraordinária Bolchevique ou polícia secreta), assegurar o controle das atividades secretas dos Aliados e conduzi-las no sentido de beneficiar o novo regime. Não só Lockhart foi implicado. Também Sidney Reilly, um personagem muito ambicioso com uma longa história de trabalho na área em que a inteligência secreta interage com as altas finanças, e Bóris Savinkov, poeta e romancista, terrorista na luta contra o tsarismo, que foi ministro da Guerra no governo provisório de Kerenski e o mais carismático dos líderes dos russos brancos emigrados. Apesar de não terem sido presos, Reilly e Savinkov vieram mais tarde a ser mortos numa ação montada pelos bolcheviques.

A "conspiração Lockhart" foi a resposta dos dirigentes bolcheviques à debilidade do poder soviético. Orquestrar e depois expor uma conspiração inspirada pelos Aliados possibilitou-lhes esconder a verdadeira fraqueza do novo regime. Lockhart foi preso nas primeiras horas do dia 31 de agosto, logo depois que o dirigente da Cheka de São Petersburgo foi assassinado e um atentado foi cometido contra a vida de Lenin. Quando Lockhart foi preso, Moura, então sua secretária e amante, estava com ele.

Foi Moura que conseguiu que Lockhart fosse solto. O caso estava sob o controle de um representante de Dzerzhinski, Jakov Peters, um bolchevique que vivera no exílio em Londres e se casara com uma inglesa. Peters conhecera Moura antes que ela e Lockhart se encontrassem, e os dois podem, na verdade, ter sido amantes no período em que Lockhart estava em perigo.

Ao relembrar sua prisão, Lockhart descreve que foi levado por dois homens armados para o quartel-general da Cheka:

> Fui levado a um quarto escuro e comprido, iluminado apenas por uma lâmpada sobre uma escrivaninha. Diante dela, com um revólver ao lado de um bloco de folhas de papel, estava sentado um homem, vestido com calças pretas e uma camisa russa branca. Seus cabelos pretos, compridos e agitados como os de um poeta, estavam penteados para trás, deixando ver uma alta fronte. Havia um grande relógio de pulso na sua mão esquerda. Na penumbra, suas feições pareciam mais lívidas do que nunca... Era Peters.

Lockhart ficou detido apenas por uma noite. Foi preso uma segunda vez quando, após alguns dias de crescente ansiedade, foi falar com Peters para descobrir o que havia acontecido com Moura. Passou um mês na prisão. Inicialmente, foi alojado em uma cela da prisão de Lubyanka, que compartilhou com criminosos comuns. Peters visitava Lockhart regularmente, levando-lhe livros — o romance *Mr Britling Sees It Through*, de H.G. Wells, e o folheto utópico de Lenin *O Estado e a revolução* — e perguntando-lhe sobre seu relacionamento com Moura. Lockhart foi transladado para confinamento em um apartamento no Kremlin, e, alguns dias depois, Moura foi libertada. Começaram a chegar pacotes que ela lhe enviava: comida, roupas, café, tabaco e mais livros.

Não muito depois, Moura apareceu acompanhada por Peters. Lockhart lembra-se de que, enquanto Peters fazia reminiscências sobre o início de sua vida como revolucionário, Moura mexia em alguns livros que estavam sobre uma pequena mesa lateral disposta sob um grande espelho. Ela capturou o olhar de Lockhart, mostrou-lhe um papel escrito e o colocou dentro de um dos livros. Temendo que Peters pudesse ver tudo pelo espelho, Lockhart conseguiu fazer apenas "um mínimo aceno com a cabeça". Parecendo incerta de que Lockhart havia entendido, Moura repetiu o gesto, que Peters não deu mostras de notar. Tão logo ela e Peters saíram, Lockhart abriu o livro — *History of the French Revolution* [História da Revolução Francesa], de Carlyle — e descobriu uma mensagem: "Não diga nada — tudo ficará bem."

Não ficou claro se Moura transmitiu a mensagem sem o conhecimento de Peters. É provável que tenha sido um ardil pré-combinado. Em todo caso, tudo deu certo. No mês de outubro de 1918, Lockhart foi trocado por Maksim Litvinov, espião soviético em Londres, que tinha sido preso pelo governo britânico. Lockhart voltou para sua mulher e sua família na Escócia. Mais tarde, foi julgado à revelia por um tribunal soviético e condenado à morte.

Ao regressar à Inglaterra, Lockhart foi festejado. Balfour mandou buscá-lo e o interrogou minuciosamente sobre "a filosofia do bolchevismo". Lockhart também se reuniu com o rei, mas sua carreira diplomática ficou paralisada e, depois da guerra, foi enviado como adido comercial junto à legação britânica em Praga. Depois de um período como banqueiro, dedicou-se ao jornalismo, trabalhando para o magnata da imprensa Max Beaverbrook como colunista social do *Evening Standard*. Do círculo de Lockhart faziam parte Winston Churchill, o duque de Windsor e a sra. Wallis Simpson, o kaiser Guilherme II e o ministro de Relações Exteriores da Tchecoslováquia Jan Masaryk, Somerset Maugham e o ocultista e por algum tempo agente da inteligência britânica, Aleister Crowley, que Lockhart conhecera na Rússia.

Quando Lockhart deixou Moura na Rússia, ela pode ter acreditado que não seria por muito tempo. Cartas dela mostram que cogitava meios de eles se encontrarem na Suécia. Mas não houve sinais dele, e logo ela começou a suspeitar de que Lockhart houvesse partido para sempre. Em uma discussão que Moura teve com Lockhart, relatada em *Memoirs of a British Agent*, ela o descreve como "inteligente, mas não o suficiente; forte, mas não o suficiente; fraco, mas não o suficiente". Os eventos confirmaram seu julgamento. Lockhart ficou com a mulher e a família, deixando que Moura se arranjasse sozinha. Na época em que ela reatou contato com ele, em 29 de julho de 1924 — Lockhart dá a data em seu segundo livro de memórias, *Retreat from Glory* [Retiro da glória], de 1934 — ele já havia abandonado mulher e filhos, estava envolvido com uma mulher casada, a jovem terceira mulher de um par do reino britânico, lorde Rosslyn e, por influência dela, se havia convertido ao catolicismo romano.

Lockhart nunca perdeu contato com as esferas secretas do governo. Ao eclodir a Segunda Guerra Mundial em 1939, uniu-se ao Departamento de Inteligência Política do Ministério das Relações Exteriores. Depois foi nomeado diretor do Conselho de Guerra Política [Political Warfare Executive], que orientava as operações de contrainformação britânicas durante a guerra. Em 1943, foi feito *knight* (cavaleiro) do Império Britânico.

A vida de Lockhart depois da Segunda Guerra Mundial foi um longo declínio. O relacionamento com Lady Rosslyn terminou, e ela entrou para um convento. Lockhart casou-se com sua secretária do tempo da guerra (ele havia se divorciado da primeira mulher em 1938). Sua melancolia apenas aprofundou-se. Ao escrever, em 2 de setembro de 1952, Lockhart reflete sobre sua vida:

> Hoje estou com 65 anos (...). Tenho vivido errante e estou cansado de vagar (...). Não tenho dinheiro e, na verdade, hoje estou pior do que nunca, pois minhas forças estão empalidecendo, e quem ajudará um velho cão aleijado? Por não ter dinheiro, não tenho um teto e, pela mesma razão, já paguei mais de 400 libras pelo armazenamento de meus livros, que têm estado na Harrods' e em outros depósitos desde 1937, e que são as únicas coisas que me importam.

Mais tarde, em julho de 1956, ele confessava: "Tenho medo da dor e de um fim que se adia. (...) Odiaria morrer em um dos quartos velhos e de mau gosto do East India and Sports Club, onde desperdicei tanto de meu tempo e dinheiro."

Tendo rejeitado vários cargos de governo, Lockhart concentrou-se em escrever, mas não produziu nada de grande interesse. Seus últimos anos foram marcados por ansiedade financeira e muita bebida. Em 1963, depois de celebrar a obtenção de uma pequena pensão do Ministério das Relações Exteriores, foi levado a uma delegacia de polícia e multado no tribunal, no dia seguinte, por estar embriagado na via pública. Nos anos que se seguiram, sua memória começou a falhar, e seus enteados tiveram que cuidar dele.

Ao longo de seus relacionamentos e mudanças de carreira, Lockhart encontrou-se com Moura de forma regular. Quando morreu em 1970, ela organizou uma cerimônia ortodoxa russa para ele, em que observou uma vigília solitária. Ele a abandonara na Rússia, e sem Lockhart, ela enfrentou a fome. No entanto, Moura tinha uma ligação com ele que não tivera com nenhum outro homem.

No verão de 1919, enquanto procurava trabalho como intérprete, Moura foi apresentada a Maksim Górki, pseudônimo de escritor de Alexei Peshkov. Na época em que Moura e Górki se conheceram, o apartamento dele era refúgio para todo tipo de pessoas deslocadas (diz-se que um grão-duque se escondeu ali, protegido por um buldogue). Moura começou a desempenhar o papel de secretária de Górki e, algumas semanas depois, mudou-se para lá. Em pouco mais de um mês, foi aceita como a dona da casa. Quando Wells visitou Górki em 1920, Moura era o pivô da existência do escritor. Depois que ela o deixou, Górki conservou um molde de bronze da mão dela em sua escrivaninha. Enquanto esteve com ele, Moura foi seu vínculo com o mundo e sua mais confiável confidente.

Era uma posição que a colocava em uma relação complicada com a Cheka. Mais tarde, Moura diria a Górki que a Cheka a havia plantado na vida dele (ela veio a fazer uma confissão similar a Wells sobre seu relacionamento com ele). Quando se instalou na casa de Górki, no entanto, Moura tinha inimigos, assim como amigos, no aparato de segurança. O apartamento de Górki foi invadido e o quarto de Moura revistado. Nada foi encontrado, mas Grigori Zinoviev, dirigente do Soviete de Petrogrado, que ordenara a busca, continuou a acreditar que Moura fosse espiã britânica.

Em dezembro de 1920, Moura decidiu visitar a então independente Estônia para ver seus filhos. Presa sob suspeita de espionagem, só foi libertada depois que Górki entrou em contato com Lenin. Durante sua estada na Estônia, conseguiu um novo marido, um aristocrata chamado Nikolai Budberg, que logo depois partiu para a Argentina. Graças a ele, Moura obteve um passaporte e um título de baronesa. Pelo resto de sua vida, sempre que visitava a União Soviética, ela tinha acesso aos mais altos escalões do Estado. Quando Górki morreu, em 1936, diz-se que ela foi vista no funeral, de pé ao lado de Stalin.

Moura disse a Wells que não podia mais ingressar na União Soviética porque tinha medo de ser presa: seu envolvimento na "conspiração Lockhart", afirmava, tornara-a objeto de suspeita da polícia secreta.

Voltar seria arriscar sua liberdade, até mesmo sua vida — e, por isso, não pôde ir com ele quando Wells visitou a Rússia em julho de 1934, desta vez para falar com Stalin.

O encontro de Wells com Lenin em 1920 não tinha sido um sucesso, embora Wells ficasse impressionado com a inteligência rápida do líder soviético. Lenin pareceu, a Wells, "um bom exemplo de homem de ciência". Se o novo Estado soviético matara grandes quantidades de pessoas, "ele o fizera em geral por uma razão e com uma finalidade". Wells achou Lenin "muito revigorante". Incapaz de retribuir a admiração de Wells, Lenin exclamou: "Ufa! Que pequeno-burguês limitado ele é! Que filisteu!"

O encontro de Wells com Stalin em 1934 não foi melhor. Wells tinha criado uma imagem de Stalin como uma figura sinistra. Ficou satisfeito com o que considerou uma benigna realidade: "Nunca conheci homem mais simples, justo e honesto." Foram essas qualidades que teriam produzido a "notável ascendência de Stalin sobre o país, pois ninguém tem medo dele e todos confiam nele".

Wells tinha ido à União Soviética para persuadir Stalin de que este deveria trabalhar com Roosevelt para resgatar o mundo da Grande Depressão. Wells não compreendera o tipo de sociedade que Stalin estava construindo. A União Soviética e o capitalista Wells não eram apenas opostos, mas radicalmente diversos. O capitalismo era um sistema moribundo. Não havia possibilidades de cooperação, e Wells foi mal recebido.

Dias mais tarde, Wells foi levado a um jantar com Górki, na casa de campo deste. Conversando com seu anfitrião graças à ajuda de Umansky, o intérprete de seu encontro com Stalin, Wells mencionou que retornaria a Londres pela Estônia, onde passaria algumas semanas visitando sua amiga, a baronesa Budberg.

"Ela esteve aqui há uma semana", disse Umansky, sem dar-se conta da bomba que iria explodir.

Wells ficou demasiado aturdido para esconder seu espanto: "Mas recebi uma carta dela, da Estônia, há três dias!"

Górki então lhe contou que Moura o havia visitado na Rússia em três ocasiões, no ano anterior. Ela viajava para dentro e para fora do país de forma regular. Seu impedimento de poder regressar à Rússia era inventado. A descoberta causou a Wells uma crise espiritual da qual nunca se recuperou: "Não dormi mais durante o resto da minha estada na Rússia. Estava demasiado ferido em meu orgulho e na minha esperança. Estava ferido como jamais o tinha sido antes por nenhum ser humano. Era inacreditável. Eu ficava na cama e chorava como uma criança desapontada."

Quando voltou da Rússia em 1920, Wells havia se gabado com Rebecca West de que havia "dormido com a secretária de Górki". Casado duas vezes, esteve envolvido com muitas mulheres notáveis, inclusive com a jornalista norte-americana Martha Gellhorn, com a pioneira do controle de natalidade Margareth Sander e com Odette Keun, uma ex-bolchevique e ex-monja. Wells não se sentiu atraído por nenhuma dessas mulheres como o foi por Moura:

> Afinal de contas, ela é a mulher que realmente amo. Amo sua voz, sua presença, sua força e sua fraqueza. Fico contente sempre que se aproxima de mim. Ela é o que mais gosto na vida. (...) Não posso mais escapar de seu sorriso e de sua voz, de seus lampejos de valentia e da sedução de seus encantos, como não posso escapar da minha diabete e do meu pulmão com enfisema.

Para Wells, Moura era o que ele chamava de "Imagem da Amante" — o lado escuro do eu que se libera da consciência. Como o eu subliminar de Myers, a Imagem do Amante era maior que a personalidade consciente. Para Wells, a Imagem da Amante tinha um poder irresistível, e o que ele queria de Moura era uma espécie de compreensão de si mesmo. "Os abraços dela eram minha estabilidade, minha definitiva reafirmação, a culminação de minha compreensão de mim mesmo." E o que Moura queria de Wells? Quando Somerset Maugham perguntou-lhe o que a atraía em Wells, ela respondeu: "Ele tem cheiro de mel."

Moura e Wells concordaram com um arranjo aberto que permitisse outros relacionamentos para os dois. No entanto, Wells não podia evitar os ciúmes com respeito ao envolvimento original de Moura com Górki. Ela assegurou-lhe que nunca tivera relações sexuais com Górki, que — segundo ela — era impotente. Wells nunca aceitou que as relações de Moura com Górki tivessem sido platônicas, mas, à medida que acreditava que o relacionamento havia ficado no passado, ele pôde suportar.

No final de 1934, Wells teve um sonho. Nele, via-se vagabundeando tarde da noite em "um bairro miserável, estranho, maligno e, de certa forma, vago, grotesco e, no entanto, familiar, que havia sido uma espécie de cenário de sonhos na minha mente por anos". Subitamente, Moura aparecia diante dele, "carregando aquela enorme mala que ela usa":

"O que há nessa sua mala?" Disse e agarrei-a antes que ela pudesse resistir.

"Com quem você esteve?", gritei e imediatamente comecei a bater nela com fúria. Eu chorava e batia nela. Ela caiu em pedaços, não como um ser humano, mas como uma figura de barro com membros ocos, e sua cabeça era uma coisa de gesso que rolou para longe de mim. Pulei sobre ela: estava oca e sem cérebro.

O sonho de Moura como figura de barro ou manequim refletia as experiências de Wells na Rússia, mais cedo naquele ano. Quando chegou à Estônia, estava determinado a fazer com que ela se explicasse. "Moura se encontrou comigo no aeroporto de Tálin, parecendo cândida, autocontrolada e afetuosa." No almoço, ele a confrontou com o que soubera na Rússia. No início, ela negou: deveria haver um erro do intérprete, não havia nada para explicar. Depois, ela fez o que fizera com Górki: confessou que havia sido plantada junto a Wells pela polícia secreta soviética. Ela não tivera alternativa. Para Moura, trabalhar para a polícia secreta era o preço de sua vida.

Wells não podia aceitar que ela não tivesse alternativa. Não há atos que nunca devemos cometer, sejam quais forem as consequências? Atos que seria melhor morrer antes que cometê-los? Impassível em face do desafio de Wells, Moura respondeu, rindo, com outra pergunta. Não era ele um biólogo? Não sabia que a sobrevivência era a primeira lei da vida? Para a espécie, replicou Wells, não para o indivíduo consciente. Moura riu outra vez e deixou o assunto morrer.

Ela trouxera uma questão à qual Wells nunca foi capaz de responder. Ele queria que indivíduos conscientes se encarregassem da evolução humana. Mas, se os seres humanos são animais governados pela seleção cega, como poderiam eles esperar assumir o controle do processo de evolução? A risada de Moura demoliu a visão de mundo que Wells havia construído para si mesmo e libertou sua verdadeira perspectiva, que até então tinha encontrado expressão apenas em seus romances científicos.

Dois anos após a revelação da vida oculta de Moura na Rússia, Wells escreveu, de forma oblíqua, sobre o devastador impacto que tivera sobre ele. No romance *The Anatomy of Frustration* [Anatomia da frustração], de 1936, Wells colocou os pensamentos que lhe vieram depois de sua visita à Rússia na boca de Williams Burroughs Steele, um culto homem de negócios norte-americano, que vivia no sul da França e que acreditava que "Damos um exemplo melhor do que achamos". Entre os escritos fabricados para ele por Wells, Steele produziu um livro sobre o amor, no qual desenvolveu a teoria da Imagem da Amante. Steele vê a Imagem da Amante como a realização da Persona — a imagem que formamos de nós mesmos como personalidade estável —, mas vê igualmente que a Imagem da Amante é uma ilusão: "Desejamos ardentemente uma mulher — que talvez também nos deseje — e quando parece que nos encontramos é difícil conservar nossas cabeças frias e compreender que a Imagem da Amante, de fato, apenas velou seu rosto." A Persona e a Imagem podem precisar uma da outra, mas não podem coexistir. Uma terceira figura surge entre elas, que Steele descreve como a "Dúvida": "Ela mata nossos Deuses e nossos Amantes e, se eles se erguem novamente, fazem-no transformados."

Na verdade, não foi a "Dúvida", mas sim Moura, quem matou os Deuses de Wells, e foi Wells, antes que sua "Imagem da Amante", que foi mudado. O filho de Wells, Anthony West, descreveu o impacto das revelações de Moura sobre seu pai:

> Alguns insistirão que meu pai passou os 12 anos que lhe restaram, depois que terminou os primeiros dois volumes de seu *Experiment in Autobiography* [Experimento em autobiografia] em vão arrependimento. Diz-se que ele foi assombrado por sua consciência de que, mesmo que sua mensagem essencial estivesse se tornando mais oportuna e mais urgente a cada instante, menos e menos pessoas a estavam lendo. Não se pode negar que ele não gostava de envelhecer em uma época em que as coisas em geral estavam indo terrivelmente mal, mas penso que o tom sombrio da maior parte de seu trabalho tardio tinha origem mais imediata em sua experiência pessoal. Sua fé na razão enfrentou um desafio, e ele encontrou-se despreparado para lidar com ele (...) Muito antes que deixassem a Estônia, ficou evidente para meu pai que ele teria

que romper com Moura se quisesse impedir que sua vida privada se tornasse uma contínua refutação de tudo que ele publicamente apoiou. Na verdade, o que para ele era espantoso, com relação a isso, era que estava claro que ele não poderia nem mesmo imaginar-se fazendo tal coisa. Sem importar o que Moura pudesse ter feito, sem importar o que ela ainda pudesse estar fazendo, abandoná-la simplesmente não era uma possibilidade real.

Não penso que o efeito que essa descoberta teve sobre meu pai possa ser subestimado.

A visão de mundo de Wells dependia da existência de uma minoria inteligente que pudesse dirigir o curso da vida humana. No entanto, ele era incapaz de dirigir até mesmo o curso de sua própria vida. Depois que seus caminhos se cruzaram na Rússia, ele sabia que não podia confiar em Moura. Também sabia que não a compreendia, apesar de isso não impedi-lo de condenar o que ela havia feito. Com certeza, Moura não era a pessoa que Wells acreditou ter amado. No entanto, não podia forçar-se a romper com ela. Era assim que vivia um indivíduo consciente?

Se Wells queria Moura como sua companheira, teria que aceitar que ela não se explicaria com ele, e isso foi o que fez. Continuou com ela como sua parceira pelo resto de seus dias. Moura não tinha interesse em casar-se com ele, e quando Wells lhe propôs casamento, em um jantar que havia preparado de forma especial em um restaurante de Londres, ela calmamente recusou. Wells pediu-lhe que pelo menos vivessem juntos, e outra vez ela recusou. Wells exigiu que ela devolvesse as chaves da casa dele. Moura também se recusou a fazê-lo, continuando a ir e vir ao seu bel-prazer, sua companheira de toda a vida e, durante todo esse tempo, um agente livre.

O filho de Wells comenta que, quando via Moura e Wells juntos, durante os últimos anos de seu pai, ela era "uma presença mais reconfortante do que perturbadora (...) sem sua calidez, afeição e calmo estoicismo por trás dele, meu pai teria sido um homem mais melancólico e pessimista". Sem pretendê-lo, Moura destruiu a ideia que Wells tinha de si mesmo como um ser racional. E também o tornou um homem mais feliz. Como resultado do companheirismo dela, Wells desfrutou de uma serenidade de um tipo que nunca conhecera antes, e que durou quase até o final de sua vida.

❖

Não há nenhum "padrão de coisas por vir".
H.G. Wells

Wells conseguiu sucesso na vida do modo mais difícil, vencendo a pobreza e uma saúde ruim sem muita ajuda de outras pessoas. Nascido em 1866, na muito pressionada classe média baixa, sempre a pouco mais de um passo da pobreza, cresceu na cozinha da casa de sua família, que ficava no porão debaixo de uma fábrica de porcelana, e começou a trabalhar como aprendiz em uma loja de cortinas. No transcorrer de sua luta, Wells formou uma imagem de si mesmo diferente da massa da humanidade. Ele apreciava os seres humanos a distância, como se fizesse parte deles de forma apenas parcial. Joseph Conrad escreveu que Wells não se preocupava com a humanidade, mas queria melhorá-la mesmo assim (ao passo que Conrad amava a humanidade — assim dizia ele —, mas não tinha qualquer esperança de melhorá-la).

Wells queria livrar a humanidade de tudo que fosse fraco e pouco atraente, de modo que o que restasse fosse praticamente uma nova espécie. Ele não duvidava que o animal humano fosse produto da seleção natural. Embebeu-se no ensinamento darwiniano quando jovem, e assistiu a uma conferência de T.H. Huxley na Normal School of Science de Kensington. Huxley não via "nenhum rastro de propósito moral na natureza". A ética estava em desacordo com a luta pela existência. Era uma perspectiva que

Wells sempre endossara, mas era intransigente ao ponderar que a vida não precisava ser, sempre, um processo sem propósito. Algumas pessoas inteligentes — cientistas, engenheiros, aviadores, ministros — poderiam apoderar-se do controle da evolução e levar a espécie a um futuro melhor. Algum dia, os seres humanos se tornariam deuses.

Em seu livro *Anticipations* [Antecipações], de 1901, uma ardente mistura de profecia e de propaganda do tipo que repetiria, com muitas variações, ao longo de sua vida, Wells subordinou a teoria da evolução ao seu projeto de uma "Nova República", um Estado Mundial governado por uma elite intelectual. Separados da massa humana, os governantes da Nova República deveriam ser impiedosos:

> Os homens da Nova República terão pouca piedade e menos ainda benevolência com relação a uma multidão de criaturas tolas e desprezíveis, guiadas pelo medo, desamparadas e inúteis, infelizes ou odiosamente felizes em meio à desonra esquálida, débeis, feias, ineficientes, nascidas de luxúrias não reprimidas, crescendo e multiplicando-se através da completa incontinência e estupidez.

Tais pessoas são supérfluas:

> E quanto ao resto, esses enxames de criaturas negras e marrons, branquelas e amareladas, que não se adaptam às novas necessidades de eficiência? Bem, o mundo é um mundo, não uma instituição de caridade, e acho que eles terão que ir embora. (...) Seu destino é extinguir-se e desaparecer.

A tarefa dessa nova elite era acelerar este processo. Com o uso dos poderes facultados pela ciência, a espécie humana poderia ser purificada, e o mundo poderia ser refeito.

Os romances de ficção científica de Wells apontam em uma direção muito diferente. No livro *A máquina do tempo*, de 1895, que iniciou sua carreira como fabulista da era científica, o autor concebe a evolução funcionando para dividir os seres humanos em duas espécies: os delicados *Eloi* e os brutos *Morlocks*. Perto do final do livro, o explorador científico de Wells avança mais em direção ao futuro e descobre uma terra desolada, privada de vida, a não ser por criaturas rastejantes parecidas com caranguejos e por uma vegetação musgosa. Aventurando-se ainda mais, descobre um planeta que morre na escuridão, onde a única vida parece ser um limo verde. Depois de tudo que viu, o viajante do tempo "pensou com tristeza no Progresso da Humanidade e viu, na crescente pilha da civilização, apenas um tolo amontoamento que há de ruir de maneira inevitável e finalmente destruir seus construtores". Um destino pior é imaginado para os seres humanos em *A guerra dos mundos*, de 1897 — o extermínio pelos invasores marcianos. Os alienígenas são derrotados, mas não pelos seres humanos. Os marcianos são vencidos pelas bactérias — "as coisas mais humildes que Deus, em Sua sabedoria, colocou sobre esta Terra". A destruição dos marcianos só pode ser um adiamento; eles são uma espécie superior aos seres humanos em inteligência e organização: "Para eles, talvez, e não para nós, o futuro esteja assegurado."

Cada um desses livros traz uma mensagem decididamente em desacordo com a que Wells passou a vida pregando. Se os seres humanos tirarem partido de seu crescente conhecimento para tentar dominar a natureza, é certo que a experiência terá resultados negativos. Quando utilizada para dirigir a evolução, a ciência engendra monstros.

Na fábula mais sombria de Wells, *A ilha do Dr. Moreau* (1896), Moreau é um vivisseccionista que sujeita animais a horríveis sofrimentos com o propósito de reconstruí-los como seres humanos: "A cada vez que mergulho uma criatura viva em um banho de dor abrasadora, digo: 'desta vez extrairei pelo fogo todo o animal, desta vez farei minha própria criatura racional'." A experiência é um fracasso. Moreau transplantou maneiras humanas para as bestas humanoides: "Elas constroem suas próprias tocas, recolhem frutas e arrancam ervas — até mesmo se casam." Mas ele sabe que a natureza delas não mudou: "Posso ver através de tudo, ver dentro de suas próprias almas, e vejo ali nada mais que almas de bestas, bestas que perecem." Moreau confessa: "A coisa que está diante de você não é mais um animal, uma criatura amiga, mas um problema. (...) Eu quis — foi a única coisa que quis — descobrir o limite extremo da plasticidade em uma coisa viva."

O resultado das experiências de Moreau é um arremedo grotesco da humanidade. Quando o narrador escapa da ilha de Moreau, percebe seus colegas seres humanos como bestas humanoides semiformadas:

> Não pude persuadir a mim mesmo de que os homens e mulheres que encontrei não eram outras tantas bestas humanoides, ainda que passavelmente humanas, humanos bestiais, animais semimoldados à imagem exterior de almas humanas; e que em breve começariam a reverter, dando mostras primeiro de uma marca bestial, depois de outra. (...) E até mesmo parecia que eu próprio também não era uma criatura racional, mas apenas um animal atormentado por alguma estranha desordem no cérebro que o obrigava a vagar sozinho.

Nas fábulas, Wells fala como médium, com outras vozes que não a sua própria; mas elas, ainda assim, são a sua voz. O narrador da *Ilha do Dr. Moreau* é Wells, e também o é o Dr. Moreau. Quando Moreau diz que "o estudo da Natureza torna o homem pelo menos tão impiedoso quanto a Natureza", ele está afirmando o que Wells escrevera em *Anticipations* cinco anos antes.

Em 1932, quando se dirigiu aos Jovens Liberais em Oxford, Wells anunciou: "Estou procurando fascistas liberais, nazistas esclarecidos." Em *Anticipations*, Wells aguardava com ansiedade um tempo em que "os judeus teriam provavelmente perdido muito de seu particularismo e teriam deixado de ser um elemento fisicamente diferente nas questões humanas". No livro *Russia in the Shadows*, faz referência aprovadoramente ao fato de que Lenin havia prendido os líderes sionistas e proibido o ensino do hebraico (os fundos e os arquivos dos sionistas foram confiscados pelos bolcheviques em 1918 e Lenin proibiu o ensino do hebraico em 1920).

A despeito de seu antissemitismo, Wells não era nazista. Os nazistas queimaram seus livros, e ele não estava longe do topo da lista de pessoas que as SS haviam selecionado para serem executadas em caso de uma invasão da Inglaterra. Em 1941, ele escreveu a Winston Churchill — que estava no topo da lista de execuções — sugerindo que os britânicos bombardeassem as colheitas alemãs como parte do esforço de guerra (Churchill enviou um telegrama agradecendo-lhe). No entanto, Wells tinha algo em comum com os nazistas — a convicção, compartilhada por Górki, de que a humanidade deveria ser tosquiada de tudo que fosse fraco ou feio.

No livro *Star Begotten: A Biological Fantasia*, publicado em 1937, Wells explora a ideia de que a evolução humana poderia estar dirigida por uma inteligência alienígena. O personagem central, Joseph Davis, havia sido criado na fé cristã que já não pode aceitar como adulto; mas também não consegue aceitar a prevalecente crença no progresso. Ele é dominado por um sentimento de falta de propósito. Então, no clube Planetarium, do qual era sócio, Davis imagina que o planeta está sendo bombardeado por raios cósmicos que estão causando uma mutação na humanidade. Surge uma teoria de que os raios são obra de marcianos, que estariam engendrando em nosso planeta mutações seletivas com o intuito de produzir criaturas racionais como eles mesmos. Essas mentes alienígenas estariam infiltrando nos seres humanos uma sanidade que o animal humano não possui naturalmente.

"Alguns de vocês podem ter lido um livro chamado *A guerra dos mundos*", comenta um dos sócios do Planetarium. "Esqueci quem o escreveu — Júlio Verne, Conan Doyle, um desses camaradas. Mas ele conta como os marcianos invadiram o mundo e quiseram colonizá-lo. (...) Agora suponhamos que, em vez disso, eles digam lá em cima: 'Comecemos por variar e modificar a vida sobre a Terra. Vamos chegar aos seres humanos e dotá-los de mentes marcianas...' Vocês veem? Mentes marcianas em corpos terráqueos amadurecidos." Filtrando-se dos confins do clube, a ideia é assumida por um barão da imprensa. E, logo, boa parte do mundo fica contagiada pelo medo dos marcianos.

Lá no Planetarium, o professor Keppel explora as implicações da intervenção marciana. Para Keppel, os marcianos proporcionam aos humanos a oportunidade de um novo tipo de mente, "mais dura, mais clara", que tornaria possível "uma vida tão grandiosa daqui por diante que faria todo o curso da história, até o dia de hoje, parecer um louco e incrível pesadelo antes do amanhecer". O que Keppel está prognosticando, objeta um dos membros do clube, é "o fim da humanidade comum. Nada menos que isso. E isso não seria vida humana. Esse novo mundo é algo além de toda a experiência humana comum, algo alienígena". Keppel não discorda: "Eu odeio a humanidade comum. (...) estou cansado da humanidade — além da conta. Que a levem embora! Esse murmúrio servil, escancarado, fedorento, que bombardeia, que dá tiros, que corta gargantas de uma apalermada e subnutrida multidão. Pois que livrem a Terra dela!" Keppel aguarda com ansiedade uma nova humanidade, criada pelos marcianos. Mas ele sabe que isso é só um sonho: "E quando desperto, esse mundo foge de mim, se desvanece.

(...) Dissolve-se em uma turva corrente de coisas presentes e se perde com elas (...) sem deixar nem ruínas para trás."

Outra vez, é Wells quem fala. No livro *The Fate of Homo sapiens* [O destino do Homo sapiens], sua última pesquisa de grande extensão sobre a perspectiva humana (tem mais de 300 páginas), escrito imediatamente depois de *Star Begotten* e publicado em agosto de 1939, ele escreveu:

> Não há nenhuma razão para acreditar que a ordem da natureza tenha qualquer inclinação maior em favor do Homem do que teve em favor do ictiossauro ou do pterodátilo. (...) Percebo que agora o universo está cansado dele, faz cara feia, e eu o vejo sendo carregado, cada vez de modo menos inteligente e cada vez mais rápido, sofrendo como toda criatura mal-adaptada deve sofrer, pela corrente do destino, em direção à degradação, ao sofrimento e à morte.

Uma vez mais, no entanto, ao escrever o prefácio para a edição de 1941 de *The War in the Air* [A guerra no ar], publicado pela primeira vez em 1908, e que contém alguns de seus prognósticos mais lúcidos, Wells deixa saber que só tem uma coisa a acrescentar ao livro — seu próprio epitáfio: "Este, quando a hora chegar, evidentemente terá que dizer: 'Eu avisei, seus *tolos condenados*.' Os itálicos são meus." É um clamor que poderia ter vindo do professor Keppel. Quando Keppel diz que seus sonhos utópicos se dissolvem, sem deixar "nem ruínas para trás", suas palavras são ecoadas pelo último livro de Wells, *Mind at the End of Its Tether* [A mente no final de suas forças], de 1945, no qual Wells anuncia: "Nosso universo (...) está caminhando de modo nítido para fora da existência, sem deixar qualquer ruína para trás." Até o título deste último livro é antecipado, quando um dos membros do clube, em *Star Begotten*, observa que a "pobre humanidade" está "muito próxima do limite de suas forças".

Dois anos antes de morrer, Wells apresentou uma dissertação à Universidade de Londres com o título de "A Thesis on the Quality of Illusion in the Continuity of the Individual Life in the Higher Metazoa, with Particular Reference to the Species *Homo sapiens*" (Uma tese sobre a qualidade da aparência ilusória na continuidade da vida individual no metazoico superior, com referência particular à espécie *Homo sapiens*). Apesar de fazê-lo doutor em ciência pela Universidade de Londres, a tese não lhe propiciou o ingresso que ele tanto almejava na Royal Society. No entanto, permitiu-lhe expressar, no aparentemente imparcial tom da ciência, questões que lhe foram impostas por sua experiência mais íntima.

A maior parte das pessoas imagina que uma personalidade única dirige suas vidas, mas Wells chegou a aceitar que possuía vários eus e que isso era verdade para o resto da humanidade. O indivíduo consciente que invocara, quando desafiava Moura, era uma ilusão. Cada ser humano é um feixe de personalidades, algumas vezes bastante amigáveis umas com as outras, porém com mais frequência em desacordo. "Não há, nem nunca houve, essa unidade mental original. Nenhuma unidade individual desse tipo será jamais alcançada. Existe, entre outras reações da máquina humana, uma multidão de séries frouxamente interligadas de sistemas de comportamento que assumem o controle do corpo e participam de uma alucinação comum de constituírem um eu único. Esta é a sua mais elevada integridade."

À medida que suas esperanças se desvaneceram, restaram a Wells os sonhos premonitórios que povoam suas fábulas. Nessas visões, a humanidade é, como o indivíduo consciente, uma aparição. Não pode haver um momento em que um segmento consciente da humanidade assuma o controle da evolução; apenas um processo de deriva, com instantes de beleza ocasional. Essa era a filosofia esotérica de Wells, desconhecida por ele até que tomou conhecimento da vida oculta de Moura na Rússia.

"Ele vive hoje, ao que parece, com imparcial desdém pela incoerência e pela violência do gênero humano." Assim Wells descrevia a si mesmo em 1945. Como havia feito uma década antes, no livro *Anatomy of Frustration* [Anatomia da frustração], colocou as palavras na boca de um personagem imaginário, Wilfred B. Betterave, outro dos alter egos de Wells. Betterave pergunta a Wells sobre sua última obra de ficção, uma fantasia da vida após a morte que ele chamou *The Happy Turning: A Dream of Life* [A curva feliz: um sonho de vida], de 1945. Wells responde: "Coisas como os sonhos são inventadas. Nós os criamos a partir dos desejos à deriva em nossos corações, e eles se desvanecem se nos apoderamos deles. O coração está sempre ali, batendo com desejo, e a mente alerta os apanha enquanto se desvanecem."

Um aspecto notável do livro *The Happy Turning* é o estado de espírito de calma aceitação que ele transmite. Tendo sonhado com uma curva escondida, no caminho de sua casa para o clube, o narrador descreve o vagar por um mundo póstumo em que os ásperos conflitos dos vivos são esquecidos. Na última parte do livro, que tem o título de "The Divine Timelessness of Beautiful Things" ("A divina atemporalidade das coisas belas"), Wells escreve: "A bondade é uma questão de costumes, de bom comportamento social, e existe uma diversidade tão ampla de valores sociais no mundo. (...) A transitoriedade da moralidade está em nítido contraste com a imortal finalidade da beleza." O infatigável transformador do mundo estava passando da ação para a contemplação, da luta por alterar a vida humana para uma aceitação de suas contradições inalteráveis.

As fábulas de Wells eram mensagens de seu eu subliminar transcritas em textos de escrita automática. Na época em que ele escreveu os textos reunidos em *'42 to '44* [De '42 a '44], sua visão de mundo subliminar tinha se tornado consciente. Publicado "de forma deliberada como livro caro" (o livro custava dois guinéus — uma soma expressiva na época), com a estipulação de que "nenhuma edição mais barata fosse lançada em nenhuma oportunidade", o livro foi destinado a encerrar "tudo que aprendi sobre as coisas, minha derradeira filosofia", que há não muito tempo havia se tornado pública.

Wells começou o que descreveu como seu "memorial esotérico" confessando uma contradição interna:

> Durante 40 anos venho investindo dinheiro, construindo casas, fazendo jardins, provendo filhos e netos, com a mais completa indiferença prática em face da destruição que — minha inteligência assim o entende — está se formando em torno deles. Claramente o animal humano, do qual sou uma amostra, não está constituído para antecipar nada. Ele está feito para aceitar o estado de coisas imposto a ele como um estado de coisas estável, mesmo que sua inteligência possa lhe indicar o contrário.

Em uma de seus primeiros textos jornalísticos, "The Extinction of Man" ["A extinção do homem"], de 1894, Wells escrevera: "As complacentes suposições do Homem sobre o futuro são demasiado confiantes. (...) No caso de qualquer outro animal predominante que o mundo já tenha visto, a hora de sua completa supremacia tem sido a véspera de sua total ruína." Meio século depois, no "Memorandum on Survival" ["Memorando sobre a sobrevivência"], que ele agregou ao final do livro *De '42 a '44*, Wells escreveu: "Todos os precedentes favorecem o surgimento de alguma forma de vida inteiramente marginal que se transforme na sucessora da humanidade. (...) Poderão ser inclusive insetos — formigas, por exemplo —, que venham a adquirir qualidades que nos expulsarão e nos exterminarão. Podem estar surgindo formas de vida cuja arma serão epidemias humanas letais, às quais elas sejam imunes."

A diferença entre a afirmação exotérica de 1894 e a declaração esotérica de 50 anos depois não resulta de que Wells tenha mudado de ideia sobre como os seres humanos podem vir a ser extintos. Apenas ele não mais espera, 50 anos depois, que a extinção humana seja impedida pela inteligência humana. Na luta pela existência, a sobrevivência pessoal é a única lei. A pergunta de Moura voltou para assombrá-lo.

No final de sua vida, com quase 80 anos e esgotado pelo diabetes e pelo câncer, o enfoque secreto de Wells o venceu. Em *Mind at the End of its Tether*, ele levou a "um final conclusivo as séries de ensaios, memorandos e panfletos através dos quais o escritor havia feito experiências, desafiado discussões e reunido material que tratava sobre a natureza fundamental da vida e do tempo". No passado, escreve Wells, "sempre houve o pressuposto de uma definitiva restauração da racionalidade, de uma adaptação e de um recomeço. Era apenas uma questão — uma questão fascinante — sobre que formas a nova fase racional assumiria". Mas, quanto mais Wells investigou o mundo à sua volta, "mais difícil tornou-se esboçar qualquer Padrão de Coisas Por Vir (...) Não há um 'padrão de coisas por vir'. (...) A tentativa de traçar qualquer tipo de padrão é absolutamente fútil. (...) Não há nenhum caminho por fora, ao redor ou através delas".

❖

Cada ano, mais e mais energia de pensamento se acumula no mundo, e estou convencido de que essa energia — que, apesar de possivelmente relacionada com a luz ou a eletricidade, tem suas próprias e únicas qualidades inerentes — um dia será capaz de realizar coisas que nem podemos imaginar hoje.

Maksim Górki

Como se lembrou em seu livro de memórias *A minha infância*, o início da vida de Górki foi difícil. Órfão desde cedo — a primeira página de suas memórias retrata sua mãe penteando o cabelo de seu pai morto —, deixou o lar aos 12 anos e vagou pela Rússia, sobreviveu como aprendiz de sapateiro, ajudante em uma loja de ícones, catador de lixo, ajudante de padeiro, empregado de escritório e operário. Afinal, encontrou um nicho como jornalista provinciano e começou a produzir artigos, contos e peças de teatro que retratavam a vida das pessoas das camadas mais baixas da sociedade. No início do século XX, já era um escritor famoso e tinha boas relações de amizade com Tchekhov, Tolstoi e Lenin.

Como Wells, Górki estava descontente com a humanidade. Foi um dos fundadores da "Construção de Deus" (em russo *bogostroitel'stvo*), um movimento que atraiu muitos adeptos entre os líderes bolcheviques. Uma espécie de culto de mistérios secular, a Construção de Deus era uma outra vertente da corrente europeia de ideias do final do século XIX, em que ocultismo e ciência caminhavam de mãos dadas. Os construtores de Deus acreditavam que um verdadeiro revolucionário deveria ter como propósito deificar a humanidade, empreitada que envolvia a abolição da morte.

Em seu romance *A confissão* (1908), Górki retrata os indivíduos humanos do gênero como "inúteis pacotes de desejos insignificantes". No entanto, a espécie é potencialmente todo-poderosa, e a humanidade — aquela "criatura palpitante" — pode ser transformada em "um deus imortal". Anatóli Lunachárski (1875-1933), amigo de Górki, um construtor de Deus que se tornou Comissário do Povo para a Educação e a Cultura no governo bolchevique, resumiu a filosofia que compartilhava com Górki em uma nota sobre o livro. Comentando um velho profético que o personagem principal do romance de Górki encontra em uma comuna proletária, Lunachárski escreveu: "O Deus de quem o velho fala é a humanidade, a humanidade socialista do futuro. Essa é a única divindade acessível ao Homem; seu Deus ainda não nasceu, mas está sendo construído (...) Deus é a humanidade do futuro."

Como parte da deificação da humanidade, Górki via no futuro a aniquilação da matéria. Ele defendeu essa posição para o poeta Alexander Blok, em uma conversa que registrou em seu livro *Fragmentos de meu diário*:

> Pessoalmente, prefiro imaginar o Homem como uma máquina que transmuta, dentro de si, a assim chamada "matéria morta" em energia e vontade psíquicas, em algum futuro longínquo, e transforma o mundo inteiro em um mundo puramente psíquico. (...) Nesse tempo, nada existirá exceto o pensamento. Tudo desaparecerá, sendo transmutado em pensamento puro, que só ele existirá, encarnando todo o espírito da humanidade. (...) Em alguma época futura, toda a matéria absorvida pelo Homem será transmutada por ele e por seu cérebro em uma única energia — uma energia psíquica. Essa energia descobrirá a harmonia que existe nela mesma e mergulhará na autocontemplação — uma meditação sobre todas as infinitas possibilidades de criação nela encerradas.

Para Blok, essa era uma perspectiva apavorante: "Que fantasia sombria!" disse Blok, sorrindo com sarcasmo. "É reconfortante saber que a lei da preservação da matéria a contradiz."

Procurando evidências de que as leis da matéria podiam ser vencidas, Górki voltou-se para os fenômenos paranormais. Durante toda sua vida, tivera interesse pela telepatia, e não estava só ao misturar ciência com ocultismo. Na Europa, filósofos como Ernst Mach, que inspirou a filosofia ultrarracionalista do positivismo lógico, uniram-se a ocultistas como o estudioso de antroposofia Rudolf Steiner na Liga Monista, grupo fundado pelo biólogo alemão Ernst Haeckel (1834-1919). Para Haeckel e seus seguidores, o monismo não era apenas uma filosofia da ciência. Era uma nova religião da evolução, anticristã e, para alguns de seus adeptos, também antissemita. No final de sua vida, Haeckel ingressou na Sociedade Thule, uma agremiação alemã ultranacionalista (a qual mais tarde pertenceu Rudolf Hess, representante de Hitler) que foi a primeira a pôr em curso a ideia de que os judeus eram uma "raça"). Na Rússia havia madame Blavátski, que por algum tempo teve sucesso seduzindo o íntegro Henry Sidgwick em Cambridge. Havia também G.I. Gurdjieff e Uspenski, que ensinavam que os seres humanos eram mecanismos sem consciência ou vontade. No curso natural dos eventos, essas criaturas mecânicas retornavam ao pó; mas, dotados do conhecimento necessário, poderiam tornar-se indivíduos conscientes e, a essa altura, adquiririam a possibilidade de vencer a morte.

Esses ocultistas não rejeitavam a ciência. Acreditavam que a ciência e o ocultismo mostravam a mesma realidade fantástica. A nova ciência da pesquisa do psiquismo estava revelando poderes humanos não explorados. Foi essa visão da ciência, como uma modalidade de magia, que cativou os construtores de Deus bolcheviques, entre os quais estava o amigo de Górki, Lunachárski. Tendo sido seguidor de Blavátski, Lunachárski reconheceu que o bolchevismo era, no fundo, um movimento religioso. Como presidente do Comissariado para a Educação e a Cultura, detinha um poder enorme (inclusive o de censurar a literatura e as artes), mas perdeu influência com a ascensão de Stalin e terminou sua carreira como embaixador soviético na Espanha. Em 1924, Lunachárski — que não apenas se devotara à teosofia como era entusiasta da concepção nietzschiana de super-homem — fundou o Comitê Soviético para a Pesquisa do Psiquismo. Para ele, como para outros construtores de Deus, a revolução não era apenas uma transformação radical da vida social. Significava uma mutação nos seres humanos — a criação, de fato, de uma nova espécie. A meta, declarou Lunachárski, é "o desenvolvimento do espírito humano em direção ao 'Espírito do Todo'".

Uma perspectiva similar foi promovida pelo neurologista e psicólogo russo Vladimir Bekhterev (1857-1927). Figura eminente durante o período czarista, Bekhterev deu início aos estudos soviéticos da parapsicologia acreditando que havia descoberto fundamentos científicos para a antiga crença na imortalidade. "A personalidade não é destruída após a morte," escreveu ele, "mas, depois de manifestar seus diferentes aspectos durante a vida, vive eternamente como uma partícula da criação humana universal". A psique humana é um tipo de energia, e a energia é imortal.

Como Gurdjieff, Bekhterev rejeitou a crença de que, quando os seres humanos despertam do sono, eles se transformam em agentes da autodeterminação. Em vez disso, trocam um tipo de sono por outro:

> Ambos os estados de consciência, sono e vigília, são igualmente subjetivos. Apenas ao começar a lembrar de si mesmo o homem está mesmo acordado. E então toda a vida circundante adquire para ele um aspecto diferente e um significado diferente. Ele vê que é *a vida de pessoas adormecidas*, uma vida no sono. Tudo que os homens dizem, tudo o que fazem, eles o dizem e o fazem durante o sono.

Myers chegou a considerar a personalidade humana como "múltipla e mutável", ao passo que Wells foi levado a pensar nos seres humanos, inclusive ele próprio, como uma montagem de mecanismos malcoordenados. A perspectiva do psicólogo soviético não era muito diferente. Os seres humanos, como Bekhterev os via, não eram governados por escolhas conscientes, mas antes pela força mecânica da sugestão. Às vezes, não passavam de máquinas não articuladas que destruíam aqueles ao seu redor enquanto lutavam contra demônios conjurados à vida pelo poder hipnótico da sugestão.

O destino de Bekhterev ilustra essa teoria. Em dezembro de 1927, logo antes de viajar de Leningrado para Moscou, onde participaria de um congresso científico, recebeu um convite para visitar Stalin no Kremlin. Stalin pode ter desejado o apoio de Bekhterev em um conflito com Trótski sobre a conveniência de publicar a obra de Freud na Rússia. Trótski apoiava a publicação, Stalin era contra, e sabia-se que Bekhterev tinha dúvidas sobre as credenciais científicas da psicanálise. Segundo outras fontes, Stalin pode ter querido uma consulta pessoal, semelhante à que Bekhterev dera a Lenin durante os últimos tempos da doença deste. Desconhece-se o que se passou entre Stalin e Bekhterev, mas, ao regressar do encontro, Bekhterev disse a colegas: "O diagnóstico é claro. Típico caso de paranoia grave."

Bekhterev morreu no dia seguinte (segundo certas fontes, no mesmo dia). Seu corpo foi cremado sem autópsia, e o funeral foi organizado por Andrei Vyshinski, que mais tarde foi o principal promotor nos julgamentos-espetáculo de Stalin. O nome e os trabalhos de Bekhterev foram removidos dos livros de ensino. Seu filho, convencido de que o pai havia sido envenenado, foi preso e executado. Mais tarde, a mulher do filho de Bekhterev foi enviada a um campo de prisioneiros e seus filhos, a orfanatos do Estado.

Krasin e Górki, Lunachárski e Bekhterev, todos afirmavam ser seguidores de Darwin. Mas não podiam aceitar o mundo que Darwin tinha revelado. Se o animal humano era resultado do acaso, seu futuro seria igual ao de todas as outras espécies, uma jornada que levava à extinção. Os construtores de Deus encontraram uma saída na obra de Lamarck, cuja versão da evolução parecia envolver uma modalidade de progresso. Nisso estavam juntos com Stalin, que apreciava Lamarck, porque a versão que este apresentava da evolução permitia que o futuro da humanidade fosse planejado, e designou um agrônomo lamarckiano, Trofim Lysenko, como ditador da ciência soviética.

Para Lysenko, o mundo natural deveria ser remodelado pela vontade humana. Em intervenções voltadas para a modificação dos traços hereditários, novas espécies poderiam ser criadas: "Em nosso país, em qualquer área da atividade humana", escreveu Lysenko, "podemos criar milagres". Falando em uma conferência de trabalhadores agrícolas soviéticos em 1935, com a presença de Stalin, Lysenko declarou: "Em nossa União Soviética, camaradas, as pessoas não nascem. Nascem organismos humanos, mas as *pessoas* são criadas. (...) E eu sou uma das pessoas que foram criadas dessa maneira. Eu fui *feito* como um ser humano." Ele próprio um ser humano manufaturado, Lysenko, juntamente com seu mestre Stalin, almejava refazer a humanidade.

Górki compartilhava essas esperanças, que só poderiam ser alcançadas, acreditava ele, se os cientistas não fossem restringidos por morais obsoletas, e Górki não sentia náuseas ao apoiar experiências com seres humanos. Em 1933, Górki enunciou as implicações práticas de sua ideia, ao escrever sobre um novo Instituto de Medicina Experimental que havia sido estabelecido com a aprovação de Stalin:

> Precisamos fazer experiências com os próprios seres humanos, precisamos estudar o organismo humano, os processos da alimentação intercelular, a circulação do sangue, a química do sistema nervoso e, em geral, todos os processos do organismo humano. Centenas de unidades humanas serão necessárias.

Górki não precisava se preocupar. Em 1921, um laboratório especial para a pesquisa de venenos havia sido montado pela Cheka. Por volta de 1926, esse laboratório estava sob controle de Yagoda e, no final de 1930, realizava experiências com seres humanos, utilizando prisioneiros do Gulag para testar venenos, tais como o gás de mostarda. Não se sabe muito sobre o resultado dos experimentos, além de que eram, com frequência, fatais.

Sabe-se mais sobre o Canal do Mar Branco, uma experiência em que centenas de milhares de unidades humanas foram usadas. Em uma das primeiras utilizações em grande escala de trabalhos forçados, e a única a ser divulgada —, aproximadamente 300 mil prisioneiros completaram o canal em pouco mais de 20 meses. Cerca de um terço morreu durante a construção.

Górki celebrou o projeto em um livro comemorativo, *Um canal chamado Stalin*, para o qual contribuíram vários autores soviéticos. Para esses autores, o canal corporificava um novo tipo de humanismo, uma versão moderna do espírito de Prometeu. Entre as fotografias do livro, uma mulher prisioneira usava uma perfuradora, com a legenda: "Ao mudar a natureza, o homem muda a si mesmo." Como quase tudo na União Soviética, isto era autenticamente marxista. Para Marx, o mundo natural não tinha valor intrínseco. A Terra só poderia adquirir valor ao ser impregnada com um significado humano.

O Canal do Mar Branco incorporou essa filosofia. Um monumento inútil foi erigido (na verdade, o canal seria muito pouco utilizado), e a terra, envenenada e cheia de cicatrizes, ficou cheia de cadáveres de prisioneiros. Um significado humano fora impresso à Terra.

Ao trabalharem em condições que ameaçavam a vida, com ferramentas primitivas e sem materiais como o ferro, os prisioneiros usaram ossos humanos para fortalecer os blocos de concreto. Muitos comiam casca de árvores e capim, no esforço de permanecerem vivos. Cerca de 12 mil dos que sobreviveram foram libertados. O resto permaneceu nos campos de trabalhos forçados. Depois da morte de Górki, o livro comemorativo foi condenado, e a maioria dos colaboradores desapareceu.

Um experimento ainda maior estava em andamento: a coletivização da agricultura. Górki sempre tinha considerado os camponeses russos como uma forma inferior de vida humana. Entrevistado em 1921, quando a Rússia estava nas garras da fome, Górki disse aos jornalistas: "Assumo que a maior parte dos 35 milhões de pessoas afetadas pela fome vai morrer." Um ano depois, escreveu: "O povo meio selvagem, estúpido e difícil da aldeia russa vai desaparecer (...) e seu lugar será ocupado por uma nova tribo de homens letrados, inteligentes e vigorosos."

Ao escrever no *Pravda* em 1930, Górki cunhou o lema, muito usado durante a coletivização: "Se um inimigo não se render, deve ser exterminado." Alinhado com essa ideia, quando, em 1932, crianças com menos de 12 anos tornaram-se passíveis de aplicação da pena capital por roubo — crime que incluía o uso não autorizado de cereais pelos camponeses famintos —, Górki não protestou. (Stalin defendeu a lei, afirmando que as crianças amadureciam mais cedo na União Soviética.) No início dos anos 1930, Górki descrevia camponeses que resistiam à coletivização como criaturas sub-humanas, parecidas com roedores, próprias apenas para serem exterminadas: "As forças elementares da natureza criam massas de parasitas; nossa vontade racional nos impede de estar em paz com eles — ratos e camundongos causam muito dano à economia do país."

Aqui, Górki outra vez expressa uma atitude genuinamente marxista. Ao escrever na metade do século XIX, Marx louvou o governo britânico na Índia por destruir a vida de aldeia, ao passo que, na mesma época, Engels celebrava a subjugação dos "povos não históricos" — ele menciona os eslavos, descrevendo-os como "aborígines no coração da Europa" — e dava as boas-vindas à sua destruição na próxima guerra mundial como um passo adiante na história.

A crença de Górki de que o progresso humano envolvia exterminar os grupos retrógrados estava em acordo com a filosofia "cosmista" fomentada por alguns cientistas russos. O engenheiro de foguetes Konstantin Tsiolkovski (1837-1935), frequentemente chamado de "avô da astronáutica russa", acreditava que os seres humanos poderiam libertar-se da morte no espaço exterior. Pouco divulgada pelas autoridades, a filosofia cosmista de Tsiolkovski — cujo propósito ele definiu como "a perfeição do homem e a liquidação das formas de vida imperfeitas" — deveu influência significativa na constituição do programa espacial soviético.

Em uma série de panfletos com títulos como "A vontade do universo: poderes racionais desconhecidos", de 1928, Tsiolkovski proclamou a exploração interplanetária como a rota para a imortalidade. "A conquista do ar será seguida pela conquista do espaço etéreo", escreveu ele.

> A criatura do ar não se tornará a criatura do éter? Essas criaturas serão cidadãos nativos do éter, do puro brilho do sol e das ilimitadas extensões do cosmos. (...) Assim, não há um término para a vida, para a razão e para a perfeição da humanidade, cujo progresso é eterno. E, se é assim, não se pode duvidar da conquista da imortalidade.

Nesse arrebatamento materialista, os mortos hão de ser ressuscitados pelo poder da ciência. Cortando seus vínculos com a carne, os seres humanos ingressarão em um reino em que a morte não existe. Formas de vida inferiores — plantas, animais e seres humanos não regenerados — serão deixadas para trás ou então erradicadas. Tudo que restar será o "pensamento puro" que Górki concebeu em sua conversa com Blok — energia infinita, imortal.

❖

> The weightless mosquito touches
> her tiny shadow on the stone,
> and with how like, how infinite

> a lightness, man and shadow meet.
> They fuse. A shadow is a man
> When the mosquito death approaches.*
>
> Keith Douglas

Um ano depois que Górki voltou para a União Soviética, após ter vivido no exterior, um grupo de escritores soviéticos foi convidado para reunir-se com ele na dacha de um amigo. Acontece que a reunião foi não só com Górki, mas também com Stalin, que compareceu e dela se valeu para apresentar sua ideia de que os escritores eram "engenheiros de almas" — expressão com frequência atribuída a Górki, e não sem razão. Este sempre acreditou no poder que tinham os escritores de mudar o mundo. Escritores que se aliassem com o povo poderiam apressar a transformação da humanidade. Em seus últimos anos, Górki viu com horror que a metamorfose que de fato se realizara não era aquela com que ele sonhara, e diz-se que, quando revisaram sua casa por ocasião de sua morte, foi encontrado um manuscrito, uma fábula de sua autoria na qual Stalin aparecia como uma enorme pulga.

As relações de Górki com as autoridades soviéticas nunca foram simples. Ele era festejado pelo regime stalinista. O maior avião do mundo, na época, foi batizado com seu nome e caiu depois de sobrevoar um desfile militar na Praça Vermelha. Mas nunca confiaram nele. Tinha problemas de saúde desde a infância, e, quando em 1921 Lenin aconselhou-o a buscar um clima mais quente, Górki deixou a Rússia e saiu viajando por vários lugares, grande parte do tempo acompanhado por Moura, até fixar-se na Itália, onde ela outra vez tornou-se a dona da casa.

---

*O mosquito sem peso toca/ sua pequena sombra sobre a pedra,/ e com que gosto, com que infinita/ leveza o homem e a sombra se encontram./ Eles se fundem. Um homem é uma sombra/ quando o mosquito-morte se aproxima. [*N. do T.*]

Mesmo quando viveu no estrangeiro, Górki manteve vínculos estreitos com o Estado soviético. Recebia quantias de dinheiro de Yagoda — 400 libras esterlinas em 1936, por exemplo, para cobrir os custos de sua casa em Sorrento. De acordo com o secretário de Górki, mais tarde executado como cúmplice da conspiração para matá-lo, Yagoda também transferiu 4 mil dólares destinados a pagar um automóvel para o escritor. Desta maneira e de outras — e isso sem mencionar sua conexão com Moura, que parece haver trabalhado para Yagoda durante todo esse período — Górki permaneceu sob controle soviético. Mas sempre acreditou que conservava um certo grau de liberdade, e sua aparente independência fez dele a um só tempo um trunfo e uma ameaça para as autoridades soviéticas.

O lar italiano de Górki era lugar de encontro para escritores e artistas russos de toda a Europa. Graças a suas conversas com eles, Górki tinha um conhecimento invulgar da diáspora russa. Havia ocorrido um êxodo em massa da União Soviética: centenas de intelectuais foram deportados em navios a vapor alugados por Lenin, e muitos outros abandonaram o país sozinhos. A maioria terminou na obscuridade, mas, ao longo dos anos 1920 e até os anos 1930, Stalin considerou os russos brancos como uma séria ameaça.

A ameaça era suficientemente real. Os emigrados antibolcheviques eram liderados por figuras carismáticas como Savinkov e Reilly, que contavam com o apoio de gente poderosa nos países ocidentais. Foi principalmente para desarmar os emigrados que Dzerzhinski criou, em 1921, uma organização antibolchevique espúria, o Trust. O propósito era criar, no Ocidente, uma percepção de que existia uma importante oposição interna ao regime soviético, organizada o suficiente para articular um golpe de Estado ou, se isso falhasse, para reformar o regime até o ponto em que este deixasse de ser uma força revolucionária. O engodo funcionou, o dinheiro fluiu dos emigrados russos e das agências de inteligência ocidentais, e Savinkov e Reilly foram atraídos de volta à Rússia. Reilly foi fuzilado depois de interrogado, e relata-se que Savinkov cometeu suicídio, atirando-se pela janela de sua cela na prisão de Lubyanka.

Górki foi um prolífico escritor de cartas, com correspondentes em todo o mundo. Seu arquivo continha cartas relacionadas não só aos emigrados, mas também a figuras-chave na luta pelo poder soviético que se seguiu à morte de Lenin. Apoderar-se dessas cartas tornou-se uma das obsessões de Stalin. Moura fez tudo o que pôde para ficar com os papéis de Górki. Segundo algumas fontes, rascunhou para Górki um testamento no qual este lhe deixava seus papéis e até forjou a assinatura dele quando Górki se recusou a assiná-lo, apesar de qualquer testamento do escritor nunca haver sido encontrado.

Górki retornou à União Soviética uma primeira vez em 1928 e realizou várias viagens posteriores até seu regresso definitivo em 1933. Temeroso de que as cartas e as anotações que tinha feito sobre suas reuniões com os emigrados russos caíssem em mãos erradas, estava determinado a deixar seu arquivo fora da Rússia. Queria que os papéis, reunidos em uma mala, ficassem depositados com uma pessoa de confiança e salvaguardados para a posteridade. Por volta de 1933, a mala estava em mãos de Moura. O mais provável é que seu conteúdo não tenha nunca estado reunido em um único lugar, mas escondido em vários países através da Europa, que ela visitava em suas viagens. Os papéis de Górki tornaram-se uma arma em sua luta pela sobrevivência, luta que ela nunca chegou a abandonar inteiramente.

No início de 1935, um oficial do NKVD visitou Moura em Londres com uma carta de Górki, na qual este lhe pedia que voltasse à Rússia com a mala e seu conteúdo. No verão daquele ano, a mulher de Górki veio ver Moura em Londres com o mesmo pedido. Moura recusou, e a mulher de Górki retornou à Rússia. Em maio de 1936, Wells relatou que Moura sofria de um "mal-estar peculiar" e que sucumbia a "tempestades de pranto". Teria sido porque havia escutado de Górki que ele corria perigo? Ou entendera o perigo em que ela mesma se encontrava, agora que havia se recusado a devolver os papéis?

O oficial do NKVD viera com a oferta de um acordo. Se Moura entregasse os papéis, poderia ver Górki; se não o fizesse, sua passagem pelas fronteiras da União Soviética não seria mais garantida. Era óbvio que a oferta vinha de Stalin, e Moura voltou-se para Lockhart pedindo conselho. Ele lhe disse que, se recusasse a oferta, os papéis lhe seriam retirados à força, possivelmente ao custo de sua vida. A única saída que lhe restava era entregar os papéis. Por fim, ela seguiu o conselho de Lockhart, viajou para a Rússia com a mala e a entregou a Stalin. A partir daquele instante, os arquivos de Górki — ou parte deles, pois não ficou claro que Moura tenha entregado todo o arquivo — tornaram-se propriedade de Stalin. Em compensação, Moura sobrevivera uma vez mais.

Entre 1933 e junho de 1936, quando Górki morreu, Moura — que então vivia em Londres, como companheira de Wells — fez pelo menos seis visitas à União Soviética. Quando Górki realizou sua jornada derradeira de regresso à União Soviética, estava muito doente. No final da vida de Górki, Moura esteve com ele, tendo chegado à sua dacha no carro de Yagoda. Nunca houve nada que sugerisse a cumplicidade dela na morte de Górki, mas também não pôde impedi-la. Depois da morte dele, Moura prolongou sua estada na União Soviética para tratar de "várias questões relacionadas com o legado literário de Górki".

Antes da morte do pai, em maio de 1934, o filho de Górki, Maksim Peshkov, morreu depois de ter bebido na companhia de um dos médicos de Górki e do secretário do escritor. Ao que parece, Peshkov resfriou-se porque levou um tombo na neve. Como ocorria com o próprio Maksim, que ganhara uma coleção de selos confiscada pelo Estado por ajudar a polícia secreta, os médicos e o secretário eram controlados por Yagoda que, sabia-se, estava interessado na mulher de Peshkov. Com um motivo pessoal forte e interesse profissional pela toxicologia, Yagoda bem pode ter organizado a morte de Peshkov. Dificilmente teria feito isso sem a cumplicidade de Stalin.

Em dezembro de 1934, Serguei Kirov, rival potencial de Stalin, foi assassinado. Ao contrário do que se pensou na Rússia naquela época, Stalin pode não ter planejado o crime, que foi, provavelmente, trabalho de um único homem. Mas Stalin usou a morte de Kirov para lançar uma onda de terror, no decurso da qual mais de 100 mil pessoas foram presas. Os Grandes Expurgos haviam começado.

No primeiro dos julgamentos-espetáculo, orquestrado por Yagoda apenas alguns meses após a morte de Górki, Zinoviev e 15 outros foram considerados culpados de conspirar para assassinar Stalin e foram executados. Treze outros líderes comunistas foram executados depois de um segundo julgamento em 1937. Depois de um terceiro julgamento em 1938, os médicos e o secretário de Górki foram executados junto com o próprio Yagoda, depois de considerados culpados de envenenar Górki e de assassinar o filho dele.

Vivendo em condições semelhantes a uma prisão domiciliar, frágil depois de uma vida de enfermidades e consumido pela ansiedade, o ex-construtor de Deus passou seus últimos dias em completo isolamento. Vigiado por seu secretário, Górki não podia fazer contato com o mundo exterior. O *Pravda* começou a publicar ataques contra ele. Górki pode não ter lido esses ataques, já que, em várias ocasiões, uma cópia única do jornal era impressa apenas para ele. Em maio de 1936, um "filósofo do Partido" deixou transpirar a notícia de que Górki estava mortalmente doente. Em junho, quando ele ainda vivia ali, chamadas telefônicas foram feitas para a casa de campo de Górki, perguntando para onde enviar as coroas fúnebres.

Duas semanas antes que morresse, alguns dos que o cercavam desenvolveram sintomas iguais aos dele, que pareciam de envenenamento. Stalin visitou o escritor poucos dias antes de sua morte, em 18 de junho. No dia 9 de junho, demasiado fraco para escrever em seu bloco de notas, Górki ditou as palavras: "O fim do romance, o fim do herói, o fim do autor."

❖

> Mortos de todos os países, uni-vos!
> Manifesto cosmista, Petrogrado, 1920

O poeta Vladimir Maiakóvski captou o ânimo dos bolcheviques quando a morte de Lenin foi anunciada em 21 de janeiro de 1924: "Lenin, mesmo agora, está mais vivo que todos os viventes." Muitos membros do Partido acreditavam que Lenin não havia morrido de fato. Porém, era o espírito de Lenin que era imortal, ou poderia o próprio Lenin — o Lenin físico, real — de alguma forma ser trazido de volta à vida?

O funeral de Lenin foi organizado por Dzerzhinski e fixou um padrão para futuras cerimônias do Estado soviético, em que a ordem de precedência no evento refletia o atual estado da luta pelo poder. Stalin e Zinoviev foram os que tiveram maior destaque entre os que carregaram o caixão de Lenin, ao passo que Trótski — que se recuperava de uma doença à beira do mar Negro — nem soube a data do enterro.

O funeral foi precedido por uma cerimônia de Estado, e a questão era o que fazer com o corpo. Não ficou completamente claro como foi tomada a decisão de embalsamar Lenin. Registros da reunião do Politburo (órgão executivo do Partido Comunista da União Soviética) realizada no final do outono de 1923, quando Lenin já estava gravemente enfermo, sugerem que Stalin se opunha a um simples enterro ou cremação e chamou a atenção para a possibilidade do embalsamamento, procedimento objetado por Trótski e Bukharin. Stalin parecia acreditar que Lenin, embalsamado, ia bem com a crença ortodoxa russa de que os corpos dos santos eram incorruptíveis e assim canalizaria os sentimentos religiosos do povo russo em benefício do regime.

Seja quem for que tenha sido o responsável, a decisão de embalsamar Lenin envolveu mais do que cálculo político. Os construtores de Deus tinham fé mágica no poder da ciência, que eles acreditavam ser capaz de dobrar a morte. Um deles — Leonid Krasin (1870-1926) — tentou congelar Lenin com o propósito de fazê-lo um dia retornar à vida. Como Górki, Krasin era entusiasta da filosofia da Construção de Deus. Também acreditava na ressurreição científica.

Junto com outros construtores de Deus, Krasin era um antigo admirador do pensador ortodoxo russo Nikolai Fedorov (1829-1903). Mais próxima do cristianismo original do que das tradições ocidentais, a ortodoxia russa prometia a ressurreição do corpo. Segundo os ensinamentos de Jesus, era a humanidade em carne e osso que seria trazida de volta da tumba. Fedorov acreditava que a ciência poderia proporcionar esta imortalidade física. Não apenas poderia capacitar gerações futuras da humanidade a evitar a morte, como cada ser humano que uma vez viveu podia vir a ser ressuscitado. Fedorov havia formulado essa filosofia em resposta a uma carta de Dostoievski, seu ardente adepto:

> Nosso dever, nossa tarefa, consiste em trazer de volta à vida todos os que morreram, todos aqueles que perdemos, na qualidade de filhos e descendentes — nossos pais e ancestrais. (...) Em outras palavras, a raça humana precisa transformar a força avassaladora, cega e sem alma do universo em outra força, assistida pelo espírito, pela razão e pela vontade de todas as gerações ressuscitadas. (...) Tudo seria resultado da razão, da vontade e do trabalho consciente.

Fedorov transformou a fé ortodoxa russa na ressurreição física em um projeto de derrotar a morte através da tecnologia:

> O destino da Terra nos convence de que a atividade humana não pode ficar restrita pelos limites do planeta. Precisamos perguntar se nosso conhecimento de seu provável destino, de sua inevitável extinção, nos obriga a fazer isso ou não. O conhecimento pode ser útil, ou é um adorno inútil? No primeiro caso podemos dizer que a Terra se tornou consciente de seu destino através do homem, e a consciência é evidentemente ativa — o caminho da salvação. O mecânico apareceu justamente quando o mecanismo tinha começado a deteriorar-se (...) Não há intencionalidade na natureza — cabe ao homem introduzi-la, e esta é sua suprema *raison d'être*.

Fedorov teve influência profunda sobre os construtores de Deus, e não menor sobre Krasin. Ex-terrorista anticzarista que chegou a ser informante da Okhrana (polícia secreta do tsar), engenheiro, especialista em explosivos e contrabandista de armas, falsário e operador de lavagem de dinheiro, principal financista bolchevique e Comissário do Povo Soviético para o Comércio Exterior, Krasin era amigo íntimo do filósofo e médico Aleksandr Bogdanov, outro construtor de Deus, que o tratou de uma doença do sangue. O tratamento fracassou, e Krasin morreu em novembro de 1926.

Hoje, Krasin está praticamente esquecido e, no entanto, sem ele os bolcheviques provavelmente não teriam chegado ao poder. Como principal dirigente da Comissão Soviética para o Comércio Exterior, foi Krasin que negociou os acordos com os Aliados e chefiou a delegação soviética de comércio que foi a Londres e terminou com o bloqueio britânico ao comércio com a União Soviética. Sem o acordo comercial anglo-soviético de 1921 (que Krasin tornou possível ao persuadir Lloyd

George de que o bolchevismo estava evoluindo em uma nova direção), o regime soviético poderia não ter sobrevivido ao catastrófico colapso econômico que se seguiu à revolução e à guerra civil. Górki era sua face pública, mas foi Krasin que dirigiu a vasta operação pela qual objetos de arte russa, pedras e metais preciosos foram confiscados e vendidos por moeda forte a compradores ocidentais. No total, o dinheiro que Krasin arrecadou alcançaria, em valores de hoje, algo assim como 160 bilhões de dólares.

Krasin, porém, era mais do que um agente que misturava crime com diplomacia. Seguindo a linha dos construtores de Deus, era também um homem profundamente religioso, que nunca duvidou de que a ciência daria aos seres humanos poder sobre a morte. Ao discursar no funeral de um companheiro revolucionário, três anos antes da morte de Lenin, Krasin declarou que os líderes revolucionários, no futuro, não morreriam para sempre:

> Estou certo de que o dia chegará em que a ciência se torne onipotente, em que seja capaz de recriar um organismo morto. Estou certo de que virá o tempo em que seremos capazes de usar os elementos da vida de uma pessoa para recriar a pessoa física. E estou certo de que, quando esse tempo chegar, a libertação da humanidade — fundada em todo o poder da ciência e da tecnologia, com as forças e talentos que hoje nem sequer podemos imaginar — será capaz de fazer ressuscitar grandes figuras históricas. Estou certo de que, quando esse tempo chegar, entre as grandes figuras estará nosso camarada.

Poucos dias depois do funeral de Lenin, Krasin publicou um artigo no jornal comunista *Izvestiya* intitulado "A imortalização arquitetônica de Lenin", instando para que o mausoléu de Lenin fosse um lugar que ultrapassasse Meca e Jerusalém em grandeza e significado. No dia 25 de março de 1924, depois de deliberações que envolveram Dzerzhinski, foi anunciado que o corpo seria novamente embalsamado. Três dias depois, a Comissão Funerária que tinha sido estabelecida para organizar o enterro de Lenin foi renomeada como Comissão de Imortalização.

A forma cúbica da tumba de Lenin foi idealizada pelo artista Kazimir Malevitch, que havia projetado cenários para a ópera futurista *Vitória sobre o Sol*, que promovia a ideia de um esperado super-homem. Fundador do suprematismo* russo, Malevitch considerava as formas geométricas abstratas como expressão de uma realidade maior. Influenciado pelos textos de Uspenski, achava que o mausoléu de Lenin representava uma "quarta dimensão", em que a morte não existia. Dias depois da morte de Lenin, Malevitch escreveu:

> O ponto de vista de que a morte de Lenin não é morte, de que ele está vivo e é eterno, é simbolizado por um novo objeto, que toma como sua forma o cubo. O cubo não é mais uma figura geométrica. É um novo objeto com o qual tentamos retratar a eternidade, criar um novo cenário de circunstâncias, com o qual podemos conservar a vida eterna de Lenin derrotando a morte.

Em harmonia com essa filosofia, Malevitch sugeriu que cada seguidor de Lenin deveria ter um cubo em um canto de sua casa. Sua proposta foi adotada, e o Partido ordenou que cubos fossem distribuídos. Santuários para o líder morto foram estabelecidos nos "cantos de Lenin", instalados nas fábricas e escritórios de todo o país.

O mausoléu cúbico de Lenin era um monumento a essa crença na vitória sobre a morte. Malevitch acreditava que os seres humanos podiam tornar-se semelhantes a deuses: "Nenhum livro, nenhuma

---

*Movimento de pintura abstracionista geométrica. Malevitch foi o primeiro pintor abstrato. [*N. do T.*]

Escritura, nenhuma ciência pode sequer imaginar a glória do Ser, que aparece como homem — o único Deus que jamais existiu, existe ou existirá." Às vezes, Malevitch parecia crer que ele mesmo se tornara divino: "Assim é como penso sobre mim mesmo e elevo a mim mesmo em Deidade, dizendo que sou tudo e que, além de mim, não há nada." Depois de sua morte em 1935, as cinzas de Malevitch foram enterradas debaixo de um velho carvalho. Um cubo de concreto foi colocado para marcar o lugar. Poucos anos depois veio a guerra, e todos os traços de sua tumba e do cubo se perderam.

A estrutura similar ao cubo da cripta de Lenin encapsulava o pensamento ocultista que estava por trás do projeto. A arquitetura moderna muitas vezes refletiu ideias ocultistas. A obra do fundador do modernismo arquitetônico, Le Corbusier, revela a influência da maçonaria esotérica, que é mostrada na significância iconográfica dada ao ângulo reto. Entre outros arquitetos do século XX influenciados pelo ocultismo, está Frank Lloyd Wright, que reconheceu o impacto de Gurdjieff em sua obra. No entanto, raras vezes arquitetura e ocultismo associaram-se como na tumba de Lenin.

A tumba foi projetada por A.V. Shchusev, um arquiteto envolvido no movimento construtivista, que dera continuidade ao foco de Malevitch sobre as formas abstratas, o qual mais tarde faria um novo projeto para a prisão de Lubyanka. O projeto de Shchusev reflete a crença de Malevitch nas propriedades ocultistas do cubo. Em uma reunião da Comissão Funerária, em 23 de março de 1924, Shchusev declarou: "Vladimir Ilitch é eterno. (...) Como honraremos sua memória? Na arquitetura, o cubo é eterno. (...) Que o mausoléu que erigiremos como monumento a Vladimir Ilitch derive de um cubo." Shchusev então desenhou o esboço de uma estrutura feita de três cubos que a Comissão aprovou.

A primeira versão do mausoléu, que teve que ser terminada com rapidez para estar pronta para o funeral de Lenin, em 27 de janeiro, era uma estrutura de madeira feita de três cubos. Em apenas três dias construiu-se o mausoléu: soldados usaram explosivos para dinamitar o solo congelado, e os cubos de madeira foram pintados de cinza para parecerem de pedra. Depois do artigo de Krasin, foi anunciado um concurso de projetos arquitetônicos para erigir um lugar de descanso mais duradouro, e Krasin aceitou o plano de Shchusev para uma versão mais espaçosa do mausoléu de madeira original.

O plano de Shchusev congregava várias influências. Ele havia viajado pelo Egito, onde a tumba de Tutancâmon tinha sido descoberta em Luxor em 1922. Uma versão ficcional da mitologia egípcia circulava há muito tempo entre os teosofistas russos e de outros lugares. Refletindo essa mitologia, o cubo interno do mausoléu de madeira onde o corpo de Lenin iria jazer estava emoldurado por plataformas que formavam uma pirâmide. Tendo cruzado para o reino da morte, Lenin faria uma jornada de regresso à terra dos vivos, como faziam os faraós no mito egípcio. Um mito cristão também subjazia ao projeto do mausoléu. Ecoando a doutrina da Santíssima Trindade, de acordo com a qual Deus tem natureza tripla, composta pelo Pai, pelo Filho e pelo Espírito Santo, a estrutura era composta de três cubos. Mas a Santíssima Trindade também envolve uma doutrina da encarnação, e Krasin acreditava que Lenin poderia ser fisicamente ressuscitado.

O mausoléu de madeira, no qual o corpo embalsamado de Lenin estava exposto em um sarcófago de vidro, foi aberto à visitação pública no dia 1º de agosto de 1924. Mais tarde naquele ano, a Comissão de Imortalização começou os preparativos para um santuário permanente. Krasin e Lunachárski anunciaram outro concurso, e muitos projetos foram apresentados ao longo de vários anos, mas em 1929 decidiu-se encarregar o próprio Shchusev de reconstruir o mausoléu de madeira em pedra. O trabalho iniciou-se em julho de 1929 e, no outono de 1930, o que restou de Lenin foi encerrado em vidro dentro de um túmulo de granito vermelho na Praça Vermelha.

O esforço para preservar o corpo de Lenin teve continuidade enquanto durou o longo projeto de criar um lugar de descanso adequado. Krasin iniciara o trabalho de preservação quando, no final de janeiro de 1924, construiu um sistema de refrigeração projetado para conservar frio o cadáver embalsamado. Mas a tecnologia criogênica falhou, e o corpo começou a mostrar sinais de decadência. A pele da face e das mãos havia escurecido, apareceram rugas e os lábios se haviam separado. Não era fácil manter o corpo a uma temperatura baixa estável, e congelá-lo apressaria a decadência. Ciente desses problemas, Krasin foi inflexível em defender o congelamento. Qualquer condensação que pudesse danificar o cadáver poderia ser tratada, ao instalar vidros duplos e obter um refrigerador melhor na Alemanha, sempre fonte da melhor tecnologia aos olhos dos bolcheviques. O refrigerador alemão foi importado, mas o processo de deterioração continuou: os lábios se separaram mais ainda, o nariz perdia sua forma, uma mão ficara cinza-esverdeada, os olhos se afundavam nas órbitas e as orelhas haviam se enrugado.

O experimento precoce de Krasin com a ressurreição criogênica não poderia ter funcionado. Mesmo hoje, quando as técnicas estão muito mais avançadas, o processo de congelamento é muito prejudicial ao cadáver. Mas quando Krasin e Lunachárski anunciaram o concurso de projetos para um túmulo permanente, especificaram que o novo mausoléu deveria incluir uma câmara subterrânea, na qual os equipamentos necessários para a preservação do corpo de Lenin seriam instalados. Tudo indica que os dois construtores de Deus não haviam desistido de que Lenin pudesse, um dia, ser trazido de volta à vida.

Havia lógica na imortalização de Lenin. Lenin havia reagido com fúria contra qualquer ideia de que o bolchevismo fosse uma nova religião e escrevera a Górki, em 1913, que tentar construir um novo Deus nada mais era que um exercício de necrofilia. Era uma observação sagaz, mas o próprio Lenin não estava tão longe dos construtores de Deus como imaginava. Também ele queria realizar um mito — o paraíso terrenal do início do cristianismo — valendo-se do poder da ciência.

Era de esperar que muitos bolcheviques imaginariam que seu líder nunca morrera de verdade. Crentes no poder do conhecimento, pensavam que Lenin algum dia seria ressuscitado. Claro que isso era uma fantasia. O fac-símile similar a um boneco que fora reunido dos restos mortais de Lenin jamais poderia ser revivido. Em vez de abrir caminho para a humanidade imortal, a ciência podia apenas conservar uma carcaça sem vida.

As circunstâncias da morte de Lenin são lúgubres. Sabe-se que ele foi ferido em um atentado contra sua vida em 1918 e que depois sofreu um derrame cerebral. A autópsia original foi inconclusiva: alguns dos médicos consultados atestaram que ele morrera de aterosclerose avançada; outros não opinaram (outros, ainda, podem ter acreditado que sofria de sífilis). Em algumas versões do que aconteceu, Lenin queria dar fim a sua doença terminal pelo suicídio e bem poderia ter pedido eutanásia por meio de uma dose fatal de medicação.

Sempre houve quem acreditasse — inclusive, segundo algumas fontes, o próprio Lenin em seus últimos dias — que veneno lhe tivesse sido administrado, por ordem de Stalin. Anos depois, Trótski chegou a acreditar que fora esse o caso, quando Stalin se referiu provocadoramente a essa possibilidade, depois de beber demais na casa de Górki, em Moscou, no início dos anos 1930. Mas não é provável que Lenin tenha sido assassinado: de que serviria, se ele já estava incapacitado? Mais interessante é a questão levantada pelas suspeitas. Ao terem adotado a eliminação em massa como instrumento político, Lenin e seus discípulos nunca puderam estar seguros de que também não seriam liquidados. Nem mesmo Stalin não podia contar com morrer de morte natural. Depois que Stalin se foi em março de 1953, provavelmente como resultado de um derrame, o chefe da polícia secreta, Lavrenti Beria, jactou-se de ter envenenado o líder soviético. Beria foi fuzilado alguns meses depois.

Seja qual for a maneira segundo a qual a vida de Lenin possa ter terminado, seu cadáver recebeu o melhor cuidado possível. Em 1925, o Politburo criou um laboratório para estudar o cérebro de Lenin. Cortado em mais de 30 mil segmentos, preservado em formol e álcool e colocado em cera parafinada, o cérebro foi examinado por mais de uma década. Um relatório de 1936 concluiu que ele apresentava "um grau extraordinariamente alto de organização". Precauções extremas foram tomadas para que o corpo permanecesse a salvo. Quando as forças nazistas se aproximaram de Moscou, em julho de 1941, o corpo de Lenin foi evacuado antes de qualquer dos habitantes vivos da cidade.

O tratamento de Lenin como pessoa viva continuou depois da guerra. Em 1973, quando o Politburo decidiu renovar os documentos do Partido, a primeira carteira a ser reeditada foi a de Lenin. Ao longo das últimas décadas do comunismo, o terno de Lenin foi trocado a cada 18 meses e substituído por um novo, especialmente feito por uma costureira do KGB.

Nas suas últimas décadas, o Estado soviético tornou-se uma concha vazia. As elites comunistas há muito haviam perdido a fé no sistema e permaneciam ligadas a ele apenas por conta dos privilégios que lhes conferia. Mas o padrão de vida dessas elites dificilmente se equiparava ao dos trabalhadores nos países capitalistas e, quando elas se tornaram conscientes desse fato, por efeito da liberalização de Gorbachev, o Estado soviético entrou em colapso.

Lenin sobreviveu ao sistema que criara. Depois do colapso, Boris Yeltsin propôs destruir o Mausoléu de Lenin e enterrar seu corpo, mas houve protestos dos comunistas, e Lenin permanece em exibição no mausoléu. Como sempre foi desde que Lenin morreu, a tarefa daqueles que cuidam dele é remover qualquer sinal de envelhecimento. Depois de um novo tratamento a que foi submetido o corpo em 2004, anunciou-se que Lenin parecia mais jovem do que o fora por décadas.

❖

> Farewell my mother and wife
> And you my dear children.
> It seems that we are doomed
> To drink the bitter cup to the very end.*
>
> Extraído de *Kolyma*, uma canção do Gulag

> There is no greater joy, nor better music
> Than the crunch of broken lives and bones**
>
> Extraído de *O sorriso do chekista*, uma antologia de poemas da Cheka

Em 1919, o jornal da Cheka ucraniana *Espada Vermelha* resumiu a filosofia bolchevique: "Para nós, os velhos sistemas de moralidade e 'humanidade' não existem e não podem existir. (...) A nós tudo é permitido, porque somos os primeiros no mundo a empunhar a espada não para escravizar ou reprimir, mas em nome da liberdade universal."

Em uma conversa com Lenin, um socialista revolucionário que se opunha à política de execuções sumárias da Cheka objetou: "Vamos chamá-la de Comissariado para o Extermínio Social e acabar logo com isso!" "Isso é exatamente o que ela deveria ser," respondeu Lenin. Para ele, que a criara, a Cheka sempre foi uma máquina de matar.

---

*Adeus, minha mãe e minha mulher/ E a vocês, meus queridos filhos./ Parece que estamos condenados/ A beber do cálice amargo até o fim. [*N. do T.*]

**Não há maior alegria, nem melhor música/ Que o ruído de ossos e vidas quebrados. [N. *do T.*]

Dzerzhinski tinha a mesma opinião: "Nós representamos o terror organizado. E isso deve ser dito de maneira muito franca. Esse terror é agora muito necessário, nas condições em que vivemos, em um tempo de revolução. (...) É inútil culpar-nos por matanças anônimas."

Fundada em dezembro de 1917, a Cheka teve muitos nomes. Batizada de OGPU em 1922, fundiu-se com o NKVD em 1934, foi incorporada ao MVD em 1946 e então se tornou o KGB (agora FSB). Mas seu nome original — Comissão Extraordinária — é o melhor guia para deixar claro como Lenin e o primeiro presidente dela, Dzerzhinski, a compreendiam. Para Dzerzhinski como para Lenin, o recurso ao terror era acima de tudo um meio de recriar a humanidade. Nisso Lenin e Dzerzhinski seguiram os jacobinos, cuja ferocidade durante a Revolução Francesa eles admiraram, emularam e ultrapassaram. A suposição era a de que, quando a humanidade tivesse sido refeita, o Terror se tornaria desnecessário. Como se poderia prever, os seres humanos permaneceram quase os mesmos, apenas mais cruéis e apavorados que antes. O Terror passou a ser uma condição permanente e a devorar dezenas de milhões de pessoas.

Dzerzhinski pode ter morrido porque até ele tinha se tornado retrógrado. Em julho de 1926, falou por duas horas em uma reunião do Comitê Central do Partido Comunista. Tendo sido nomeado Comissário do Povo para a Indústria Pesada por Stalin — cargo que acumulou com o de dirigente da OGPU, o organismo que sucedeu à Cheka — Dzerzhinski dedicou seu discurso a atacar os inimigos de Stalin. Parecia febril e bebia nervosamente de um copo de água que lhe fora trazido. Então, ficou pálido de repente, desabou no chão e morreu na frente do comitê reunido. Stalin anunciou que a causa da morte fora um ataque do coração, embora muitos tenham pensado que fora veneno.

Segundo certas fontes, Dzerzhinski haveria encontrado arquivos que incriminavam Stalin como ex-agente da polícia secreta do tsar. Há muito havia rumores nesse sentido, e não seria surpresa se estivessem fundados em fatos. Trocar informações com o inimigo, seja por razões estratégicas ou para ganho pessoal, era prática normal no movimento clandestino russo (como na maioria dos movimentos revolucionários). Em seu diário, Lockhart narra que o diplomata norte-americano George Kennan afirmava, em 1958, que poderia provar que Stalin estivera na folha de pagamento da polícia czarista (Kennan era dos que pensavam que Stalin tivesse sido "ajudado a morrer"). Sabe-se que importantes bolcheviques trabalharam para a Okhrana, inclusive Mikhail Kalinin, que foi presidente nominal da União Soviética de 1919 a 1946. Ainda assim, evidências de que Stalin tenha sido um informante comum só trariam dano a um líder cuja reputação havia sido inflada a dimensões sobre-humanas. Se possuísse arquivos que provassem ter Stalin estado a soldo da polícia, Dzerzhinski correria risco de vida.

Stalin acreditava que nada havia de errado com o assassinato, se este levasse a causa a avançar. Mas o que era, para Stalin, a causa? Uma pista pode ser encontrada nas leituras de Stalin quando era estudante em um seminário ortodoxo russo em Tíflis. Ali Stalin leu o romance *Os demônios*, de Dostoievski, do qual tomou extensas notas. Dostoievski pensou o romance como um panfleto antirrevolucionário. O verdadeiro propósito dos revolucionários não era tanto aliviar a miséria humana como criar um tipo de ser humano que não haveria mais de sofrer. Stalin reconhecia como sua essa ideia, que para Dostoievski era odiosa. Em suas anotações marginais a *Os demônios*, Stalin escreveu que a fraqueza e a estupidez são os únicos vícios, ao passo que a virtude é poder.

Nos últimos anos do século XIX, quando Stalin frequentava o seminário, essas não eram ideias incomuns. A fantasia de Nietzsche do *Übermensch* [Super-homem], uma figura sobre-humana que rejeitava toda e qualquer restrição de ordem moral, tinha muitos adeptos na

Rússia. Havia anarquistas nietzschianos e reacionários nietzschianos, cristãos nietzschianos e pagãos nietzschianos. Mais tarde houve bolcheviques nietzschianos, entre os quais se deve contar Górki, para os quais a revolução significava o mesmo que para Dostoievski: a deificação da humanidade.

Os futuristas italianos abraçaram o fascismo como parte de um culto do super-homem. Os futuristas russos deram as boas-vindas ao bolchevismo pela mesma razão. A ópera futurista *Vitória sobre o Sol*, encenada em São Petersburgo em 1913, com cenários de Malevitch, abria com a declaração de Nietzsche "Deus está morto". Um super-homem canta:

> Estamos entrando em choque com o universo
> Estamos armando o mundo contra nós mesmos
> Estamos organizando a matança de espantalhos.

Mescladas com as crenças ocultistas tão difundidas na Europa do início do século XX, as ideias nietzschianas tiveram um impacto poderoso sobre a *intelligentsia* bolchevique.

A Cheka gerou vários super-homens com seus estilos próprios. Um deles foi Yakov Blyumkin. Linguista dotado, fluente em turco, persa e vários idiomas europeus, Blyumkin tinha livre trânsito entre poetas e intelectuais russos. Também era assassino profissional, e enquanto trabalhava, ao mesmo tempo, para o Partido Socialista Revolucionário e para a Cheka, eliminou o embaixador alemão em julho de 1918. Blyumkin desfrutou de certa celebridade na Rússia, naquela época. Confrontado em um café pelo poeta Osip Mandelstam, enquanto rabiscava, embriagado, os nomes de pessoas a serem executadas em formulários assinados em branco por Dzerzhinski, Blyumkin respondeu ameaçando Mandelstam com uma pistola. Anos mais tarde, por ter escrito um poema contra Stalin, Mandelstam foi condenado a trabalhos forçados e morreu em um campo de trabalho em 1938. Uma linha do poema dizia: "Cada morte, para ele, é um fruto carnoso de gosto adocicado."

À diferença de seu cúmplice no assassinato do embaixador alemão, que foi preso e fuzilado, Blyumkin fugiu e ficou a salvo. Mais tarde foi perdoado (provavelmente por intervenção de Trótski) e retornou ao serviço como membro da Cheka na Turquia, no Irã, na China, na Mongólia e em outros países, enquanto continuava a atuar como matador na Europa. Segundo algumas fontes, acompanhou o ocultista Nicholas Roerich em uma expedição que este fez ao Tibet em 1926-1928 — uma jornada que atraiu a atenção de vários serviços de inteligência. Depois que Bóris Savinkov foi enganosamente atraído para regressar à Rússia, Blyumkin visitou o líder dos emigrados na prisão e, mais tarde, afirmou haver escrito o bilhete de suicida deixado por Savinkov.

Blyumkin mantinha contato regular com Trótski. Stalin, que o havia enviado para a Turquia, ordenou-lhe que visitasse Trótski, que então vivia em uma ilha no mar de Mármara, perto de Istambul, com a missão de conquistar a confiança de Trótski e, depois, matá-lo. Mas Blyumkin não viveu para completar sua missão, e Trótski foi morto com um picador de gelo, mais de uma década depois, por um dos agentes de Stalin no México, em agosto de 1940.

Ao voltar da abortada visita a Trótski, Blyumkin trouxe um pacote com ele. O conteúdo do pacote é discutido — segundo algumas fontes, não passava de uma carta agradecendo a um amigo por lhe haver arranjado trabalhos de tradução; segundo outra, continha mensagens para seguidores de Trótski na Rússia sobre suas estratégias com relação a Stalin. Foi então que Blyumkin cometeu um erro fatal. Contou a Karl Radek sobre o pacote que lhe haviam pedido que levasse para Moscou. Ex-aliado de Trótski que passara para o lado de Stalin, Radek tinha participado do grupo que conseguira apoio alemão para os bolcheviques e voltara para a Rússia na companhia de Lenin, no trem blindado emprestado pelo alto-comando alemão. Radek passou as notícias de Blyumkin para Stalin, que ordenou que fossem tomadas medidas para descobrir os planos deste. Uma jovem agente feminina teve relações sexuais com Blyumkin, mas não descobriu nada. As suspeitas que envolviam os planos de Blyumkin para o pacote não foram dissipadas, e ele descobriu que estava sob extrema vigilância. Depois de tentar escapar, foi preso, torturado e executado — o primeiro oficial sênior da inteligência soviética a ser morto por ordem de Stalin. Diz-se que, antes de sua captura, Blyumkin dissera: "Sou como um camundongo enjaulado, quero viver. Não importa como, não importa que vida, eu quero viver."

Radek foi premiado por sua traição: ganhou um apartamento com vista para o Kremlin e tornou-se um dos mais próximos do círculo de íntimos do líder, até que foi preso e desapareceu em 1936. Existem vários relatos sobre a morte de Radek. Conforme um deles, foi morto pelo NKVD logo depois do julgamento; segundo outro, enviaram-no para um campo de prisioneiros, onde morreu de frio e de fome. Uma terceira versão diz que foi espancado até a morte, no pátio da prisão, pelos *bezprizornii*, crianças selvagens, órfãs da guerra civil e da revolução, que tinham sido absorvidas pelo Gulag.

O desaparecimento de Blyumkin foi ainda mais complexo. Sua prisão foi suprimida dos registros, e, em 1930, o jornal comunista de Viena declarou que ele nunca havia existido e, portanto, não podia ter sido executado. Blyumkin foi chamado de volta da não existência em 1990-1991, quando o dirigente do KGB Vladimir Kryuchkov, organizador de uma tentativa de golpe contra Gorbachev, recomendou que fosse concedido a Blyumkin o título de "Herói da União Soviética".

A ordem para fuzilar Blyumkin veio de outro super-homem da Cheka, Viacheslav Menzhinski. Como Blyumkin, Menzhinski foi muito influenciado pelas ideias nietzschianas. (Quando jovem, Menzhinski também fora atraído pelo satanismo.) Tornando-se bolchevique, trabalhou por um tempo para o Soviete de Petrogrado. Em 1919, Dzerzhinski nomeou-o chefe da seção da Cheka que lidava com inteligência e contrainteligência e, depois da morte de Dzerzhinski em 1926, Menzhinski tornou-se dirigente da OGPU. Poeta e romancista, os escritos de Menzhinski revelam uma personalidade atravessada por uma paixão moral frustrada.

Foi Menzhinski, então o ajudante mais confiável de Stalin, que, em 1930, encenou o primeiro dos julgamentos, quando um grupo de engenheiros e economistas (inclusive o fundador da teoria das ondas longas dos ciclos econômicos, Nikolai Kondratiev) foi preso e acusado de pertencer a um não existente "Partido Industrial". Com a saúde abalada, Menzhinski conduziu interrogatórios deitado em um divã, sempre com boas maneiras e encantador, particularmente com as mulheres: tratava-as com a cortesia do velho mundo, enquanto as enviava para a tortura, para o estupro e para a execução.

Esse outro super-homem da Cheka morreu como os outros, talvez de modo mais violento e absurdo. Como Blyumkin, Menzhinski foi consumido pela máquina da morte soviética. Stalin usou Yagoda, diretor-fundador dos laboratórios de pesquisa de venenos da OGPU, para matar Menzhinski: embeberam as cortinas, tapetes e papéis de parede do apartamento dele com toxinas letais. Menzhinski morreu em 1934, e quando, mais tarde, Yagoda foi executado, uma das acusações contra ele dizia respeito à sua participação no assassinato de Menzhinski.

Stalin se diferenciava de Blyumkin e Menzhinski por seu enfoque metódico do exercício do poder. Alguns meses antes de sua morte, Stalin autorizou a publicação em russo do livro *A ilha do Dr. Moreau*, de H.G. Wells, e considerava aqueles cujas vidas controlava como os vivisseccionistas encaram os objetos de seus experimentos. Não tinha muito interesse nos seres humanos, que via apenas como recursos a serem utilizados na construção do futuro.

Uma ideia de como Stalin imaginava o futuro pode ser recolhida do romance de Joseph Roth *O profeta silencioso*, um relato premonitório da vida de Trótski, escrito em 1927-1928, no qual Stalin aparece como o líder soviético Savelli. Roth descreve Savelli em seu escritório: "um bem iluminado quarto sem enfeites" — com paredes amarelo-pálidas, cadeiras de couro e uma escrivaninha com uma única folha de papel amarelo sobre ela —, que parecia esperar para ser adequadamente mobiliado, apesar de Savelli já estar ali há dois anos. Um dos personagens de Roth conta como Savelli desistiu de tomar chá ao estilo russo, no copo, e, em vez disso, bebia café em uma xícara. A transição se deu quando Savelli conseguiu "uma maravilhosa máquina da Alemanha para fazer o verdadeiro café turco". Depois de explicar por 15 minutos como a máquina funcionava, Stalin ou Savelli exclamava: "Os alemães são mesmo uns caras brilhantes!"

O Savelli de Roth realça um traço que Stalin compartilhava com Leonid Krasnin, o engenheiro bolchevique que tentou imortalizar Lenin refrigerando seu cadáver: um encanto pela tecnologia. Foi o mesmo encanto pela tecnologia que produziu a máquina da morte soviética.

❖

Uma máquina constantemente produz os vivos a partir dos mortos, ao passo que a outra produz os mortos a partir dos vivos.

André Platonov

Observadores ocidentais interpretaram o regime soviético como uma revolta contra o czarismo e, depois, quando o caráter despótico do regime ficou claro, como uma continuação do czarismo. Consideravam os bolcheviques como burocratas racionais, que queriam desenvolver e modernizar a Rússia. Ao assumirem que o bolchevismo era, em essência, um movimento político, não conseguiram entender que seus propósitos nunca foram simplesmente econômicos ou sociais. Para André Platonov, escritor que algumas vezes foi chamado de "o George Orwell soviético", os objetivos dos bolcheviques eram muito maiores. Conhecido por ter se deixado atrair pelas ideias de Gurdjieff e Federov, Platonov acreditava que o experimento soviético só poderia ser compreendido em termos esotéricos.

Grande parte da obra de Platonov foi confiscada ou censurada durante sua vida. Ao pedir ajuda a Górki, recebeu apenas silêncio. O filho de 15 anos de Platonov foi acusado de espionagem e enviado aos campos de trabalho, dos quais regressou com tuberculose. Depois de anos de pobreza, vivendo em um albergue para escritores, onde podia ser visto varrendo o pátio, Platonov morreu da mesma doença.

Em *Um romance técnico*, obra confiscada da qual chegaram a nós apenas alguns fragmentos, Platonov olha para trás, para os anos 1920, tempo em que apoiava o comunismo porque acreditava que iria possibilitar "a subjugação pela técnica do universo inteiro". Ao conversar com Krasin em 1918, Lenin havia dito: "A eletricidade ocupará o lugar de Deus. Deixe o camponês rezar para a eletricidade; ele sentirá mais o poder das autoridades centrais do que o poder dos céus."

Platonov colocou suas próprias crenças na boca de um líder comunista:

> Desenterraremos todos os mortos, encontraremos seu chefe Adão, colocá-lo-emos sobre seus pés e lhe perguntaremos: De onde você veio, de Deus ou de Marx — diga-nos, velho! Se ele disser a verdade, ressuscitaremos Eva.

Platonov chegou a questionar se isso era possível ou desejável. Ao expressar suas dúvidas através de um de seus personagens, escreveu:

> Ele compreendeu que o homem é um fenômeno situado, que a natureza é mais ampla, mais importante que o espírito, e que os mortos morreram para sempre (...) Ele tinha modéstia em sua alma e colocou o homem na sequência universal de numerosos acidentes naturais. Nem estava envergonhado de viver nesses termos (...) Ele não acreditava que o cosmos se tornou consciente de si mesmo através do homem e que se movia racionalmente em direção a seus próprios objetivos.

Alexander Prokhanov, um escritor russo do século XXI com alguma simpatia por Stalin, escreveu: "O comunismo não é uma máquina que produz uma infinita variedade de bens (...) É a derrota da morte. Todo o *pathos* da futurologia soviética e do pensamento tecnocrático soviético estava dirigido a criar um elixir de imortalidade."

Os bolcheviques pensavam-se a si próprios como racionalistas que rejeitavam qualquer tipo de mistério. Os construtores de Deus rejeitavam as religiões do passado porque essas religiões haviam colocado o mistério acima da humanidade. No entanto, desde seus começos, o bolchevismo foi uma variante do gnosticismo, um moderno renascimento de uma das religiões de mistérios do mundo antigo. Nas filosofias gnósticas tradicionais, a Terra é uma prisão de almas, da qual alguns iniciados podem se emancipar através de uma rigorosa disciplina interior. Uma vez que não estejam mais encarcerados em seus corpos terrenos, podem viver eternamente em um reino imaterial. Na versão materialista do gnosticismo promovida pelos bolcheviques, a salvação era coletiva e física; o propósito era livrar a humanidade da Natureza. O resultado foi a maior destruição de bens materiais dos tempos modernos (aparte a que se registrou durante a Grande Fome de Mao no período de 1958 a 1962), e possivelmente em toda a história. A devastação da terra pela coletivização da agricultura excedeu tudo o que se vivera na Rússia durante a guerra civil, ao passo que a industrialização soviética desperdiçou recursos naturais em uma escala colossal. Na prática, o materialismo significou a desmaterialização do mundo físico. Parte integrante desse processo foi a destruição da vida humana.

Os bolcheviques procederam a uma modalidade de assassínio em massa nunca antes visto na Rússia. A perda de vidas entre 1917 e a invasão nazista de 1941 não pode ser medida com precisão. As estimativas variam, com números que vão de conservadores 20 milhões a mais de 60 milhões. Tendo como propósito criar um novo tipo de ser humano, não mais sujeito à mortalidade, o Estado soviético propagou a morte em grande escala. Seres humanos sem conta precisaram morrer para que uma nova humanidade pudesse ficar livre da morte...

A execução sumária foi empregada pelos bolcheviques desde o instante em que assumiram o poder. No governo provisório de Kerenski, a pena de morte havia sido abolida: foi restaurada em junho de 1918. Em agosto, Lenin deu instruções para que as revoltas camponesas fossem "reprimidas sem piedade". A "Ordem de Enforcamento" de Lenin, do dia 11 de agosto de 1918, exigia que "não menos de cem conhecidos *kulaks* (camponeses ricos) fossem enforcados, e que fosse assegurado que "o enforcamento tivesse lugar à vista das pessoas". "Executem os reféns", escreveu Lenin, "de acordo com o telegrama de ontem; isso precisa ser feito de tal forma que pessoas de centenas de quilômetros ao redor vejam, tremam, saibam e gritem". Como disse Nikolai Krylenko, Comissário do Povo para a Justiça no governo de Lenin, um dos fundadores do sistema legal soviético: "Precisamos executar não só os culpados; executar os inocentes impressionará ainda mais as massas." Krylenko revelou um certo senso de humor quando explicou que um almirante soviético, sentenciado à morte por atividades contrarrevolucionárias antes de a pena capital haver sido restaurada, não seria executado, mas sim fuzilado. Depois de ter sido preso e ter confessado atividades antissoviéticas, o próprio Krylenko foi fuzilado em 1938.

Nos anos que se seguiram, a pena capital foi restaurada e abolida muitas vezes, ao passo que os assassínios em massa, comandados pelas autoridades soviéticas, continuaram por todo o tempo. Em 1919, os escoteiros de Moscou foram fuzilados e, em 1920, todos os membros dos clubes de tênis da cidade. As execuções ocorriam como resultado de se constar de uma lista, não por qualquer coisa que se tivesse feito. Entre a metade de 1918 e o fim da guerra civil, em 1921, a Cheka executou algo entre 100 mil e 250 mil pessoas. Se tomarmos o primeiro número, que não inclui os que morreram nos campos de trabalhos forçados, ele corresponde a sete vezes o número de executados no último século do czarismo. Depois de 1918, a Rússia Soviética perdeu um oitavo de seu território e um sexto de seus habitantes quando os Estados Bálticos, a Finlândia e a Polônia obtiveram a independência. Apesar disso, os bolcheviques executaram mais pessoas nos quatro primeiros anos de poder do que os Romanov o fizeram nos 300 anos de sua história.

Os métodos de execução eram ecléticos. A crucificação, a mutilação sexual, o empalamento, o desmembramento, o apedrejamento, o esfolamento, o congelamento, escaldar e queimar até a morte eram comuns. Rozalia Zemliachka, oficial da Cheka e amante do revolucionário húngaro Béla Kun, que, com a aprovação de Lenin, matou 50 mil oficiais brancos, costumava amarrar os oficiais aos pares e queimá-los vivos em fornalhas. Outro método — uma versão do qual aparece como técnica de tortura no livro *1984*, de George Orwell — envolvia o uso de ratos. No romance de Orwell, Winston Smith é ameaçado com uma jaula em que há ratos famintos e que ameaçam colocar contra seu rosto. A Cheka os colocava em um cano de metal, fechava um dos lados e aquecia-o, até que os roedores escapavam ao abrir caminho pelo estômago das vítimas. Outro método envolvia um bloco de madeira, sobre o qual as vítimas tinham que apoiar suas cabeças para serem esmagadas por uma alavanca, ao mesmo tempo que viam no chão, ao lado, um ralo cheio até a borda de matéria cinzenta dos crânios humanos despedaçados.

O que restava das vítimas não era desperdiçado. Suas roupas eram guardadas para uso posterior, junto com tudo que podia ser extraído de seus corpos. Lenin usava o aparelho ortodôntico de um prisioneiro executado pela Cheka de Moscou, e um famoso membro da Cheka tinha dentaduras feitas com os dentes de ouro das vítimas de seus interrogatórios.

Por volta de 1920, a Cheka operava mais de 80 campos de concentração. Solovki, um dos primeiros, estabelecido por Lenin e Dzerzhinski no monastério Solovetsky, no mar Branco, foi o protótipo do Gulag de Stalin. Criar campos de concentração nos monastérios trazia vantagens práticas. Estavam quase sempre em lugares remotos, dos quais a fuga era difícil, os prisioneiros ficavam isolados da sociedade e seu destino era desconhecido. Mas instalar campos de trabalhos forçados nos monastérios tinha um significado maior: assinalava que um novo projeto estava em andamento. Dzerzhinski instruiu: "Quanto mais cedo nos livrarmos destes prisioneiros, mais cedo alcançaremos o socialismo." Em consonância com essa política, poucos prisioneiros deixavam os campos ainda vivos.

A tortura foi usada abertamente desde o início. Quando permitiram que Bruce Lockhart saísse do quartel-general da Cheka, oficiais da instituição na cidade de Nolisk enviaram uma carta de protesto para o *Boletim da Cheka* com o título "Por que vocês são brandos?", na qual perguntavam "Por que vocês não submeteram Lockhart às mais refinadas torturas para conseguir informações e endereços?". O comando central da Cheka respondeu que "não se opunha de modo nenhum" a tais métodos, mas que nesse caso não era de seu interesse utilizá-los.

Muitos acreditam que o terror foi usado para permitir que os bolcheviques sobrevivessem à guerra civil. Na verdade, os bolcheviques deram as boas-vindas ao conflito interno, já que lhes deu a chance de acabar com a velha ordem. O primeiro objetivo foi despachar os seres humanos remanescentes da velha sociedade. Comerciantes e oficiais de antes da guerra, os muito educados ou os visivelmente ricos, os servos do antigo regime e suas famílias foram sistematicamente alvo da Cheka e foram destruídos por ela. Incapazes de sobreviver com as rações que recebiam, muitos desses "elementos sedentários" morreram de fome. Outros foram reunidos e enviados aos campos de trabalhos forçados.

Um segundo objetivo foi trazer a economia russa, que ainda era, em sua maior parte, agrícola, para o controle bolchevique. A maior quantidade de pessoas mortas pela Cheka foi de camponeses, executados por se oporem ao confisco de cereais. A rebelião camponesa de Tambov, de 1919-1921, foi esmagada pela artilharia pesada e pela aviação militar. Gás venenoso foi usado para limpar florestas para onde os remanescentes dos rebeldes haviam se retirado. Parece que foi nessa época que começou a prática de deportar e destruir aldeias inteiras. No dia 11 de junho de 1921, a Ordem Nº 171 instruía que o filho mais velho de qualquer casa em que se encontrassem armas ou em que se abrigassem rebeldes deveria ser fuzilado e os reféns feitos em todas as aldeias onde fossem encontradas armas. Depois que as molduras das janelas, objetos de madeira e outros itens de valor fossem removidos, todas as casas da aldeia eram destruídas pelo fogo.

Outro grupo que sofreu grandes perdas foi constituído pelos soldados dos exércitos brancos. Oficiais brancos que se rendiam obtinham salvo-condutos, depois eram fuzilados, afogados ou golpeados até morrer. Às vezes, como o historiador Donald Rayfield observa em seu relato sobre esse período, um grupo étnico inteiro era declarado branco. Cinquenta por cento dos homens cossacos foram mortos, e lança-chamas foram usados em mulheres e crianças cossacas por ordem do general Iona Iakir, do Exército Vermelho. Povos não russos, como os *kalmyk,* eram designados como brancos e tornaram-se alvos de ataques indiscriminados.

No verão de 1918, 30 governos funcionavam no que tinha sido o império russo: todos, exceto um deles, opostos ao regime bolchevique. Mas as forças antibolcheviques estavam divididas, e, apesar de os exércitos brancos logo terem controlado a maior parte da Rússia, não possuíam objetivos estratégicos claros, como Lenin. Os monarquistas e os socialistas revolucionários anticzaristas, os reacionários e os restos do governo provisório de Kerenski, os liberais e os antissemitas, todos estavam unidos apenas pelo ódio aos bolcheviques. Quando lançaram seu próprio Terror, rivalizaram com o Terror Vermelho em selvageria.

Houve *pogroms* antissemitas em maior escala durante a guerra civil do que em nenhuma época da Rússia dos czares. Nem todos foram organizados pelos brancos — os camponeses verdes, os anarquistas negros e o Exército Vermelho também foram responsáveis por *pogroms*. (Em outubro de 1920, comunistas judeus relataram a Lenin que o Exército Vermelho, em sua retirada da Polônia, organizava *pogroms*. Lenin negou-se a tomar qualquer atitude.) Nem todos os brancos eram antissemitas — por exemplo, o escritor Ivan Bunin, ganhador do Prêmio Nobel, antibolchevique e adepto dos brancos, arriscou sua vida no exílio, na França, ao esconder judeus durante a ocupação nazista. Mesmo assim, a propaganda antissemita — inclusive uma versão dos *Protocolos dos sábios de Sião*, um texto fabricado provavelmente pelo ramo parisiense do serviço secreto czarista, a Okhrana — circulava amplamente nos exércitos brancos e disseminava a fantasia de que o bolchevismo era uma conspiração judaica. Como observou Norman Cohn: "No mesmo instante em que o texto circulava pelos exércitos brancos, o governo soviético convertia sinagogas em clubes de trabalhadores, dissolvia instituições religiosas, culturais e filantrópicas judaicas e bania todos os livros em hebraico, independentemente de seu conteúdo." Sem se comoverem com esses fatos, os brancos atacavam os judeus sem descanso e assassinaram cerca de 300 mil na Ucrânia e na Bielorrússia.

Em termos de seu tamanho e alcance, o Terror desencadeado pela Cheka era *sui generis*. Antes da eclosão da Primeira Guerra Mundial, o quartel-general da Okhrana em São Petersburgo tinha pouco mais de 400 agentes e funcionários, e só havia polícia secreta do tsar no exterior na embaixada russa em Paris. Em seu início, em dezembro de 1917, com apenas 23 quadros, a Cheka herdou os arquivos da Okhrana, com os quais Dzerzhinski chantageou ex-oficiais da polícia secreta e seus agentes. Em meados de 1921, ao alistar esses ex-agentes da Okhrana e aqueles que viam nisso um refúgio contra o perigo, a Cheka tinha mais de um quarto de milhão de membros. Além desses, havia centenas de milhares, depois milhões, que serviram à Cheka e seus sucessores como informantes.

As técnicas de fazer reféns eram refinadas. Ao sentir a necessidade de especialistas militares no Exército Vermelho, Trótski os recrutou ameaçando suas famílias. "Que os desertores saibam que estão traindo suas próprias famílias: seus pais, mães, irmãs, irmãos, esposas e filhos", instruiu Trótski. Em 1920, três quartos dos oficiais do Exército Vermelho eram ex-oficiais tsaristas que serviam sob a supervisão da Cheka.

Quando a guerra civil acabou, um terço das terras plantadas tinha sido abandonado, e o que restava era cultivado com ferramentas primitivas. Os aldeões sobreviviam comendo cadáveres humanos. De acordo com estatísticas oficiais, liberadas em 1922, havia ao redor de 7 milhões de *bezprizornii*, crianças selvagens que ficaram sem lar por conta da revolução e que vagavam pelo país em gangues, roubando e matando para viver. A ameaça que esses órfãos representavam para o Estado soviético não passou despercebida pelas autoridades. Sob a direção de Dzerzhinski, chefe da polícia secreta, formou-se uma "Comissão para Melhorar a Vida das Crianças". Por volta dos anos 1930, quando outra geração de *bezprizornii* apareceu, a maior parte dos que haviam constituído a primeira onda estava morta ou em campos de trabalhos forçados. Outros, criados em orfanatos especiais, serviam no NKVD; alguns deles promoviam a coletivização da agricultura.

A coletivização começou em 1928 com o confisco de cereais e evoluiu no sentido de uma guerra interna contra os camponeses. Algo entre 7 e 10 milhões de camponeses morreram na crise de escassez de alimentos de 1930-1933. As rebeliões camponesas foram reprimidas, algumas vezes por unidades regulares do Exército Vermelho. O poder aéreo foi usado no norte do Cáucaso. Um comandante do NKVD relatou que milhares de corpos foram carregados para o mar pelos rios da região. Os camponeses eram transportados em vagões de gado trancados até o longínquo norte, onde morriam cortando árvores ou trabalhando nas minas. A maior parte morria de fome. Ao viajar de trem pela Ucrânia durante essa crise, Arthur Koestler, que então era um comunista, relatou ter visto mulheres que erguiam bebês famintos "parecidos a embriões tirados de garrafas de formol". Mais de um milhão de *kazakhs* morreram de fome entre 1930 e 1932, e cerca de três milhões de ucranianos entre 1932 e 1933. Na Mongólia, quase um terço da população pereceu como resultado da coletivização e da destruição dos mosteiros.

No seu auge, o Gulag pode ter abrigado mais seres humanos em confinamento do que todo o resto do mundo junto. Mas o Gulag não era a parte mais letal da máquina da morte soviética. A maior parte dos que morreram não estava nos campos de trabalhos forçados. Dos 30 milhões de pessoas que estiveram envolvidas no Gulag, ao longo de sua história, cerca de 3 milhões morreram. Alguns dos campos estavam organizados de tal forma que a maioria dos que entravam não saía com vida — os primeiros campos de trabalhos forçados estabelecidos por Dzerzhinski são exemplo disso. Em Kolyma, no Extremo Oriente russo, onde se minerava ouro, um de cada três prisioneiros morria a cada ano, dando origem ao ditado "Kolyma significa morte". De acordo com números oficiais, menos de 44 de cada cem prisioneiros que receberam sentenças de 10 anos em 1937 estavam vivos em 1947. Existe alguma evidência de que foi utilizado gás para matar prisioneiros. Um policial, por exemplo, matou lotes de prisioneiros, com gás, em uma caminhonete hermética. Mesmo assim, não houve nada parecido com o extermínio perpetrado pelos nazistas em Sobibor e Treblinka. A maior parte dos que morreram no Gulag foi morta pelo trabalho escravo — excesso de trabalho, fome, doença e frio. (A morte causada pelo frio criava um problema para as autoridades, que supostamente deveriam conservar registros. Em alguns campos, as mãos congeladas dos mortos eram amputadas e penduradas para que descongelassem e as impressões digitais pudessem ser tomadas para os arquivos do NKVD.)

A coletivização agrícola e a fome criada pelo Estado são responsáveis por mais mortes do que as de todas as outras vítimas do regime juntas. Além disso, milhões de pessoas de todos os setores da sociedade foram fuziladas durante o Terror. Valas comuns foram cavadas em toda a União Soviética. Estima-se que campos da morte na floresta Kuropati, perto de Minsk, na Bielorrússia, sepultem 150 mil corpos, os de Byknovna, perto de Kiev, 200 mil, e os de Chelyabinsk, 300 mil. Em um sítio escavado por trabalhadores que instalavam um gasoduto perto de Minsk foram encontrados corpos com objetos que as vítimas tinham consigo quando foram mortas — bolsas, óculos, brinquedos de crianças.

No final dos anos 1980, testemunhas relataram como, durante o Terror, as fornalhas dos crematórios trabalhavam a noite inteira, queimando os corpos das pessoas que tinham sido executadas. Em um sítio de execuções, um antigo monastério perto de Moscou, os prisioneiros eram levados a um quarto chamado de "os chuveiros". Para evitar ataques do coração, os prisioneiros eram executados sentados. Em uma operação descrita como "processo médico", uma pequena janela se abria e atiravam na nuca dos prisioneiros. Os corpos eram empilhados em caixas e levados a um crematório. Caminhões carregados de cadáveres chegavam ao mosteiro Donskoi, perto de Moscou, onde estes eram queimados em fornos subterrâneos, que os reduziam a cinzas, lascas de osso e dentes. Um poço era cavado e enchido desses restos mortais, mas ainda assim as cinzas e fragmentos de matéria óssea cobriam os tetos vizinhos e os domos das igrejas. Até a neve era atapetada de cinzas humanas.

Cerca de 18 milhões dos mortos na União Soviética entre 1941 e 1945 foram vítimas dos nazistas, inclusive 4 milhões que foram fuzilados (a maior parte era de judeus, fuzilados em um "holocausto a bala" cuja escala só agora está sendo compreendida). Se os nazistas tivessem vencido, as forças germânicas teriam implementado um Plano de Fome, por conta do qual cerca de 30 milhões de pessoas teriam morrido de fome. Milhões de outras foram vítimas de Stalin. Mais de um milhão de russos que tinham sido prisioneiros de guerra dos alemães, inclusive centenas de milhares (a maior parte mulheres) que haviam sido enviados como trabalhadores escravos para a Alemanha, foram consignados ao Gulag. Pelo simples fato de que alguns de seus integrantes tivessem colaborado com os nazistas, povos inteiros — chechenos, tártaros, kalmyks e outros — foram deportados de suas terras natais para regiões remotas, onde muitos pereceram.

Desde a época da tomada do poder pelos bolcheviques, muitos acreditaram que podiam encontrar segurança ao servir o Estado soviético. Lenin e Stalin praticaram o Terror por números, instruindo os serviços de segurança a prenderem quotas de pessoas — centenas de cada vez, depois milhares e dezenas de milhares, e os oficiais do NKVD usavam os catálogos telefônicos para escolher pessoas aleatoriamente e cumprir suas metas. Oficiais que serviam nos pelotões de execução tinham que atingir quotas em cada turno. Em troca disso, ganhavam uniformes especiais, inclusive aventais de couro, bonés e luvas para protegê-los dos jatos de sangue, rações de vodca, salários mais altos e suprimentos de água de colônia para diminuir o duradouro cheiro da morte.

Ser um executor não era, contudo, garantia de uma vida longa. Entre 1936 e 1938, foi liquidada uma geração inteira de membros da Cheka, que havia servido na guerra civil e na campanha de coletivização. Membros da Cheka que trabalhavam no exterior eram chamados de volta para serem mortos. Theodore Maly, o agente secreto que serviu de supervisor para Kim Philby, Guy Burgess e Donald Maclean, retornou à União Soviética em 1938 para ser torturado e fuzilado. Aqueles que se recusavam a voltar eram caçados e mortos. Depois de avisar a amigos que, se morresse num futuro próximo, não seria por suas próprias mãos, Walter Krivitsky, ex-dirigente da inteligência militar soviética na Europa, que desertara por essa época, foi encontrado morto em um quarto de hotel em Washington, D.C., em fevereiro de 1941, rodeado de bilhetes suicida em três línguas.

O Terror foi muito além da União Soviética. Trótski não foi o primeiro a ser assassinado no exterior. Figuras importantes dos emigrados brancos foram sequestradas e mortas ao longo de muitos anos. Em 1928, um assassino soviético (que iria ele mesmo morrer em circunstâncias suspeitas) atentou contra a vida do secretário de Stalin, que fugira para a França. Em 1930, em uma operação que Yagoda mais tarde descreveu para Górki, o general Kutepov, russo branco, foi sequestrado em Paris e morreu a caminho da União Soviética.

Fazer parte da máquina da morte não garantia a sobrevivência. Ainda assim, sempre que alguém era morto, outro sobrevivia. Desse modo, aqueles que operavam a máquina da morte continuavam a matar, e sobreviviam mais um dia, até que a máquina também os consumisse.

Poder-se-ia pensar que o Terror diminuiria o apoio ocidental à causa soviética. Na verdade, seu poder de encantamento era maior quando a matança era em grande escala. Peregrinos do Ocidente vinham à União Soviética para encontrar-se com fantasmas dos vivos, guias sombrios que lhes falavam de uma terra encantada de alegria e de fartura, e que depois desapareciam no baixo mundo dos campos de trabalhos forçados.

Edouard Daladier, o político radical que foi primeiro-ministro da França no início da Segunda Guerra Mundial, visitou a Ucrânia no verão de 1933. Na época, como consequência das políticas de Stalin, a região era assolada por uma escassez catastrófica. Assaltos desesperados a lojas de cereais, mercados onde pessoas famintas eram compradas ou vendidas como escravos e canibalismo eram as realidades da vida na Ucrânia. Daladier não notou nada disso. Durante sua visita, foi levado por ruas cheias de padarias que vendiam fatias de pão fresco e, ao regressar a Paris, relatou "o cheiro de pão fresco nas cidades da linda e fértil Ucrânia". Na verdade, os pães eram feitos de gesso pintado.

Daladier não só viu o que queria ver, como sentiu o cheiro do que queria sentir. Nem todos os visitantes ficavam tão encantados. Fred Beal, sindicalista enviado à União Soviética pelo Partido Comunista Norte-Americano, foi à Ucrânia sem supervisão de guias especializados e lá viu terrenos com covas abertas e corpos insepultos. Numa estrada, viu um cavalo morto atrelado a uma carroça, cujo condutor também morto ainda segurava as rédeas. Em uma aldeia, encontrou um homem morto sentado com os olhos abertos ao lado de uma estufa fria. Ao regressar aos Estados Unidos da América do Norte, Beal foi aos jornais para contar o que tinha visto. Nenhum deles se interessou, exceto o *Daily Forward* de Nova York, um jornal socialista judeu que publicou seus relatos em iídiche.

Quase todos que viajaram para a Rússia nessa época voltavam falando de uma Rússia espectral, de liberdade e abundância. Nenhum foi tão importante como o correspondente do *New York Times* Walter Duranty (1884-1957). Nascido em Liverpool, de família rica (embora ele afirmasse ser originário da ilha de Man) e educado em Cambridge, Duranty era um brilhante conversador que cativava as mulheres e hipnotizava seus rivais jornalistas. Durante grande parte de sua vida pareceu conquistar o mundo com seu charme, que vinha parcialmente de seu extravagante desdém pelos padrões comuns de moralidade.

Duranty era atraído por filosofias exóticas. Foi admirador de Otto Weininger (1880-1903), escritor vienense cujo livro *Geschlecht und Charakter* [*Sexo e caráter*] fora muito lido nos anos anteriores à Primeira Guerra Mundial e enfeitiçara Ludwig Wittgenstein e Arthur Koestler, entre muitos outros e, mais tarde, veio a ser citado pelos nazistas em apoio de suas fantasias antissemitas. De acordo com Weininger, todos os seres humanos eram uma mistura de características masculinas e femininas. Apenas os atributos masculinos eram criadores. Já os atributos femininos eram a passividade e a amoralidade, bastante comuns entre os homens judeus, o que, acreditava o autor, era indício de homossexualidade. Ele próprio judeu, e provavelmente atraído pelos homens, Weininger suicidou-se aos 23 anos.

Por algum tempo, Duranty foi discípulo de Aleister Crowley. Nos anos que antecederam a Primeira Guerra Mundial, então no final de seus 20 anos, Duranty reuniu-se a Crowley para encenar uma série de "trabalhos mágicos" em Paris. Um flerte com o ocultismo não era incomum entre os ingleses que cresceram perto do início do século. Às vezes, esses edwardianos fúteis voltavam-se para algum negócio mais sério, e assim alguns ocultistas do princípio do século XX envolveram-se com a espionagem. Crowley tinha um bem documentado envolvimento com a inteligência britânica, inclusive uma temporada na qual seu discípulo, o major general J.F.C. Fuller, foi um destacado estrategista de guerra de tanques na Inglaterra. O jornalista britânico e membro trabalhista do parlamento Tom Driberg (1905-1976), mais tarde membro da Câmara dos Lordes e, por algum tempo, também seguidor de Crowley, parece ter sido empregado, durante boa parte de sua vida, por mais de um serviço de segurança.

O mundo subterrâneo do ocultismo e as fronteiras da espionagem têm isso em comum: atraem aqueles que procuram por um padrão oculto nos fatos. Para o ocultista, o mundo é uma espécie de código, uma linguagem secreta que o iniciado pode decifrar. Para o espião, qualquer ação humana pode ter um significado secreto. É fácil partir da crença em uma ordem invisível das coisas para chegar à ideia de que essa ordem pode ser conformada pela vontade, que é a essência da magia. Como os magos, os espiões — especialmente se são agentes de influência — têm como propósito modelar a forma pela qual o mundo é percebido. Assim aconteceu com Duranty, de início um ocultista brincalhão que chegou a cobrir jornalisticamente a crise de escassez soviética e os julgamentos-espetáculo de reabilitação, organizados por Stalin.

Duranty foi enviado à União Soviética pela primeira vez em 1921. Até então, revelara-se ferozmente anticomunista e escrevera uma torrente de artigos antissoviéticos como correspondente em Paris do *New York Times*. Ao chegar à União Soviética, mudou o tom e, por volta de 1932, quando recebeu o Prêmio Pulitzer por suas reportagens sobre o país, estava instalado em um espaçoso apartamento em Moscou, com cozinheiro russo, empregada doméstica e motorista, junto com uma secretária, que também era sua amante, e com quem teve um filho que mais tarde se negou a reconhecer. A GPU fornecia-lhe um fluxo de garotas, oriundas da aristocracia decaída, bem descritas por Tim Tzouliadis como "a geração sem sorte das netas de Anna Karenina, vítimas da Revolução". (Também era a geração de Moura.) Enviadas para entreter visitantes estrangeiros e dar informações sobre eles, estavam destinadas a uma vida de trabalhos forçados e de estupro nos campos, quando sua beleza começasse a fenecer.

Duranty também estava equipado com uma buzina especial da GPU para a nova limusine Buick que importara dos Estados Unidos, o que lhe permitia dirigir pelas ruas em alta velocidade e instilar medo nos russos comuns. Na época, Duranty atuava como conselheiro especial de Roosevelt e tentou persuadir o presidente norte-americano a dar o passo crucial de reconhecer diplomaticamente a União Soviética.

Com o início da Guerra Fria, a influência de Duranty empalideceu. Regressou aos Estados Unidos e passou o resto de sua vida quase na pobreza, fazendo malabarismos para pagar impostos sobre sua antiga renda e preocupando-se com a conta do armazém. Por volta de 1951, até mesmo o FBI, que o havia monitorado durante anos, deixou de ter interesse nele. Duranty sempre acreditara que "o sucesso era permanente, que uma vez alcançado, duraria eternamente". Mas sua magia lhe falhou e, quando morreu, deixou apenas duas malas, que continham alguns arquivos e seu velho gorro de remo do Emmanuel College.

Duranty terá sido empregado da OGPU enquanto viveu na União Soviética? Diz-se que vários jornalistas ocidentais bem conhecidos foram recrutados na mesma época, inclusive o radical norte-americano I.F. Stone. No caso de Duranty, a questão pode ser irrelevante. O mais provável é que tenha servido à União Soviética porque, ao fazê-lo, poderia gozar o júbilo de enganar o mundo, a sensação de pertencer a uma elite invulnerável, o medo nos olhos das mulheres designadas para seu entretenimento, enfim, os prazeres herméticos de uma vida "além do bem e do mal".

Duranty retratou a União Soviética como uma terra em que se gozava de uma liberdade inaudita. Em uma reportagem citada na revista *Time* de novembro de 1925, ele descrevia os *bezprizornii*, com seus "rostos sujos e semelhantes aos de gnomos, olhos infantis, cabelos desgrenhados, longos sobretudos de homem, calças presas com alfinetes ou cortadas e esfarrapadas", que dividiam um pão, um arenque, um pedaço de chocolate, um maço de cigarros entre eles, em partes iguais, que comiam avidamente, e depois o ameaçavam, para que não mencionasse o paradeiro deles às autoridades. "Livres para roubar, livres para lutar, livres para matar, livres (como a necessidade muitas vezes exige) para passar fome", essas crianças selvagens mostravam que a "liberdade anda à solta" na União Soviética.

Na revista *Time* de fevereiro de 1931, cuja capa era uma foto de Menzhinski, Duranty informa que os engenheiros tinham sido presos por "negligência intencional" e, depois, fuzilados como contrarrevolucionários; mas "fuzilados", assegurava eles aos leitores da revista *Time*, "aqui, é um termo figurativo". No mesmo artigo, descreve uma técnica de interrogatório da GPU, que envolvia imergir a mão da pessoa interrogada em água fervente. "Afirma-se", disse ele, "que depois de algum tempo a carne da mão pode ser tirada como uma luva." Tranquilizadoramente, porém, os professores e engenheiros que "confessavam na hora", nos julgamentos que presenciara em Moscou, "não apresentavam marcas de tortura e certamente possuíam ambas as mãos".

Desde o início, Duranty foi um defensor dos julgamentos-espetáculo de Stalin. Não pode haver nenhuma dúvida de que sabia que eram encenados. Em seus artigos para o *New York Times,* Duranty ridicularizava a ideia de que havia uma crise de escassez de alimentos na União Soviética, ao passo que dizia aos diplomatas britânicos, em conversas privadas, que quase 10 milhões de russos haviam morrido de fome. Suas profissões públicas de fé nos julgamentos-espetáculo eram igualmente falsas, mas Duranty poderia não saber *como* os julgamentos eram encenados. Como podia ser que tantos comunistas, dedicados bolcheviques que haviam dado suas vidas ao serviço da causa, admitissem crimes que não tinham cometido — crimes em muitos casos tão rebuscados que ninguém os poderia ter cometido. Com certeza os réus eram sistematicamente torturados. Mas poderia a tortura, por mais que metódica, contribuir para a patética sinceridade de suas confissões? De fato, a qualidade dramática dos julgamentos tinha sua fonte no teatro. As técnicas empregadas pelos operadores da polícia secreta que encenavam os julgamentos foram-lhes ensinadas por Sandro Akhmeteli, discípulo georgiano de Konstantin Stanislavski, o famoso diretor de teatro russo. Akhmeteli passou o sistema para Viacheslav Menzhinski, então diretor da OGPU. Depois de cumprir seu propósito, Akhmeteli foi preso, torturado até ficar paralisado e perdeu a capacidade da fala. Então foi fuzilado, e suas posses leiloadas no teatro.

O sistema que Akhmeteli ensinara ganhou vida nos julgamentos. Stanislavski pedia que o ator vivesse o papel: ao executarem ações físicas associadas com as emoções que precisavam expressar, enquanto se baseavam em suas próprias memórias emotivas, os atores poderiam se transformar nos personagens que representavam. As emoções dos atores não seriam simuladas: eles acreditariam nos textos que se pedia que falassem. Apesar de as declarações dos réus nos julgamentos-espetáculo serem ensaiadas muitas e muitas vezes, a questão não era fazer que suas confissões soassem perfeitas. Era assegurar que, quando fossem feitas no tribunal, as confissões fossem genuínas.

O sistema de Stanislavski tinha similaridades com o de Gurdjieff, o profeta do "homem-máquina". O título do livro mais importante de Stanislavski é *O trabalho do ator sobre si mesmo*, ao passo que Gurdjieff falava constantemente sobre a necessidade de "trabalhar sobre si mesmo". Tendo como propósito controlar o pensamento e a emoção ao dirigir o movimento corporal, ambos os sistemas requerem uma obediência inquestionável. Gurdjieff instruía seus discípulos através de tarefas aparentemente impossíveis de trabalho manual, "exercícios de interrupção", que exigiam que eles parassem o que fosse que estivessem fazendo, e danças, nas quais os movimentos eram rigorosamente sincronizados. O sistema de Stanislavski também tinha seu foco nas ações físicas, executadas de forma repetida com o propósito de criar as emoções que elas habitualmente expressam.

Empregados pela polícia secreta, esses métodos produziram os julgamentos-espetáculo. O resultado era uma demonstração finamente coreografada de culpa e arrependimento. Os observadores ocidentais ficavam em transe. O embaixador norte-americano naquela época, Joseph Davies, frequentou os julgamentos. Em *Mission to Moscow* [Missão em Moscou], de 1942, Davies, admirador de Stalin que, sobre este, escrevera "uma criança gostaria de sentar-se no seu colo e um cão rastejaria diante dele", estava certo de que os julgamentos eram autênticos. "Assumir que o processo era inventado e encenado como um projeto de ficção política dramática", escreveu em um informe para Washington, "seria pressupor o gênio criador de um Shakespeare e o gênio de um Belasco na produção teatral".

É verdade que as confissões requeriam prática. Em alguns dos primeiros julgamentos, os réus se afastaram do roteiro, alguns deles tiraram a roupa para mostrar marcas de tortura. De vez em quando, um elemento de farsa se infiltrava nos procedimentos. Depois de ser torturado, um ex-Comissário do Povo Soviético para a Indústria se ofereceu para atuar como promotor em seu próprio caso e pediu que lhe permitissem fuzilar pessoalmente todos os implicados, inclusive sua própria mulher. Stalin recusou o pedido, porque isso transformaria o julgamento em uma comédia.

O absurdo das acusações servia a um propósito: demonstrava o poder do regime para criar um mundo-fantasma. Em um único dia de dezembro de 1938, Stalin assinou trinta listas de sentenças de morte, totalizando cerca de 5 mil pessoas, nenhuma das quais fora julgada. Em muitos casos, as pessoas com quem os réus supostamente teriam conspirado — Lawrence da Arábia, por exemplo — já estavam mortas nas datas em que as supostas reuniões com os réus aconteceram. Parte da conspiração para destruir a experiência soviética emanava, ao que tudo indicava, dos mortos.

❖

> To be one's singular self, to despise
> The being that yielded so little, acquired
> So little, too little to care, to turn
> To the ever-jubilant weather, to sip
>
> One's cup and never to say a word,
> Or to sleep or just to lie there still,
> Just to be there, just to be beheld,
> That would be bidding farewell, bidding farewell.*
>
> Wallace Stevens

Em uma entrevista, dada poucos anos antes de sua morte, Moura relembrou ter consultado uma quiromante que lhe dissera: "Sua biografia invade sua personalidade." Foi o fluxo de eventos que capacitou Moura para sobreviver, quando muitos outros pereceram. Não pretendendo ser a autora de sua vida, ficou contente de aceitar o veredito da vidente.

Moura nunca admitiu publicamente ter servido ao Estado soviético. Ela promoveu abertamente a causa soviética — quando atuava na organização internacional de escritores PEN, ela impediu que autores emigrados russos antissoviéticos nela ingressassem, por exemplo — mas isso era mera questão de patriotismo, ou isso dizia. Em 1931, disse

---

*Ser o eu singular de si mesmo, desprezar/ o ser que produziu tão pouco, conquistou tão pouco,/ demasiado pouco para que se dê importância, voltar-se/ para o tempo sempre radiante, sorver um pequeno gole/ da própria taça e jamais dizer uma palavra, ou dormir, ou apenas ficar ali, quieto,/ apenas estar ali, apenas ser visto, isso seria dizer adeus, dizer adeus. [*N. do T.*]

a Lockhart que os julgamentos-espetáculo soviéticos não eram "de nenhuma maneira 'fingidos'". Quando, em sua correspondência com Lockhart, Moura mencionou suspeitas de que estivesse envolvida com espionagem, ela própria ridicularizou a ideia — era apenas "a velha história da espionagem", que a seguia insistentemente por anos.

Moura suspendeu um pouco o véu quando confessou a Wells que havia sido plantada junto dele pela polícia secreta. Não era a única mulher russa que tinha se ligado a um importante escritor ocidental. A jovem princesa Maria Kudachova, cujo marido tinha sido morto na guerra civil, tornou-se amante de Romain Rolland, casou-se com ele em 1934, acompanhou-o em suas viagens à União Soviética e fez questão de que ele desse impressões positivas sobre o que viu por lá. Depois que Rolland morreu, ela admitiu que estivesse sendo controlada pelo NKVD.

Elsa Triolet, mulher do poeta e romancista Louis Aragon, ex-surrealista e membro do Partido Comunista Francês, também se juntou ao marido nas visitas de Aragon a Górki. Destacada romancista ela própria, Elsa Triolet uniu esforços com Aragon para desacreditar o livro *Retour de l'URSS* [Regresso da União Soviética] de 1936, que André Gide publicou quando voltou da União Soviética depois de comparecer ao funeral de Górki. Nesse livro, Gide condena a criminalização determinada por Stalin do sexo *gay* e do aborto. Um ano antes de morrer, Elsa Triolet confessou: "Sou uma agente soviética. Gosto de usar joias e pertenço à mais alta sociedade."

Moura também gostava de pertencer à alta sociedade, mas, à diferença de Triolet, não renunciou à sua liberdade. Costumava dizer que, quando estivera na prisão, na Rússia, havia ensinado um camundongo a cantar pedindo o seu jantar. A história serviu ao propósito de obscurecer as relações de Moura com o regime soviético. Ela não a define ante seus próprios olhos. Moura tinha várias personalidades — a elegante anfitriã em Londres, a fugidia Imagem da Amante de Wells, a negociadora com punho de ferro do arquivo de Górki —, mas nunca se identificou com nenhuma delas. O que sobreviveu no turbilhão não foi sua imagem de si mesma, mas sucessivas incorporações do seu eu singular.

Moura viveu grande parte de sua vida no mundo de penumbra da espionagem. Teve uma conexão de longa duração com os serviços de segurança soviéticos, e sua relação mais duradoura foi com Bruce Lockhart, que nunca perdeu seus vínculos próximos com a inteligência britânica. Em 1951, ela contou a "Klop" Ustinov, pai do escritor Peter Ustinov e agente do MI5, que Anthony Blunt era membro do Partido Comunista e amigo íntimo de Guy Burgess, o qual havia recentemente desertado para Moscou. Graham Greene relatou que, quando visitou Moscou em 1961, Burgess pediu para vê-lo e lhe disse para dar à baronesa Budberg uma garrafa de gim quando voltasse a Londres. Blunt só foi desmascarado publicamente em 1979.

Pensar que Moura era uma espiã, porém, é demasiado simples. Grande parte da vida de Moura foi gasta lidando com serviços de segurança, mas, se tinham poder sobre ela, também eram seus instrumentos. Ela sobreviveu a seus controladores nessas agências, assim como sobreviveu ao resto de sua geração. Quando Górki voltou para a Rússia pela última vez, isso provavelmente aconteceu porque Moura, atuando sob a direção de Yagoda, convenceu-o a voltar. Ela tinha que vigiá-lo, isolada na casa de campo dele, sabendo que não poderia impedir nada do que pudesse acontecer. O espetáculo do frágil escritor sendo precipitado para a morte deve tê-la deixado com uma dolorosa sensação de impotência. Mas ela se recusou a dar-se por vencida e criou uma outra vida em Londres.

É discutível se alguma vez Moura nutriu sentimentos profundos por Górki ou por Wells. Tudo sugere que ela reservou seus sentimentos verdadeiros para Lockhart, aquele homem fraco que a havia abandonado na Rússia. Sua biógrafa, Nina Berberova, que viveu na mesma casa que ela por algum tempo, escreveu que, ao longo de sua perigosa vida, Moura descobriu "a alegria de sobreviver intacta; a alegria de saber que não tinha sido destruída por aqueles que amou". Se Lockhart era mais próximo dela, pode ter sido porque ele lhe havia dado forças para sobreviver.

Seus últimos anos foram rotineiros. Inchada e com artrite, com meia garrafa de vodca sempre na bolsa, passava o tempo fazendo pequenas apostas em cavalos e assistia *Pinky and Perky*, um programa de televisão para crianças. Com o dinheiro curto e, certa vez, presa por roubar em uma loja, Moura se livrou do tédio reinventando seu passado. No outono de 1974, mudou-se para a Itália para viver com seu filho e morreu ali em novembro daquele ano. Seu funeral foi realizado em uma igreja ortodoxa russa em Londres. Durante sua estada na Itália, houve um pequeno incêndio em que foram destruídos todos os papéis dela. Segundo um testemunho, Moura observou as chamas calmamente, como se aquilo não lhe dissesse respeito.

3. Doce mortalidade

(...) that it were possible
For one short hour to see
The souls we loved, that they might tell us
What and where they be.*

Alfred, Lord Tennyson,
"O that 'twere possible'"

A ciência continua a ser um canal para a magia — a crença de que, para a vontade humana, com os poderes do conhecimento, nada é impossível. Essa confusão de ciência com magia não é doença do tipo que tem remédio. Ela continua com a vida moderna. A morte é uma provocação para esse modo de vida, porque marca uma fronteira além da qual não podemos avançar.

No entanto, os pesquisadores do psiquismo voltaram-se para a ciência procurando mais do que a imortalidade. Como os construtores de Deus, eles queriam libertar-se de um mundo caótico. O plano de um messias-criança, designado postumamente, que se revela nas cor-

---

*(...) que fosse possível,/ por uma curta hora, ver/ as almas que amamos, que elas pudessem nos dizer/ o que são e onde estão./ Alfred, lorde Tennyson, de "Oh, se fosse possível". [*N. do T.*]

respondências cruzadas, é certamente um dos mais exóticos sonhos de salvação humana jamais criado. Porém não é mais bizarro que o sonho dos pensadores progressivos, que imaginaram um novo tipo de ser humano, nascido na União Soviética. Milhões de pessoas em todo o mundo esperaram pela chegada desse homúnculo, mas ele nunca se materializou. A nova humanidade foi uma aparição, ainda mais insubstancial que o ectoplasma que aparecia, por prestidigitação, nas sessões espíritas. Os russos, tanto os que fugiram como os que ficaram na União Soviética, levaram uma existência póstuma em um mortal mundo após a morte. Apenas matando seus eus anteriores — como Moura o fez — alguns poucos foram capazes de continuar vivendo.

H.G. Wells acreditava que os seres humanos podiam evitar a extinção assumindo o controle da evolução. No livro *A máquina do tempo* Wells imagina o personagem do viajante, perto do fim de sua viagem, como o último ser humano em um universo que escurece. Foi para evitar tal beco sem saída que Wells instou para que a evolução fosse dirigida por cientistas. Mas como poderia o animal humano transcender a si mesmo — salto sem precedentes na história evolutiva? Como Wells descobriu, ele não podia transcender a si mesmo.

Porém as esperanças de Wells na ciência não desapareceram. Apesar de que a busca por evidências da sobrevivência humana à morte tenha definhado, a crença de que a ciência pode propiciar um sucedâneo tecnológico para a imortalidade ficou máis forte. Mais do que nunca, a ciência é vista como uma técnica para resolver o insolúvel.

O declínio da pesquisa do psiquismo não foi acompanhado por uma perda de interesse no paranormal. A pesquisa sobre percepção extrassensorial continuou, mas seu foco está nos poderes das mentes vivas. A capacidade de visão remota, tipo de clarividência na qual a informação é reunida por meios que parecem impossíveis nos termos do conhecimento atual, atraiu interesse por seus usos na espionagem, apesar de que os resultados tenham sido inconclusivos.

Houve tentativas de continuar a busca por evidências da vida após a morte. O experimento Scole, nos anos 1990, incluiu uma série de sessões espíritas que produziram episódios, tais como o surgimento de velhas moedas, de imagens em filme fotográfico, de sons em fita e de mensagens de um espírito que chamava a si mesmo de Manu. Myers fez uma aparição tardia, em março de 1966, desta vez através de imagens em filme de linhas de poesia. O experimento foi agudamente criticado por colegas pesquisadores do psiquismo, entre outros. Mesmo que a fraude possa ser eliminada, interpretar pedaços de texto não é um procedimento científico, não mais que as tentativas de elucidar as correspondências cruzadas. O experimento ficou incompleto e terminou quando os participantes da sessão foram informados de que aquela sessão estava dificultando a viagem no tempo de alienígenas de outra galáxia.

A razão principal para a perda de interesse em encontrar evidências da vida após a morte é paradoxal: à medida que o darwinismo penetrou na consciência popular, o pensamento secular bateu em retirada. As ideologias laicas do século passado, tais como o comunismo e a crença no mercado livre, tornaram-se peças de museu. Há poucos que acreditam agora em qualquer projeto de salvação política e, em parte por essa razão, a religião reviveu.

A pesquisa do psiquismo foi uma reação contra o pensamento secular. À medida que a secularização perdeu *momentum*, a busca por evidências científicas da vida após a morte foi amplamente abandonada. Mas a tentativa de ludibriar a morte continua. A esperança de vida após a morte foi substituída pela fé de que a morte pode ser derrotada. A tentativa fracassada de Leonid Krasin para preservar o corpo de Lenin foi seguida por outros projetos de ressurreição tecnológica.

Alguns acompanharam Krasin em sua crença na suspensão criogênica — congelar o cadáver até que novas tecnologias permitam que ele seja ressuscitado. *The Prospect of Immortality* [A perspectiva de imortalidade], livro de Robert Ettinger que se tornou a bíblia da criogenia, foi publicado em 1964. Em 1969, Alan Harrington publicou *The Immortalist: An Approach to the Engineering of Man's Divinity* [O imortalista: uma abordagem da engenharia da divindade do homem]. Em cada livro, uma versão do programa de Krasin foi revivida.

Para Ettinger, a suspensão criogênica vai fazer mais do que conquistar a morte. Vai permitir que aqueles que forem descongelados se remodelem, de acordo com o desejo de seu coração.

> A diferença-chave estará nas pessoas: nós remodelaremos, mais perto do desejo do coração, não apenas o mundo, mas a nós mesmos (...). Você e eu, os congelados, os ressuscitados, seremos não apenas revividos e curados, mas aumentados e melhorados, tornados aptos para trabalhar, brincar e talvez lutar, em grande escala e em grande estilo.

Planejar a imortalidade significa passar sua vida pensando na morte, e a "sociedade centrada no congelamento" de Ettinger é uma forma estranha de vencer a mortalidade. Mas "o prêmio é a Vida — e não apenas mais da vida que conhecemos, mas vida mais ampla e mais profunda, de crescimento primaveril, vida maior e mais gloriosa, desdobrando-se em formas, cores e texturas que agora mal podemos sentir". A criogenia vai vencer não apenas a mortalidade humana, mas as imperfeições da vida humana.

Para Harrington, como para os construtores de Deus, conquistar a morte é um projeto de divinização de si mesmos:

> Nossa sobrevivência, sem o Deus que uma vez conhecemos, reduz-se agora a uma corrida contra o tempo (...). A salvação por quaisquer meios e com rapidez. Tornou-se a paixão central que nos motiva, necessidade

que rapidamente se torna demanda imperiosa, a ser resgatada do nada (...) Chegou o tempo de os homens se transformarem em deuses ou perecerem (...) Somente dominando os processos que nos forçam a ficar velhos seremos capazes de nos isentar da morte, do grupo dos animais, e assumir a condição de deuses, nossa legítima herança.

Como os anti-heróis de Dostoievski admirados por Stalin, os crentes na imortalidade tecnológica querem tornar-se Deus.

    O tecnoimortalismo apresenta muitas variedades. Nem todas envolvem a suspensão criogênica, processo que implica danos ao corpo e ao cérebro. Dietas com restrição de calorias também foram defendidas, sob a base de que podem capacitar as pessoas a viverem e permanecerem sadias até que a tecnologia se desenvolva ao ponto em que o envelhecimento possa ser revertido e a morte adiada indefinidamente. Esse ponto pode ser alcançado algum dia. Porém todas as soluções técnicas para a mortalidade sofrem uma limitação comum. Elas assumem que as sociedades em que se desenvolvem sobreviverão intactas, juntamente com o ambiente planetário. Defensores da suspensão criogênica, que acreditam que serão ressuscitados depois de séculos de progresso técnico, imaginam que a sociedade na qual serão ressuscitados será parecida à que era quando foram congelados. Mas nenhuma sociedade moderna desfrutou jamais de tal grau de estabilidade. Todas suportaram conflitos armados, depressões econômicas e mudanças de regime, muitas delas sofrendo mais de um desses contratempos várias vezes em um único século.

    O problema com a ideia de que a ciência pode proporcionar imortalidade é que as instituições humanas são inalteravelmente mortais. Aqueles que esperam uma solução técnica para a morte assumem que o progresso científico prosseguirá com algo parecido ao presente padrão de vida. O cenário mais provável é que a ciência avançará contra um fundo de guerra e revolução. Isso foi o que aconteceu no século XX, quando mais pessoas morreram nas mãos de outros seres humanos do que em qualquer época da história.

No início do século XXI as tecnologias de assassinato em massa tornaram-se mais poderosas e mais amplamente dispersas. Não apenas as armas nucleares, mas também as químicas e biológicas estão cada vez ficando mais baratas e mais facilmente utilizáveis, ao passo que a engenharia genética certamente será usada para desenvolver métodos de genocídio que destruirão a vida humana, seletivamente, em grande escala. Em um tempo em que a disseminação do conhecimento torna essas tecnologias ainda mais acessíveis, as taxas de mortalidade podem ser muito altas, mesmo entre aqueles cuja longevidade tenha sido aumentada artificialmente.

Além disso, aqueles que se beneficiassem com técnicas de extensão da vida poderiam encontrar-se em um ambiente cada vez mais inóspito à vida humana. Durante o século atual, a mudança climática pode alterar as condições nas quais os seres humanos vivem de forma radical e irreversível. Os sobreviventes podem encontrar-se em um mundo diferente de qualquer outro em que os seres humanos jamais viveram.

Efeito colateral do crescimento do conhecimento, o aquecimento global não pode ser parado por um avanço científico adicional. Usando a ciência, os seres humanos poderão adaptar-se melhor às mudanças que estão vindo. Eles não podem parar a mudança climática que puseram em movimento. A ciência é uma ferramenta para solucionar problemas — a melhor que os seres humanos possuem. Mas tem essa peculiaridade: quando é mais bem-sucedida, cria novos problemas, alguns dos quais insolúveis. Essa é uma conclusão impopular, e não apenas os que acreditam que a tecnologia pode vencer a mortalidade resistem a ela. Também o fazem os Verdes, que defendem tecnologias renováveis e desenvolvimento sustentável. Se os seres humanos causaram a mudança climática, insistem os Verdes, os seres humanos também podem pará-la.

Não havia seres humanos por volta de 55 milhões de anos atrás, no começo do Eoceno, quando, por motivos que ainda não são claros — atividade vulcânica ou impacto de meteoros têm sido sugeridos —, a Terra ficou mais quente. Em contraste, o aquecimento global atual é causado pelos seres humanos — efeito colateral da industrialização mundial. A disseminação da produção industrial causou o uso crescente de combustíveis fósseis, produzindo emissões de carbono em níveis desconhecidos por milhões de anos. No mesmo processo, o número de seres humanos progrediu geometricamente e eles se expandiram em todo nicho disponível. A floresta tropical foi destruída para permitir a agricultura e a manufatura de biocombustíveis. Os poderes de regulação climática da biosfera foram danificados, e o ritmo da mudança climática se acelerou. Existe um processo perverso de retroalimentação em andamento. A ciência torna possível um aumento da população humana, ao passo que desestabiliza o ambiente do qual os seres humanos dependem para sobreviver.

A ironia do progresso científico é que, ao solucionar problemas humanos, cria problemas que não são humanamente solúveis. A ciência deu aos seres humanos um tipo de poder sobre o mundo natural que nenhum outro animal jamais alcançou. Porém não deu aos seres humanos a capacidade de remodelar o planeta de acordo com seus desejos. A Terra não é um relógio, ao qual se possa dar corda e parar à vontade. Como sistema vivo, o planeta certamente se equilibrará novamente. No entanto, fará isso sem nenhuma contemplação pelos seres humanos.

Fazendo eco ao cientista de foguetes russo Konstantin Tsiolkovski, existem alguns que pensam que os seres humanos devem escapar do planeta que destriparam, migrar para o espaço exterior. Felizmente, não há possibilidade de que o animal humano estenda sua carreira destrutiva dessa forma. O custo de mandar um único ser humano para outro planeta é proibitivo, e os planetas do sistema solar são mais inóspitos que a Terra desolada da qual os seres humanos estariam escapando.

A BUSCA PELA IMORTALIDADE

Visionários como Wells imaginaram o último ser humano em um mundo moribundo, ao passo que os ambientalistas falam de salvar o planeta. Certamente a Terra — o sistema planetário que inclui a biosfera — não é imortal. Um dia, ela também morrerá. No entanto, em qualquer cenário realista, a Terra durará muito mais que o efêmero animal humano. Inúmeras espécies pereceram como resultado da expansão humana; incontáveis mais morrerão como consequência da mudança climática causada pelos seres humanos. Mas o planeta se recuperará, como o fez no passado, e a vida florescerá por centenas de milhões de anos, muito depois que os seres humanos tenham desaparecido para sempre.

❖

> Drunk on the emptied wine-cup of the earth
> I grasped at people, objects and at thoughts
> as drunkards cling to lamp-posts for support.
> And so my world became a lovely place,
> became a gallery bedecked by stars
> and draped with three-dimensional tapestries,
> a warehouse stacked with bales of wonder where
> my wrist-watch was a table laid for twelve
> and seconds passed in heavy honeyed drops.*
>
> György Faludy, *Soliloquy on Life and Death*,
> Recsk Prison, 1952

---

*Bêbado com a taça de vinho vazia da terra
agarrei-me às pessoas, aos objetos e aos pensamentos
como ébrios se abraçam aos postes de luz para apoiar-se.
E assim meu mundo tornou-se um lugar agradável,
tornou-se uma galeria ornamentada de estrelas
e drapejada com tapeçarias tridimensionais,
um armazém cheio de fardos de maravilhas, onde
meu relógio de pulso era uma mesa servida para doze
e os segundos passavam em pesadas gotas cobertas de mel.
György Faludy, de *Solilóquio sobre a vida e a morte*.

A busca da imortalidade através da ciência é apenas incidentalmente um projeto que se propõe a derrotar a morte. No fundo, é uma tentativa de escapar à contingência e ao mistério. Contingência significa que os seres humanos serão sempre sujeitos ao destino e ao acaso; mistério significa que sempre estarão rodeados pelo incognoscível. Para muitos, esse estado de coisas é intolerável, mesmo impensável. Ao valer-se do conhecimento que avança, insistem eles, o animal humano pode transcender a condição humana.

Um exemplo contemporâneo é o visionário norte-americano Ray Kurzweil. No livro *The Singularity is Near: When Humans Transcend Biology* [A singularidade está próxima: quando os seres humanos transcendem a biologia]; Kurzweil sugere que é iminente um aumento no crescimento do conhecimento que transformará o mundo. A ingenuidade humana criou máquinas com capacidade exponencialmente aumentada para processar informações. Dada a lei de retornos acelerados, não pode faltar muito para que a inteligência artificial ultrapasse seus inventores humanos. Nesse ponto a singularidade será tal que:

> a tecnologia pareça estar se expandindo em velocidade infinita. É claro que, de uma perspectiva matemática, não há nenhuma descontinuidade, nenhuma ruptura, e as taxas de crescimento permanecem finitas, apesar de extraordinariamente grandes. Mas, desde nosso quadro *atualmente* limitado, esse evento iminente parece ser uma aguda e abrupta quebra na continuidade do progresso.

O efeito imediato será uma aguda aceleração no ritmo do progresso científico. Os seres humanos irão "mudar seus próprios processos de pensamento para capacitar-se a pensar ainda mais rápido. Quando os cientistas se tornem um milhão de vezes mais inteligentes e atuem um milhão de vezes mais rápido, uma hora resultará no progresso de um século (em termos de hoje)". As máquinas irão mais longe, compartilhando sua inteligência e memórias. "Os seres humanos chamam isso de apaixonar-se", observa Kurzweil, "mas nossa capacidade biológica para isso é fugaz e incerta". Fundindo-se com as máquinas, os seres humanos podem deixar a carne para trás.

Kurzweil acredita que, mesmo agora, as pessoas podem prolongar suas vidas o suficiente para assegurar que nunca morrerão. No livro *Transcend: Nine Steps to Living Well Forever* [Transcendar: nove passos para viver bem para sempre] ele estabelece um plano de dieta, exercícios, suplementação vitamínica e cuidados médicos preventivos que, espera, aumentarão a longevidade até o ponto em que a tecnologia possa vencer a mortalidade. "A biologia tem limitações inerentes", acredita ele, e, para vencer essas limitações, o organismo humano precisará ser remodelado: "Seremos capazes de fazer a reengenharia de todos os órgãos e sistemas de nossos corpos e cérebros biológicos, para ficarem muito mais aptos." A nanotecnologia permitirá a invenção de *nanobôs*, minúsculos robôs que operem no nível molecular, com capacidade de reverter processos de envelhecimento e melhorar a função cerebral. Depois, ocorrerá a fusão das inteligências humana e artificial, na qual "a porção não biológica de nossa inteligência predominará em última instância". (Kurzweil conta ao leitor que, ao longo do caminho, os *nanobôs* irão "reverter a poluição da industrialização anterior".)

Ao terem deixado de ser organismos biológicos, os seres humanos não possuirão as vulnerabilidades das formas naturais de vida. Eles adquirirão "corpos", mas estes serão entidades virtuais, ou *foglets* — aglomerações de nanobôs que podem mudar de forma à vontade — e "esses corpos feitos pela nanoengenharia serão bem mais capazes e duráveis do que os corpos biológicos humanos". Esse híbrido máquina-ser-humano viverá a maior parte de sua vida fora ou além do mundo material. Kurzweil prediz: "Nossas experiências cada vez mais ocorrerão em ambientes virtuais."

Ao habitarem uma pós-vida virtual, as mentes pós-humanas terão os corpos que sempre desejaram: "Na realidade virtual, podemos ser uma pessoa diferente, tanto física como emocionalmente. De fato, outras pessoas (tais como seu parceiro romântico) serão capazes de selecionar para você um corpo diferente daquele que você escolheria (e vice-versa)." Os seres pós-humanos podem ser o que quiserem — para sempre.

Como Ettinger e Harrington, Kurzweil faz com que seu programa chegue muito além da imortalidade. A singularidade é um evento escatológico que termina com o mundo que conhecemos:

> A lei dos retornos acelerados continuará até que a inteligência não biológica chegue perto de "saturar" a matéria e a energia em nosso setor do universo com nossa inteligência humano-mecânica. (...) Em última instância, todo o universo se tornará saturado com a nossa inteligência. Esse é o destino do universo.

Ampliado pelas máquinas conscientes, o espírito humano engolirá o cosmos.

A singularidade é esperada como consequência de tecnologias que, até recentemente, nem sequer podiam ser imaginadas. Mas a mudança que Kurzweil imagina não é nova. Não é, em essência, diferente da fantasia de Górki sobre seres humanos que evoluem até se transformarem em pensamento puro ou do sonho de Tsiolkovski sobre imortais viajantes do espaço. A pós-vida virtual é uma variante *high-tech* da Terra de Verão dos espíritos, ao passo que a evolução acelerada no ciberespaço é a versão atualizada do sonho vitoriano de Myers de progresso no outro mundo.

A singularidade é mais bem compreendida, em sua totalidade, como uma versão da teologia do processo. Tal e qual os construtores de Deus bolcheviques imaginaram uma humanidade deificada, assim também alguns teólogos do século XX, em sua maior parte norte-americanos, imaginaram Deus que surgia de dentro do mundo humano. Mais que realidade eterna, Deus foi visto como o ponto final da evolução. Nesta versão do teísmo, não é Deus que cria os seres humanos. Em vez disso, os seres humanos são Deus em construção.

A teologia do processo é mais uma filosofia do progresso — tentativa de solucionar o problema do mal ao postular seu desaparecimento ao longo do tempo. Como Deus não está atualizado de forma completa no mundo, o mal não pode ser erradicado em uma transformação que abranja tudo. Mas pode ser vencido de uma maneira gradual, à medida que Deus venha a ser de forma mais completa. O melhorismo — a crença de que a vida humana pode ser melhorada pouco a pouco — é considerado, de hábito, uma visão de mundo secular. No entanto, a ideia de progresso originou-se na religião, na visão da história como história de redenção do mal. As filosofias do progresso são religiões seculares de salvação no tempo, e assim também é a singularidade.

Como escreve Kurzweil, a história do universo é dividida em épocas de crescente autoconsciência. Na época vindoura, que é iminente, "o universo se tornará sublimemente inteligente". A consciência humana se tornará consciência cósmica. Essa é a visão de mundo ocultista de Myers e Lunacharski, derivada da teosofia e em última instância do gnosticismo antigo, atualizada nos termos materialistas da teoria da computação do século XXI.

> Uma perspectiva comum é que a ciência vem corrigindo, consistentemente, nossa exagerada visão de nossa própria significância. (...) Mas, afinal de contas, resultou que somos mesmo importantes. Nossa capacidade para criar modelos — realidades virtuais — em nossos cérebros, combinada com nossos polegares de aparência modesta, tem

sido suficiente para introduzir outra forma de evolução: a tecnologia. Esse desenvolvimento possibilita a persistência do ritmo acelerado que começou com a evolução biológica. E continuará até que o universo inteiro esteja em nossas mãos.

A evolução já pode produzir máquinas conscientes. Como observou George Dyson, "os computadores podem chegar a ser menos importantes como produto final da evolução tecnológica e mais importantes como catalisadores que facilitem os processos evolutivos, através da incubação e da propagação de filamentos de código autorreplicantes". Mas a consciência não é o ponto final do processo evolutivo; a evolução não tem ponto final, e o mesmo processo que produz máquinas conscientes em algum momento também as destruirá.

Isto não significa que o mundo ficará então desprovido de inteligência. A matéria pode ser inteligente sem nunca ter sido consciente (pense em revoadas de pássaros ou colônias de formigas) ao passo que seres conscientes podem ser tão ininteligentes que destruam a si mesmos. A ideia de Gaia, de acordo com a qual a Terra funciona, de alguma maneira, como organismo único, tem sido atacada com base em que ela atribui propósitos inteligentes ao planeta. Na verdade, a teoria de Gaia não requer a ideia de propósito e pode ser formulada em termos estritamente darwinianos. Porém, mesmo quando entendida de forma reducionista, a Terra tem maior capacidade para a ação inteligente do que o animal humano. Considerando que a Terra é um sistema que funciona, a "humanidade" é um fantasma. Faz mais sentido atribuir inteligência ao planeta que não pensa do que atribuí-la à humanidade insensata.

A evolução pode renovar a inteligência sem preservar de nenhum modo a consciência. A noção de que os seres humanos podem obter a imortalidade ao se fundirem em uma consciência cósmica é, no mínimo, confusa. Nas teorias de Myers e Lunacharski, a mente individual era absorvida por uma alma-universal, ao passo que, na teoria de Kurzweil, ela é enviada para um universo virtual. Em ambos os casos, uma partícula da humanidade torna-se parte de uma nuvem de consciência ou de informação. Seja o que for que sobreviva, o indivíduo é extinto. A morte não é conquistada; ela triunfa de forma imperceptível.

O imortalismo é um programa de extinção humana, um ato de desaparecer mais completo do que qualquer outro que pareça provável no curso natural dos eventos. Os seres humanos certamente vão desaparecer; mas a extinção não significa nada além de regressar ao caos imortal de onde vieram. No cenário imortalista, os seres humanos engendram sua própria extinção: ao intervir no processo evolutivo para criar uma nova espécie, o animal que ansiava viver para sempre colocou fim à sua própria existência.

❖

> If I had to tell what the world is for me
> I would take a hamster or a hedgehog or a mole
> and place him in a theatre seat one evening
> and, bringing my ear close to his humid snout,
> would listen to what he says about the spotlights,
> sounds of the music, and movements of the dance.*
>
> Czesław Miłosz

A ciência e o ocultismo se diferenciam em muitos aspectos, mas em um eles convergem: ambos veem o mundo governado por leis. A meta do cientista é o conhecimento empírico; os seres humanos adquirem

---

*Se tivesse que dizer o que é o mundo para mim,/ eu pegaria um hamster, um porco-espinho ou uma toupeira/ e o colocaria certamente em uma poltrona de teatro uma noite/ e, pondo minha orelha junto de seu focinho úmido,/ escutaria o que ele dissesse sobre os projetores,/ os sons da música e os movimentos da dança. [*N. do T.*]

poder sobre a natureza ao compreenderem e obedecerem suas leis. A meta do ocultista é adquirir conhecimentos secretos e usá-los para revoltar-se contra as leis naturais. Em ambos os casos, admite-se que as leis da natureza existem. Mas por que alguém haveria de imaginar que o mundo é governado por leis ou que essas leis podem ser conhecidas pelos seres humanos?

O teísmo tem uma resposta. O mundo foi criado por um espírito divino, do qual a mente humana é cópia imperfeita. As leis da natureza são cognoscíveis pelos seres humanos porque refletem o espírito que criou os seres humanos. O mundo é racional porque Deus é racional.

Esse era o argumento de Arthur Balfour, quando indagou se a ciência era possível a partir de suposições naturalistas. Somente a fé de que o mundo é ordenado pode apoiar o ideal da ciência como um empreendimento que busca a lei; mas a ordem do universo não pode ser cientificamente demonstrada. Como Balfour resumiu em sua conclusão, "não acredito que qualquer fuga dessas perplexidades seja possível, a não ser que estejamos preparados para trazer, ao estudo do mundo, o pressuposto de que este é resultado do trabalho de um Ser racional, que o fez inteligível e que, ao mesmo tempo, nos fez capazes, mesmo que debilmente, de compreendê-lo".

Balfour faz à ciência uma pergunta semelhante à que Sidgwick fez sobre a moral: O que precisa ser verdade para que a moral seja possível? Sidgwick concluiu que, para que a moral fosse possível, o teísmo devia ser verdadeiro. Balfour chega à mesma conclusão em relação à ciência. Os naturalistas nunca refletiram adequadamente sobre o que pretendem dizer quando falam de leis naturais. Eles...

> habitualmente usam uma fraseologia que, interpretada no sentido estrito, parece implicar que uma "lei da Natureza", como é chamada, é uma espécie de entidade autossustentável, a cujo cargo é confiado

um departamento do mundo dos fenômenos sobre o qual governa indisputada. Claro que isso não é assim. No mundo dos fenômenos, a Realidade é exaurida pelo que é e pelo que acontece. Além dela, não há nada. Essas "leis" são meras abstrações, inventadas por nós para guiar-nos através das complexidades do fato. Não possuem nem força independente nem existência real.

Balfour apresenta um paradoxo: o naturalismo científico é inconsistente com a crença de que a ciência pode descobrir leis da natureza. No platonismo e no cristianismo, as leis da natureza pertencem a um reino diferente do mundo natural — a um domínio de ideias intemporais ou ao espírito de Deus. Se o naturalismo é verdadeiro, não há outro reino. A ciência não pode descobrir leis universais, mas apenas procurar por regularidades que podem não existir. O universo pode ser caótico no fundo, com padrões que despertam e depois se dissolvem. Em um mundo em que o caos é primordial, os fenômenos paranormais podem ser menos enigmáticos. Se a ciência permite irregularidades definitivas, fenômenos inexplicáveis podem ser aceitos como fatos definitivos. No entanto, se os fenômenos paranormais são o resultado de lacunas na ordem da natureza, não podem ser usados para aumentar as potencialidades humanas.

Para alguns de seus praticantes, a pesquisa do psiquismo — uma nova ciência, como eles gostavam de pensar — era, de fato, um tipo de pensamento mágico. A fé e a magia são antagônicas. Fé significa render-se ante um poder maior, ao passo que o mago sonha com o triunfo da vontade. Se fossem capazes de penetrar na ordem secreta das coisas, os seres humanos poderiam sobrepor-se às leis naturais. Todas as variedades de ocultismo prometem essa liberdade mágica, como o fazem algumas filosofias da ciência. Mas não existe uma ordem oculta nas coisas. A mais rigorosa investigação revela um mundo atravessado pelo caos, no qual a vontade humana, afinal, é impotente. Todas as coisas podem ser possíveis, mas não para nós.

Muitas pessoas não estão prontas para aceitar essa conclusão. Existe a necessidade persistente de acreditar que a ordem que supostamente existe no espírito humano reflete outra ordem que existe no mundo. Uma visão contrária parece mais plausível: quanto mais agradável uma visão das coisas for para o espírito humano, é menos provável que reflita a realidade.

Tomemos o Argumento do Projeto Inteligente, segundo o qual a ordem que os seres humanos encontram no mundo não poderia ter surgido sozinha. Se o mundo é ordenado de modo que possa ser entendido pelo espírito humano, deve ter sido criado por alguma coisa similar ao espírito humano — ou pelo menos isso creem os defensores do projeto inteligente. Algumas vezes invocam o princípio antrópico — a ideia de que os seres humanos só poderiam surgir em um universo aproximadamente parecido ao que na verdade existe. Mas o princípio antrópico aponta para outro lado, sobretudo se a teoria dos multimundos é considerada. Se nosso universo é um entre muitos, diferente dos outros por conter observadores como nós, então não há necessidade da figura de um projetista. A maior parte dos universos será demasiado caótica para permitir o surgimento da vida ou da mente. Nesse caso, o fato de os seres humanos existirem neste universo não precisa de explicação especial.

A ideia do multiuniverso pode soar rebuscada, artificial, mas foi muito discutida na Europa da Renascença e aparece com proeminência nas cosmogonias hindu e budista, onde é apresentado um infinito ciclo de universos, juntamente com a possibilidade de que alguns, ou todos eles, possam ser falsos — sonhos de um superespírito impessoal. Essa visão das coisas foi revivida por Schopenhauer, que invocou a irrealidade do espaço e do tempo para explicar fantasmas e premonições.

O argumento padrão dos naturalistas científicos — Thomas Huxley no século XIX, Richard Dawkins no século XXI — é que a ciência subverte a crença em Deus. Balfour e defensores posteriores do projeto inteligente sustentam que a situação verdadeira é a inversa: se a ciência é a busca de leis naturais, pressupõe a existência de Deus. Longe de destruir a fé, a ciência é impossível sem ela.

No entanto, como foi visto, a existência de Deus não pode garantir que o universo será benévolo com os seres humanos. Depois de criar o mundo, um espírito divino poderia não ter nada mais a ver com ele e, até mesmo, como sugeriu Hume, poderia esquecer-se de que havia criado um mundo. Um cosmos criado por Deus pode ser tão indiferente com a humanidade como o universo vazio que tanto aterrorizava os vitorianos.

Um universo governado por leis pode pressupor um espírito divino, mas a própria ideia de que o mundo é governado por leis é questionável. Em algumas versões do cristianismo, as leis naturais são vistas como comandos de Deus, que podem ser revogados para permitir os milagres. Segundo Aristóteles, as leis da natureza fazem um universo que luta pela perfeição, ao passo que, para Platão, o mundo físico é composto de sombras projetadas por formas eternas. Nessas filosofias, a clássica e a cristã, uma concepção humana de ordem é construída no universo. Uma vez que coloquemos esses sistemas de lado, no entanto, não há razão para supor que o mundo é governado por leis. Existem simples regularidades, possivelmente efêmeras, que nada têm a ver com o conceito humano de lei.

Sidgwick argumentou que a moral era impossível sem o teísmo e, se moral significa princípios categóricos de certo e errado, ele estava certo. Balfour defendia que, sem o teísmo, a ciência era impossível e, se ciência significa descobrir leis da natureza, ele também estava certo. Mas, assim como há outras maneiras de pensar a ética, também há ideias alternativas sobre a ciência.

Para um naturalista consistente, a ciência só pode ser um refinamento da exploração do mundo pelos animais, uma prática que os seres humanos inventaram para encontrar seu caminho no pedaço do universo em que, até agora, sobreviveram. Em vez de pensar a ciência como atividade de busca de leis, podemos pensá-la como uma ferramenta de que os seres humanos se valem para lidar com um mundo que nunca compreenderão. Se isto for aceito, está resolvido o conflito identificado por Balfour entre darwinismo e naturalismo.

Embora muitas vezes se assuma que o naturalismo deve ser hostil à religião, o oposto é verdadeiro. Inimigos da religião a consideram um erro intelectual, do qual a humanidade um dia se livrará. É difícil harmonizar esta visão com a ciência darwiniana. Por que a religião deveria ser praticamente universal se não tem valor evolutivo? Mas, como bem mostra o zelo evangélico de certos ateus contemporâneos, não é a ciência que está em debate aqui. Nenhuma forma de comportamento humano é mais religiosa do que a tentativa de converter o mundo à descrença, e nenhuma é mais irracional, porque a crença não tem particular importância, nem na ciência nem na religião.

A ciência e a religião servem a diferentes necessidades humanas — a religião serve à necessidade de significação, a ciência serve à necessidade de controle. A suposição é que cada uma está ocupada na construção de um retrato do mundo. Os ateus evangélicos pregam a necessidade de uma visão científica das coisas, mas uma visão que se firma para sempre não é compatível com o método científico. Se pudermos ter certeza de alguma coisa, é de que a maior parte das teorias que prevaleceram em qualquer época era falsa. As teorias científicas não são componentes de uma visão de mundo, mas apenas ferramentas que usamos para remendar o mundo.

Não temos que acreditar em teorias científicas — se nos ajudam a lidar com nosso ambiente, podemos usá-las até que surjam melhores. A ciência possui vários modos de fazer teorias melhores, e o mais importante é a busca de provas falsas. A falsificação geralmente é mais útil que a verificação, até mesmo porque é mais fácil encontrar evidências que apoiem conceitos estabelecidos, ao passo que, quando falsificamos uma teoria, aprendemos algo novo. Se algumas teorias podem ser descartadas como falsas, no entanto, não se depreende disso que possamos admitir que uma única teoria seja a verdadeira. Ao término de todas as nossas investigações, ainda pode haver várias teorias em discussão — várias Teorias sobre Tudo, inclusive. Somos livres para utilizar qualquer dessas teorias — a que for mais agradável esteticamente, por exemplo. Não precisamos imaginar que ela reflete o mundo.

Se a ciência não é um sistema de crenças, a religião tampouco o é. Deformado pela filosofia grega, o cristianismo ocidental confundiu crença com fé. Mas as religiões não são feitas de crenças, assim como a poesia não é composta de explanações. Pensem em Sidgwick, quando este ponderava tristemente se poderia concordar com os Trinta e Nove Artigos. Inevitavelmente, ele não podia, e passou o resto de sua vida procurando em vão evidências da vida após a morte. Se pudermos acreditar nas correspondências cruzadas, ele não ficou mais sábio quando encontrou o que procurava. Ao procurar significação, encontrou apenas fatos.

O centro de todas as religiões é a prática — o ritual e a meditação. A prática vem com mitos, mas mitos não são teorias que carecem de desenvolvimento racional. A história de Ícaro não se tornou redundante graças aos avanços da psicologia. A história do Gênesis não ficou obsoleta porque houve progressos na paleontologia. Mitos como esses durarão enquanto os seres humanos permanecerem humanos. Mitos são narrativas que lidam com características imutáveis da experiência humana. É a história de Jesus que morreu na cruz e de sua milagrosa ressurreição que dá sentido às vidas dos cristãos. Ao questionarem se essa história está baseada em fatos, certos ateus cometem o mesmo erro dos crentes, que insistem que ela é literalmente verdadeira. Aqui, como quase sempre acontece, racionalismo e fundamentalismo vão de mãos dadas.

Desde a ascensão do positivismo, uma lenda se repete, segundo a qual a criação de mitos pertence à infância da espécie. *The Golden Bough* [O ramo de ouro], publicado em 1890 pelo antropólogo J.G. Frazer, propagou essa lenda positivista: o pensamento mítico é típico das crianças e dos povos primitivos; os adultos ficam com a ciência. De fato, como observou Wittgenstein, "Frazer é muito mais selvagem que a maior parte desses selvagens". Os mitos modernos estão mais afastados da realidade do que qualquer mito que possa ser encontrado entre os povos tradicionais, ao passo que os absurdos da fé são menos ofensivos à razão do que as afirmações feitas em nome da ciência. A ressurreição dos mortos no final dos tempos não é tão incrível quanto a ideia de que a humanidade, equipada com um conhecimento crescente, avança para um mundo melhor.

A religião não é um tipo primitivo de teorização científica, nem a ciência é um tipo superior de sistema de crenças. Assim como os racionalistas interpretaram mal os mitos, como se fossem protoversões de teorias científicas, cometeram o erro de acreditar que as teorias científicas podem ser literalmente verdadeiras. Ambos são sistemas de símbolos, metáforas para uma realidade que não pode ser expressa em termos literais. Toda busca espiritual se conclui no silêncio, e a ciência também chega a um termo, mesmo que por outro caminho. Como escreveu George Santayana, "um espírito verdadeiramente despojado não pode assumir que o mundo é totalmente inteligível. Pode haver números irracionais, pode haver fatos concretos, pode haver abismos escuros ante os quais a inteligência deve silenciar por temor de ficar louca".

A ciência é, como a religião, um esforço de transcendência que termina por aceitar um mundo que está além da compreensão. Todas as nossas indagações vêm descansar em fatos sem fundamento. Assim como a fé, a razão no final precisa submeter-se: o fim último da ciência é uma revelação do absurdo.

❖

> Quando afinal desenganei meu espírito da enorme impostura de um projeto, de um objeto, de um fim, de um propósito ou de um sistema, comecei a ver vagamente quanto mais grandeza, beleza e esperança existem em um caos divino — não caos no sentido de desordem ou confusão, mas simplesmente de ausência de ordem — do que em um universo composto de padrões. (...) Logicamente, aquele que tem um projeto ou um propósito tem um limite. A própria ideia de um projeto ou propósito tornou-se repulsiva para mim, por conta de sua pequenez. Não me aventuro, por um momento, nem mesmo a tentar apresentar uma razão que ocupe o lugar do plano que falhou. (...) Olho para a luz do sol e sinto que não há uma ordem contratada: existe o caos divino e, nele, esperança e possibilidades ilimitadas.
>
> Richard Jefferies

Sempre existiram pessoas satisfeitas com que a morte fosse o fim. Edward Thomas, poeta inglês do início do século XX, era um amante da natureza e passou muitas horas felizes caminhando pelos campos Também tinha uma tendência para a melancolia. Em um dos livros que escreveu sobre seus passeios, *The Icknield Way* [O caminho de Icknield], de 1913, conta como ficou escutando a chuva, pensando na morte.

> Fiquei acordado ouvindo a chuva, e no início a chuva era tão agradável aos meus ouvidos e ao meu espírito como se tivesse sido longamente desejada, mas, antes que eu tivesse adormecido, tinha-se tornado uma coisa majestosa e, finalmente, terrível, em vez de um som doce e de um

símbolo. Ela me acusava, julgava e sentenciava. Por muito tempo fiquei ali, sob a sentença, ouvindo a chuva, e então, ao fim, ouvindo palavras que pareciam ditas por um duplo fantasmagórico ao meu lado. Ele murmurava: A chuva de toda a noite afasta o verão como uma tocha. Na chuva pesada e negra que cai direto do invisível e escuro céu para a invisível e escura terra, o calor do verão é aniquilado, o esplendor está morto, o verão se foi. A chuva da meia-noite o enterra onde enterrou todos os sons, menos o próprio. Estou sozinho na calma noite escura, e meus ouvidos escutam a chuva que goteja nas sarjetas e ruge suavemente nas árvores do mundo. Da mesma forma, a chuva cairá sombriamente sobre a relva do túmulo quando meus ouvidos já não possam escutá-la. Tenho ficado feliz com o som da chuva, como fiquei terrivelmente triste com ele no passado; mas tudo isso acabou, como se nunca tivesse existido; meu olhar está entediado e as batidas do meu coração calmas e quietas; não movo os pés nem a cabeça; não ficarei mais quieto do que isso quando me encontrar sob a relva molhada e a chuva cair, eu menos importante que a relva. O verão se foi, e nunca poderá voltar. Nunca mais haverá qualquer verão, e estou cansado de tudo. Fico, porque estou muito fraco para continuar. Rastejo, porque é mais fácil do que parar. Apoio meu rosto na janela. Não há nada lá fora além da escuridão e do ruído da chuva. Nem quando fecho meus olhos posso ver alguma coisa. Estou sozinho. Uma vez ouvi, através da chuva, o grito indagador e molhado de um pássaro — uma única vez, e subitamente. Parecia contente, e a nota solitária trouxe para mim a ordem da natureza, toda sua beleza, exuberância e eternidade, como uma acusação. Não sou parte da natureza. Estou sozinho. (...) Por um momento os olhos e ouvidos do espírito pretenderam ver e ouvir o que os olhos e ouvidos uma vez conheceram com deleite. A chuva nega. Não há nada para ser visto ou ouvido, e nunca houve. A memória, última corda do alaúde, está partida. A chuva tem estado e estará para sempre sobre a terra. Nunca houve nada mais que a chuva escura. A beleza e a força não são nada para ela. Os olhos não poderiam cintilar nela.

Tenho estado a sonhar deitado até agora, e agora despertei; ainda não há nada além da chuva. (...) Não há lugar para nada no mundo além da chuva. Só ela é grande e forte. Só ela conhece a alegria. Ela canta um monótono louvor à ordem da natureza, à qual desobedeci ou da qual escapei. (...) A verdade é que a chuva cai para sempre e me derreto nela. Escura e monotonamente retumbante é a meia-noite e a solidão da chuva. Daqui a pouco ou em toda uma era — pois é a mesma coisa — conhecerei a verdade completa das palavras que usei para amar, sem saber por quê, em meus dias de natureza, nos dias antes da chuva: "Bem-aventurados sejam os mortos sobre os quais a chuva cai."

A voz de Thomas é a de alguém cortado do mundo. Ele anseia pela vida irracional que encontra na natureza, mas que não pode viver. Tenta a psicanálise, mas ela apenas o torna mais introspectivo. Por toda parte, era acompanhado por um espectro que chamou de "o Outro" — ou seja, ele mesmo. Sem poder escapar da consciência de si mesmo, chegou a procurar apaixonadamente pelo esquecimento que vem com a morte, imagem que aparece quando escreve:

> The tall forest towers;
> Its cloudy foliage lowers
> Ahead, shelf above shelf;
> In silence I hear and obey
> That I may lose my way
> And myself.*

Thomas escreveu essas linhas em 1916, quando decidiu entrar para o exército e lutar na Primeira Guerra Mundial. Depois de treinar como

---

*A alta floresta domina;/ Sua folhagem sombria decresce/ mais à frente, camada após camada;/ Em silêncio escuto e obedeço,/ pois posso perder meu rumo/ e a mim mesmo. [*N. do T.*]

cadete, foi nomeado segundo-tenente da Real Artilharia em junho de 1916 e partiu para a França em janeiro de 1917. Foi morto na explosão de um obus em abril de 1917.

Embora não se possa saber, é difícil resistir à suspeita de que Thomas se alistou para morrer. Ele chegou a acreditar que a liberdade só poderia vir com uma mudança de natureza, algo que não se pode conseguir por um ato de vontade. E assim deixou suas inquietações, e a si mesmo, à discrição da morte.

A morte significa livrar-se das preocupações, e pode ser que você viva mais alegremente se estiver pronto para dar-lhe as boas-vindas quando ela vier e chamá-la para si quando tarde a chegar. Antes do cristianismo, o suicídio não era, de nenhuma maneira, uma coisa perturbadora. Nossas vidas eram nossas, e quando nos cansávamos delas tínhamos a liberdade de terminá-las. Poderíamos pensar que, com o declínio do cristianismo, essa liberdade voltaria a ser reivindicada. Em vez disso, surgiram credos seculares, pelos quais a vida de cada pessoa pertence a todas as demais. Devolver a dádiva da vida, porque não nos satisfaz, ainda é condenado como uma espécie de blasfêmia, apesar da deidade ofendida ser agora a humanidade, e não mais Deus.

Edward Thomas desejou a morte porque estava cansado da vida, mas o cansaço não é a única razão pela qual a morte pode ser cortejada. Quando o poeta húngaro judeu György Faludy descreve sua chegada a Casablanca, depois de fugir de Paris, ocupada pelos nazistas, lembra-se de ter saboreado com prazer o aroma de mortalidade que ali encontrou:

> Eu distingui aquele odor emitido pela cidade, leve, volúvel, quase obsceno de putrefação, quando ainda estava no porto. Não havia nada de desagradável, nada de repulsivo nele; mais que isso, ele conjurava a fragrante, úmida e mística decomposição das folhas de outono: era como se estivesse, de alguma maneira, relacionado à secreta transubs-

tanciação de suco de uva fermentado. Não um cheiro doentiamente doce, nauseabundo, cadavérico, mas apenas seu discreto mensageiro, uma especiaria estimulante colocada pela Morte na mesa dos vivos (...). Nessa cidade — pensei comigo mesmo —, a Morte senta-se entre os hóspedes em todos os banquetes e deita-se na cama com os amantes. Ela está presente, sempre e por todos os lados, como nas xilogravuras da *Totentanz*, de Holbein, mas não com a mesma função. Nos trabalhos de Holbein, a Morte é o hóspede não convidado, cuja aparição causa terror e inútil desespero. Aqui, ela não é considerada como armadilha a ser evitada por homens inteligentes. Aqui, eles não esperam viver até os cem anos e ter esperanças de viver até os 500. Aqui, ninguém tingiria o cabelo e a barba aos 50, nem faria ginástica com pesos toda manhã para ficar em forma. Aqui, a morte é um hóspede bem-vindo à mesa dos amigos e, quando se senta na borda da cama dos amantes, ela o faz apenas para inspirá-los a abraços ainda mais apaixonados.

Aqui, as pessoas aceitaram o cheiro do apodrecimento e, em vez de tapar os narizes, tiraram suas conclusões e vivem mais intensamente, com mais avidez e, no entanto, com mais calma. Não lutam contra a morte porque sabem que estão condenados à derrota. Não precisam ficar amigos da morte, porque nunca brigaram com ela, e não pedem mentiras piedosas de seus médicos porque não têm medo de morrer. Jovens encaram a morte com bravura, olho no olho; velhos caminham devagar e com dignidade em direção ao túmulo, como se este fosse uma poltrona confortável onde descansar.

Faludy havia fugido para Paris depois de ser condenado a uma pena de prisão na Hungria por traduzir um poema de Heine que continha as palavras "Cuidado com os alemães". Depois de escapar para o Marrocos em 1938, viajou para a América do Norte e serviu como artilheiro na Força Aérea do Exército Norte-Americano. Depois da guerra, regressou à Hungria onde, em 1948, foi enviado ao campo de prisioneiros

Recsk, por recusar-se a escrever um poema para celebrar o aniversário de Stalin. Na prisão, Faludy confessou que tinha sido recrutado como espião norte-americano pelo capitão Edgar Allan Poe e pelo coronel Walt Whitman.*

Depois que Stalin morreu em 1953, Faludy foi libertado e, após a revolução de 1956, deixou a Hungria outra vez. Passou a maior parte do restante de sua vida na América do Norte e no Canadá, publicou sua autobiografia *My Happy Days in Hell* [Meus dias felizes no inferno] em 1962, viveu com um companheiro por mais de 30 anos, casou-se outra vez aos 91 e morreu em 2006, aos 95.

Faludy e a morte estiveram em contato íntimo. De seu grupo do campo de prisioneiros, composto de várias centenas de homens, apenas 21 sobreviveram tempo suficiente para serem libertados. Ele era amigo dos mortos e dos moribundos. Seria falso dizer que Faludy não temia morrer: confessou que a perspectiva de aniquilação o assaltara em sonhos durante anos, assim como o pensamento da segunda aniquilação, que ocorreria quando a vida na Terra chegasse ao fim. Venceu esses medos, ao que parece, arriscando a vida ao voltar para a Hungria após a guerra, quando todos seus amigos o aconselharam a não fazê-lo, e ao negar-se a colaborar com o regime comunista, quando tal recusa significava ser espancado, passar fome ou ser torturado até a morte nos campos de prisioneiros. Faludy sabia que morrer raramente é uma coisa digna ou bonita. No entanto, via claramente o risco de passar seus dias fugindo da morte. De modo que, em vez disso, ingressou na máquina da morte, enfrentou seus perigos e depois se afastou. Os riscos que enfrentou apenas o mantiveram vivo de forma mais plena. É difícil saber

---

*Faludy ironicamente confessa ter sido recrutado por um capitão e um coronel americanos, e lhes atribui os nomes de um escritor e um poeta famosos, já falecidos na época. [*N. do T.*]

se pensava que sua sobrevivência era resultado de sua própria agilidade ou simplesmente da sorte. Talvez, como Moura, Faludy acreditasse que os eventos levavam de roldão sua personalidade. Outra vez, é difícil negar sua teimosia.

Correr o risco de uma morte feia para estimular a sensação de estar vivo não é para a maior parte de nós. Mas poderíamos viver com mais calma, e também mais agradavelmente, se pudéssemos ver, de forma mais clara, que o ser que queremos salvar da morte já está morto. Infelizmente, estamos demasiado ligados à imagem que fizemos de nós mesmos para pensar em viver no presente. Nada é mais cambiante do que o ser que é preservado na memória. No entanto, a maioria das pessoas anseia por permanência, e todas elas tentam projetar a pessoa que pensa que foi (ou que gostaria que tivesse sido) no futuro. Duplo sombrio convocado pela memória, esse ser fantasmagórico a assombra onde quer que vá.

As esperanças que fizeram com que o cadáver de Lenin fosse lacrado em um mausoléu cubista não foram abandonadas. Ludibriar o envelhecimento com uma dieta de baixas calorias, carregar nossa mente em um supercomputador, migrar para o espaço exterior. (...) Ao ansiarem pela vida eterna, os seres humanos mostram que permanecem sendo o animal que se define pela morte.

O resultado final da investigação científica é fazer retornar a humanidade à sua própria existência intratável. Em vez de possibilitar que os seres humanos melhorem sua sorte, a ciência degrada o ambiente natural no qual precisam viver. Em vez de possibilitar que a morte possa ser vencida, produz tecnologias ainda mais poderosas de destruição em massa. Nada disso é culpa da ciência; o que isso mostra é que a ciência não é feitiçaria. O crescimento do conhecimento aumenta as possibilidades dos seres humanos; não pode impedi-los de serem o que são.

DOCE MORTALIDADE

    Mesmo que a maior parte das pessoas nunca possa deixar de sonhar com a imortalidade, indivíduos aqui e ali podem afrouxar o poder do sonho sobre suas vidas. Se você entender que, ao querer viver para sempre, tenta preservar uma imagem sem vida de você mesmo, talvez não queira ser ressuscitado ou sobreviver em um paraíso *post mortem*. O que poderia ser mais mortal do que ser incapaz de morrer?

    A vida após a morte é como a utopia, um lugar onde ninguém quer viver. Sem as estações, nada amadurece e cai ao solo, as folhas nunca mudam de cor nem o céu altera seu vago azul. Nada morre, e assim nada nasce. A existência eterna é uma calma perpétua, a paz do túmulo. Os perseguidores da imortalidade procuram um caminho para fora do caos; mas fazem parte desse caos, natural ou divino. A imortalidade é apenas a alma que empalidece, projetada numa tela branca. Há mais luz do sol na queda de uma folha.

Agradecimentos

Muitos livros me foram úteis para escrever *A busca pela imortalidade*, mas sem alguns deles eu não o teria conseguido. Sobre a experiência vitoriana de entrar em contato com os mortos, o brilhante livro *Henry Sidgwick: Eye of the Universe, An Intellectual Biography* (Cambridge University Press, 2004), de Bart Schultz, demonstrou o importante papel da pesquisa sobre o psiquismo na vida e no pensamento de Sidgwick e as ambiguidades que envolviam a sexualidade gay, nele e em seus amigos. *The Eager Dead: A Study in Haunting* (Book Guild Publishing, 2008), de Archie E. Roy, que traz o mais completo relato que provavelmente possa ser publicado sobre o tema, foi essencial para compreender as correspondências cruzadas. *Immortal Remains: The Evidence for Life after Death* (Rowman & Littlefield, 2003), de Stephen E. Braude, *The Invention of Telepathy, 1870–1901* (Oxford University Press, 2002), de Roger Luckhurst e *The Other World: Spiritualism and Psychical Research in England, 1850–1914* (Cambridge University Press, 1985), de Janet Oppenheim inserem a pesquisa do psiquismo em seu contexto vitoriano. Tirei muito proveito da leitura de *Immortal Longings: F.W.H. Myers and the Victorian Search for Life After Death* (Imprint Academic, 2009), de Trevor Hamilton. Aprendi muito sobre a "mensagem secreta" de Myers do esplêndido *Providence and Love: Studies in Wordsworth,*

Canning, Myers, George Eliot, and Ruskin (Clarendon Press, 1988), de John Beer. *Balfour: The Last Grandee* (John Murray, 2007), de R.J.Q. Adams propiciou-me uma melhor compreensão de Balfour e esclareceu fatos cruciais sobre sua vida e seus relacionamentos.

Sobre os bolcheviques e o ataque tecnológico à morte, o pioneiro *Lenin Lives! The Lenin Cult in Soviet Russia* (Harvard University Press, 1983 e 1997), de Nina Tumarkin foi indispensável. Aprendi muito com o livro *Night of Stone: Death and Memory in Russia* (Granta Books, 2000), de Catherine Merridale. O livro *The Occult in Russian and Soviet Culture* (Cornell University Press, 1997), cuja edição foi organizada por Bernice Glatzer Rosenthal, foi uma fonte inesgotável. Devo muito de minha compreensão do papel de Nikolai Fedorov no pensamento dos "construtores de Deus" bolcheviques a um ensaio fundamental de Dmitri Shlapentokh, "Bolshevism as a Fedorovian Regime", publicado em *Cahiers du Monde Russe* (Nº 37, outubro–novembro de 1996). *Shadow Lovers: The Last Affairs of H.G. Wells* (Westview Press, 2001), de Andrea Lynn, guiou-me através do labirinto da vida amorosa de Wells até seu mais importante relacionamento. *Moura: The Dangerous Life of the Baroness Budberg*, de Nina Berberova, traduzido por Marian Schwartz e Richard D. Sylvester (New York Review of Books Classics, 2005), foi revelador, embora muitas coisas na vida de Moura permaneçam obscuras e discutíveis. *The Murder of Maxim Gorky: A Secret Execution*, de Arkadi Vaksberg, traduzido por Todd Bludeau (Enigma Books, 2005), proporcionou um cenário essencial para a vida e a morte de Górki. Para a minha compreensão do Terror, devo muito aos livros *Stalin and His Hangmen* (Penguin Books, 2004), de Donald Rayfield, e *The Forsaken – from the Great Depression to the Gulags: Hope and Betrayal in Stalin's Russia* (Little, Brown, 2008), de Tim Tzouliadis. *Stalin's Apologist, Walter Duranty, The New York Times's Man in Moscow* (Oxford University Press, 1990), de S.J. Taylor, ensinou-me muito sobre Duranty.

AGRADECIMENTOS

Várias pessoas leram os primeiros esboços do livro. Meu editor na Penguin, Simon Winder, fez muitos comentários, pormenorizados e penetrantes, e me deu assistência inestimável para a realização do livro. Tracy Bohan, meu agente na Wylie Agency, deu-me apoio inabalável e fez muitas sugestões extremamente úteis. Adam Phillips ajudou-me enormemente a dar forma ao livro. Sou muito grato a Gwyneth Williams por ter localizado uma fita de áudio de Moura Budberg. Conversas com Martin Amis, Bryan Appleyard, o falecido J.G. Ballard, John Banville, Charles Jencks, Geoffrey Neate, Paul Schutze, Will Self, Geoffrey Smith, Albyn Snowdon, MaryAnne Stevens e George Walden avivaram meus pensamentos sobre os temas mais importantes do livro. Como sempre, minha maior dívida é para com minha mulher, Mieko.

A responsabilidade pelo livro, inclusive por quaisquer erros ou juízos errôneos que possa encerrar, é minha.

John Gray

Autorizações

O autor gostaria de agradecer a autorização concedida para o uso de textos sobre os quais vigoram direitos autorais a: Faber & Faber Ltd., por um extrato de "How to Kill" dos *Complete Poems*, de Keith Douglas; University of Georgia Press, por um extrato de "Soliloquy on Life and Death", que consta de *Selected Poems 1933–1980*, de György Faludy, traduzido para o inglês por Robin Skelton; Wake Forest University e Faber & Faber Ltd., por um extrato de "Through Our Lands", publicado em *New and Collected Poems, 1931–2001*, de Czesław Miłosz; Random House USA e Faber & Faber Ltd., por extratos dos poemas "The Rock", "Angels Surrounded by Paysans", "Waving Adieu, Adieu, Adieu", de *Collected Poems*, de Wallace Stevens.

Notas

p. 5 "Cada buraco de bala (...) imortalidade." Frederich Seidel, 'Istanbul', *London Review of Books*, 6 de agosto de 2009, pág. 11.

p. 5 "O amor (...) ressuscitar os mortos". Emily Dickinson, *Complete Poems*, ed. org. por Thomas H. Johnson, Nova York e Londres, Little, Brown, 1961, poema 1731, pág. 702.

p. 17 "É uma ilusão que alguma vez fomos vivos. (...) Elas nunca foram..." Wallace Stevens, "The Rock", *The Collected Poems of Wallace Stevens*, Nova York, Vintage Books, 1990, pág. 525.

p. 17 "A sessão de espiritismo a que Charles Darwin compareceu (...) tudo tinha sido impostura." Um relato das sessões é encontrado em Roger Luckhurst, *The Invention of Telepathy 1870–1901,* Oxford, Oxford University Press, 2002, págs. 37–44.

p. 18 "George Eliot foi consistentemente hostil ao espiritismo, condenando-o como 'uma loucura degradante, como imbecil na apreciação das evidências, ou então como uma descarada impostura'." Para uma discussão esclarecedora das complexas atitudes de George Eliot em relação ao espiritismo e à clarividência, ver Nicholas Royle, "On Second Sight: George Eliot", *Telepathy and Literature: Essays on the Reading Mind*, Oxford e Cambridge, Massachusetts, Basil Blackwell, 1991, págs. 84–110.

p. 18 "Huxley, que cunhou o termo agnosticismo, era mais dogmático, tendo declarado que se recusaria a investigar os fenômenos mesmo que fossem genuínos." Janet Oppenheim, *The Other World: Spiritualism and Psychical Research in England, 1830–1914*, Cambridge, Cambridge University Press, 1985, págs. 290–291.

p. 20 "ele afundou-se em uma poltrona. (...) A página estava em branco". Roger Luckhurst, *The Invention of Telepathy*, pág. 254. Ver também Trevor Hamilton, *Immortal Longings: F.W.H. Myers and the Victorian Search for Life After Death*, Exeter, Imprint Academic, 2009, págs. 273–275.

p. 20 "Alice Fleming (...), se acredita que, foi autora ou coautora de algumas das primeiras lendas indianas de Kipling." Quanto à possibilidade de Alice Fleming ser a autora de algumas das lendas de Kipling, ver Roger Luckhurst, *The Invention of Telepathy*, págs. 173–174.

p. 22 "A 'senhora Holland', que sofrera um colapso nervoso em 1898, atribuído pela família Kipling a suas experiências com a psicografia, havia abandonado a prática por vários anos." Sobre o colapso mental de Alice Fleming, ver Judith Flanders, *A Circle of Sisters: Alice Kipling, Georgiana Burne-Jones, Agnes Poynter and Louisa Baldwin*, Londres, Penguin Books, 2001, págs. 289–290.

p. 23 "entramos em contato com mentes (...) que é possível a cooperação inteligente". Bart Schultz, *Henry Sidgwick: Eye of the Universe, An Intellectual Biography*, Cambridge, Cambridge University Press, 2004, págs. 722 e 724.

p. 23 "o material a ser investigado estava ele próprio se experimentando". G. N. M. Tyrrell, *The Personality of Man: New Facts and Their Significance*, Londres, Penguin, 1947, pág. 144.

p. 23 "A característica desses casos (...) para enfrentar as objeções dos céticos." Alice Johnson, 'On the Automatic Writing of Mrs Holland', *Proceedings of the Society for Psychical Research*, 21, 1908, págs. 374–377.

p. 25 "Alfred Russel Wallace (...) minha compreensão sobre a origem e a natureza das faculdades humanas." Alfred Russel Wallace, *Miracles and Modern Spiritualism, Three Essays*, Londres, James Burn, 1875, págs. vii–viii. As afirmações de Wallace sobre o espiritismo são citadas em Michael

Shermer, *In Darwin's Shadow: The Life and Science of Alfred Russel Wallace*, Nova York, Oxford University Press, 2002, pág. 199.

p. 25 "estou muito ansioso para ler a *Quarterly*: espero que você não tenha assassinado tão completamente seu próprio filho e o meu". Ver Michael Shermer, *In Darwin's Shadow*, op. cit., p. 161.

p. 25 "Apesar de admirarem e respeitarem um ao outro (...) só aumentou com o passar do tempo." Ver Martin Fichman, *An Elusive Victorian: The Evolution of Alfred Russel Wallace*, Chicago e Londres, University of Chicago Press, 2004.

p. 26 "o homem está separado por uma barreira insuperável de todos os animais inferiores por suas faculdades mentais". Roger Luckhurst, *The Invention of Telepathy*, pág. 40.

p. 28 "O Cosmos do Dever (...) a um fracasso inevitável." Henry Sidgwick, *The Methods of Ethics*, Londres, Macmillan, 1874, 1ª edição, pág. 473.

p. 29 "Faz muito tempo (...) devo atuar, e atuarei, como se o fosse." Citado por Janet Oppenheim, *The Other World*, pág. 114.

p. 30 "Acreditávamos sem reservas (...) suas conclusões negativas." Bart Schultz, *Henry Sidgwick*, pág. 280.

p. 30 "Com respeito à imortalidade (...) nosso mundo não parecerá tão terrível." *The Autobiography of Charles Darwin*, org. Nora Barlow, Nova York e Londres: W.W. Norton & Company, 2005, págs. 76–77.

p. 31 "Num passeio à luz das estrelas que não esquecerei (...) se possível, a seu lado." Bart Schultz, *Henry Sidgwick*, pág. 281.

p. 32 "Assim, todo nosso sistema de crenças (...) ao fracasso inevitável." Bart Schultz, *Henry Sidgwick*, págs. 208–209.

p. 34 "Lembro como, em Cambridge, (...) deixado sem Deus." F.W.H. Myers, "George Eliot", *The Century Magazine* (novembro de 1881). O trecho é citado em Rosemary Ashton, *George Eliot: A Life*, Londres, Penguin, 1997, págs. 333–334.

p. 35 "O triunfo daquilo em que você acredita significaria a inutilidade de tudo o que passei a vida ensinando." Bart Schultz, *Henry Sidgwick*, pág. 297.

p. 36 "Não resolvemos o enigma da morte ao morrer, assim como não resolvemos o problema da vida ao nascer. Vejam meu próprio caso." Citado por Bart Schultz, *Henry Sidgwick*, pág. 726.

p. 38 "apenas o primeiro e rude ensaio de alguma deidade infantil (...) que dela recebera". David Hume, "Dialogues on Natural Religion", *in* Richard Wollheim (org.), *Hume on Religion*, Londres, Fontana/Collins, 1963, págs. 130, 142.

p. 39 "O espiritismo aceitará o darwinismo, completa-lo-á e o há de estabelecer lá do outro lado." Gerald Massey, *Concerning Spiritualism*, Londres, James Burns, 1871, pág. 61. A citação de Massey é mencionada por Christine Ferguson, "Eugenics and the After-Life: Lombroso, Doyle, and the Spiritualist Purification of the Race", *Journal of Victorian Culture*, 12.1 (2007), pág. 69.

p. 42 "A palavra *evolução* é a verdadeira fórmula e símbolo da esperança." F.W.H. Myers, "Multiplex Personality", *Proceedings of the Society for Psychical Research*, 4 (1887), pág. 514.

p. 43 "Primeiro tive grande aversão (...) os homens dificilmente se preocupavam com olhar mais além." F.W.H. Myers, *Collected Poems, with Autobiographical and Critical Fragments*, Londres, Macmillan, 1921, pág. 14.

p. 43 "Acredito que a Ciência está tendo sucesso, agora, em decifrar certos fatos cósmicos que não havia alcançado até hoje em dia. O primeiro, é claro, é o fato de o homem sobreviver à morte." F.W.H. Myers, *Collected Poems, with Autobiographical and Critical Fragments*, pág. 17.

p. 43 "progressiva evolução moral (...) vida mais elevada e mais plena". F.W.H. Myers, *Collected Poems, with Autobiographical and Critical Fragments*, págs. 17–20.

p. 44 "*Evolução espiritual*: esse, então, é o nosso destino, neste e em outros mundos; — uma evolução gradual e com muitos matizes, ascendendo para um final não previsível." F.W.H. Myers, *Human Personality and Its Survival of Bodily Death*, Londres, Nova York e Bombaim, Longmans, Green & Co., 1903, vol. 1, págs. 280–281.

p. 44 "a telepatia certamente é um passo na *evolução* (...) uma vasta extensão de poderes psíquicos". F.W.H. Myers, "Automatic Writing", *Proceedings of the Society for Psychical Research*, 3, 1885, págs. 31–32.

p. 44 "Parece não haver mais propósito na variabilidade dos seres orgânicos e na ação da seleção natural do que na direção em que sopra o vento". *The Autobiography of Charles Darwin*, pág. 73.

p. 45 "Até aqui podemos lançar um olhar profético em direção ao futuro (...) progresso na direção da perfeição." Charles Darwin, *On the Origin of Species*, Ware, Wordsworth Editions, 1998, pág. 368.

p. 46 "Se para o pior e permanente sofrimento (...) a imediata extinção da raça." Archie E. Roy, *The Eager Dead: A Study in Haunting*, Sussex, Book Guild Publishing, 2008, pág. 93.

p. 47 "Não resolvemos o enigma da morte quando morremos (...) chegará a todos em seu devido tempo." Bart Schultz, *Henry Sidgwick*, pág. 726.

p. 48 "Não sou eu (...) rápido, demasiado rápido, eu desapareço?" Wallace Stevens, "Angel Surrounded by Paysans", *The Collected Poems of Wallace Stevens*, Nova York, Vintage Books, 1990, pág. 497.

p. 50 "o primeiro escritor a fazer uma avaliação da obra de Breuer e Freud certamente foi F.W.H. Myers". Ernest Jones, *The Life and Work of Sigmund Freud*, vol. 2, Nova York, Basic Books, 1952, pág. 27.

p. 51 "Freud também publicou um artigo resumido na revista da sociedade, em que esclareceu as diferenças entre a concepção de Myers sobre o ser subliminar e sua própria teoria do inconsciente." Sigmund Freud, "A Note on the Unconscious in Psycho-Analysis", *Proceedings of the Society for Psychical Research* (1912–1913), págs. 312–318.

p. 51 "o método arcaico, original, de comunicação entre as pessoas". Sigmund Freud, "Dreams and Occultism", *New Introductory Lectures on Psychoanalysis and Other Works*, Londres, Vintage Books/Hogarth Press, pág. 55.

p. 51 "Meu querido Jung, prometa-me que nunca abandonará a teoria sexual (...) do ocultismo." Pamela Thurschwell, *Literature, Technology and Magical Thinking, 1880–1920*, Cambridge, Cambridge University Press, 2001, págs. 220–221.

p. 52 "Pierre Janet (1859-1947) defendia a prática da escrita psicografada como parte de uma 'cura através da escrita'. Foi principalmente como resultado das ideias de Freud que a psicanálise se desenvolveu como uma 'cura através da fala'." Sobre a psicografia como "cura através da escrita", ver Sonu Shamdasani, "Automatic Writing and the Discovery of the Unconscious", *Spring: A Journal of Archetype and Culture*, 54, Dallas, Spring Publications, 1993, págs. 100–131.

p. 52 "Myers não acreditava que o inconsciente era construído principalmente de experiências reprimidas (...) faculdades que a mente consciente — ou como Myers gostava de chamá-la, o eu supraliminar — não possuía." O enfoque de Myers tem continuidade em E.F. Kelly, E.W. Kelly, A. Crabtree, A. Gauld, M. Grosso e B. Greyson, *Irreducible Mind: Toward a Psychology for the Twenty-First Century*, Lanham, Rowman & Littlefield, 2006.

p. 52 "A ideia de um limiar *(limen, Schwelle)* de consciência (...) tão complexas e coerentes como as que possam ser produzidas pela consciência supraliminar." F.W.H. Myers, *Human Personality*, vol. 1, pág. 14.

p. 53 "apresentam-se a nós como mensagens comunicadas de um estrato para outro da mesma personalidade". Janet Oppenheim, *The Other World*, pág. 258.

p. 53 "caráter múltiplo e mutável do que conhecemos como a Personalidade do Homem". Myers, "Multiplex Personality", pág. 496.

p. 54 "Não vejo por que o Princípio Egoísta deveria passar sem ser contestado (...) mais do que com uma outra série qualquer?" Henry Sidgwick, *The Methods of Ethics*, Indianápolis e Cambridge, Hackett Publishing Company, 1981, 7ª edição, págs. 418–419. O trecho é citado em Bart Schultz, *Henry Sidgwick*, pág. 217.

p. 55 "se o indivíduo é absolutamente impermanente (...) como poderia, afinal de contas, haver qualquer coisa assim"? Bart Schultz, *Henry Sidgwick*, pág. 450.

p. 56 "No início, Sidgwick deu as boas-vindas a madame Blavátski (...) Isis desvelada." Para um relato sobre Blavátski e o lugar dela no ocultismo ocidental, ver Peter Washington, *Madame Blavatski's Baboon: Theosophy and the Emergence of the Western Guru*, Londres, Secker & Warburg, 1993.

p. 57 "Só depois de uma rigorosa investigação da Society for Psychical Research (...)" Sobre o relatório da SPR sobre madame Blavátski, ver "Report on Phenomena Connected with Theosophy", *Proceedings of the Society for Psychical Research, 3* (1885), págs. 201–400. Ver também, Bart Schultz, *Henry Sidgwick* págs. 310, 315.

p. 57 "do colapso da assim chamada Teosofia de madame Blavátski (...) esquecer a escuridão do fim". Bart Schultz, *Henry Sidgwick*, pág. 329.

p. 57-8 "alguns são mulheres para mim, e para alguns eu sou uma mulher". Bart Schultz, *Henry Sidgwick*, pág. 415.

p. 58 "Myers havia lido para Symonds versos de 'Calamus', de Walt Whitman, que celebravam o amor com rapazes, depois retirados das edições posteriores do livro *Leaves of Grass*." Ver Philip Hoare, *England's Lost Eden: Adventures in a Victorian Utopia*, Londres e Nova York, Harper Perennial, 2005, pág. 217.

p. 58 "Por 15 anos fomos tão íntimos e tão ligados um ao outro como os homens podem ser; — todas as partes de nossas respectivas naturezas encontraram resposta na compreensão pelo outro. Mas não falarei mais disso." Citado por Alan Gauld, *The Founders of Psychical Research*, Londres, Routledge & Kegan Paul, 1968, pág. 182.

p. 58 "*um grande lugar* em minha vida". Bart Schultz, *Henry Sidgwick*, págs. 414–415, 717–718.

p. 59 "Parece que seus papéis foram meticulosamente censurados após sua morte. Há indicações de que, por exemplo, cartas entre Sidgwick e Addington Symonds tenham sido destruídas." Bart Schultz, *Henry Sidgwick*, págs. 721–722, 769.

p. 59 "Pacifico meu corpo (...) receber o mal"? Bart Schultz, *Henry Sidgwick*, págs. 722–723.

p. 60 "Terei sido um zangão — pelo menos havia mel ao meu alcance — mesmo que eu não tenha trazido nada para a colmeia"? Alice Johnson, "Automatic Writing of Mrs Holland", págs. 321–322.

p. 61 "Nunca baseei minha crença na imortalidade. (...) Postulado da Imortalidade." Bart Schultz, *Henry Sidgwick*, pág. 442.

p. 61 "conforme os princípios utilitaristas (...) doutrina de que a moralidade esotérica é conveniente deve, também ela, ser esotérica". Henry Sidgwick, *Methods of Ethics*, 7ª edição, págs. 488–90.

p. 62 "Ele olhou para nós friamente (...) Se quiserem morrer, terão que pagar por isso." Louis MacNeice, "Charon", *Selected Poems*, Londres e Boston, Faber & Faber, 1988, pág. 153.

p. 63 "Myers só escreveu sobre Annie Marshall (...) uma primeira versão fortemente censurada." F.W.H. Myers, *Fragments of Inner Life: An Autobiographical Sketch by Frederic W. H. Myers*, Londres, Society for Psychical Research, 1961.

p. 63 "Desejo que o seguinte rascunho (...) de profunda importância para mim." F.W.H. Myers, *Fragments of Inner Life*, pág. 3.

p. 64 "Aqui estava ele, declarando a seis amigos (...) que já estava morta há 25." W.H. Salter, *Memoirs*, 1955, inédito, Trinity College Library, Cambridge. O trecho é citado em Trevor Hamilton, *Immortal Longings*, pág. 285.

p. 64 "Este ano, 1899 (...) que fará o meu céu." Trevor Hamilton, *Immortal Longings*, pág. 285.

p. 65 "Eventos posteriores fizeram com que alguns pensassem de forma diferente (...) que ela recebera em seu texto psicografado." Trevor Hamilton, *Immortal Longings*, pág. 289; Archie E. Roy, *The Eager Dead*, págs. 117–118. Ver também John Beer, *Providence and Love: Studies in Wordsworth, Canning, Myers, George Eliot, and Ruskin*, Oxford, Clarendon Press, 1988, págs. 116–188, particularmente págs. 138–143.

p. 66 "O filho mais velho de Myers, Leo Myers (...) suicidou-se em 1944." Sobre Leo Myers, ver George Dyson, *Darwin among the Machines*, Londres, Penguin, 1997, págs. 201–202. Sobre o relacionamento de Leo Myers com Olaf Stapledon, ver Robert Crossley, *Olaf Stapledon: Speaking for the Future*, Liverpool, Liverpool University Press, 1994.

p. 67 "Não tropeçamos meramente com a verdade apesar do erro e da ilusão, o que é estranho, mas por causa do erro e da ilusão, o que é ainda mais estranho." Arthur J. Balfour, *The Foundations of Belief, Being Notes Introductory to the Study of Theology*, Londres e Nova York, Longmans Green & Co., 1895, pág. 117.

p. 67 "Herdeiro de uma grande fortuna (...) um dos mais ricos jovens da Grã-Bretanha." R.J.Q. Adams, *Balfour: The Last Grandee*, Londres, John Murray, 2007, pág. 22.

p. 69 "Por mim, não tenho nenhuma dúvida sobre uma vida futura (...) lutando heroicamente nas trincheiras." A.J. Balfour, carta para Lady Desborough, depois que ela perdeu dois filhos na guerra, citada por Janet Oppenheim, *The Other World*, pág. 131.

p. 69 "O homem, na medida do que a ciência natural (...) será como se nunca houvessem existido." A.J. Balfour, *The Foundations of Belief*, págs. 29–31.

p. 72 "O Homem, ou melhor, 'eu' (...) sem deixar sequer ruínas para trás." A.J. Balfour, *The Foundations of Belief*, 126.

p. 73 "mesmo que ele não tenha admitido abertamente (...) em retiro e contemplação". Jean Balfour, "The 'Palm Sunday' Case: New Light on an Old Love Story", *Proceedings of the Society for Psychical Research*, 52 (1958–1960), págs. 94–95.

p. 74 "Perto do fim de sua vida, o irmão de Balfour, Gerald (...) 'a cortejou bem mal'." Archie E. Roy, *The Eager Dead*, pág. 422.

p. 75 "Cartas recentemente publicadas, porém, registram que os dois se engajaram por muitos anos em jogos sexuais sadomasoquistas, pelos quais ambos tinham suas preferências." R.J.Q. Adams, *Balfour: The Last Grandee*, págs. 46–47. R.J.Q. Adams também faz um relato bem fundado das relações de Balfour com Mary Lyttelton, págs. 29–32.

p. 75 "Wilfred Scawen Blunt não tinha dúvidas de que Balfour tivesse uma *grande passion* por Mary." Elizabeth Longford, *A Pilgrimage of Passion: The Life of Wilfred Scawen Blunt*, Londres, Tauris Parke Paperbacks, 2007, págs. 247–248.

p. 76 "Tenha eu tempo para o Amor ou não, certamente não tenho tempo para o Matrimônio." R.J.Q. Adams, *Balfour: The Last Grandee*, pág. 32.

p. 76 "No entanto, Scawen Blunt, que no início vira Balfour como um 'gato domesticado' (...) 'transformado Mary Wyndham em uma pagã'." Elizabeth Longford, *Pilgrimage of Passion*, págs. 247 e 311.

p. 77 "Os pesquisadores declararam (...) único modo de assegurá-lo." A.J. Balfour, "The 'Palm Sunday' Case", pág. 105.

p. 77 "São numerosos os textos que realmente parecem sustentar a afirmação (...) na história das ocorrências psíquicas." Ibid., 247.

p. 78 "Não entendido a princípio, esse trecho (...) posteriormente interpretada como a imagem de Mary Lyttelton." Ibid., pág. 175.

p. 79 "em sua essência foi compreendida por ele. (...) Mensagens adicionais ajudariam muito". Ibid., pág. 63, e Archie E. Roy, *The Eager Dead*, pág. 213.

p. 80 "nunca saberemos se ele acreditou na mensagem ou simplesmente admirou o desempenho da médium". R.J.Q. Adams, *Balfour: The Last Grandee*, pág. 377.

p. 80 "Será que me conhecem, aquele cuja mente (...) do subterrâneo em curiosos chamados"? Thomas Hardy, "A Former Resort After Many Years", *Selected Poems*, ed. Org. por Tim Armstrong, Londres, Pearson/Longman, 2009, pág. 275.

p. 82 "Nenhum esforço que possa ser aproveitado será poupado (...) buscou salvar sua própria alma." Archie E. Roy, *The Eager Dead*, pág. 257.

p. 83 "Em outra versão do Plano, à qual a 'senhora Willett' parece ter dado mais crédito, a criança por nascer deveria ser o 'filho espiritual' de Arthur Balfour e Mary Lyttelton (quando soube disso, em seu leito de morte, Balfour descartou a ideia como fantástica)." Archie E. Roy, *The Eager Dead,* 498.

p. 83 "Deixe-me perguntar primeiro se o uso da palavra Experiência foi totalmente entendido e admitido por você e em segundo lugar se você o admitirá mesmo como uma hipótese de M. Myers." Ibid., 262.

p. 84 "Jiddu Krishnamurti." Sobre Krishnamurti, ver James Webb, *The Occult Underground*, Chicago e La Salle, Open Court, 1988, págs. 100–104.

p. 84 "Lady Emily Lutyens (...) trouxe Krishnamurti para ver os Balfour na casa deles em Fisher's Hill, no condado de Surrey." Sobre Emily Lutyens, no contexto da vida inglesa no final do século XIX, ver Alex Owen, *The Place of Enchantment: British Occultism and the Culture of the Modern*, Chicago e Londres, University of Chicago Press, 2004, págs. 44 e 267.

NOTAS

Sobre as primeiras visitas de Krishnamurti à Inglaterra, ver Frances Osborne, "Life of Idina Sackville", *The Bolter*, Londres, Virago, 2008, págs. 26–27 e 70–71.

p. 85 "era uma ardente teosofista (...) as perspectivas de Augustus Henry eram bem superiores". Archie E. Roy, *The Eager Dead*, pág. 555.

p. 86 "Krishnamurti anunciou nas últimas semanas de sua vida que, enquanto vivesse, ele seria 'o Professor do Mundo'." Roland Vernon, *Star in the East: Krishnamurti: The Invention of a Messiah*, Boulder, Sentient Publications, 2002, pág. 243.

p. 86 "Parece que ninguém disse nada a ele sobre seu esperado futuro papel, até bem tarde em sua vida e, mesmo então, provavelmente não toda a verdade." Archie E. Roy, *The Eager Dead*, pág. xvi.

p. 86 "Depois de Eton, Henry foi para o Trinity College. (...) Morreu em 1989." Sobre a vida de Augustus Henry Coombe-Tennant, ver Archie E. Roy, *The Eager Dead*, particularmente págs. 539–546.

p. 87 "parecemos nadar no mar da mente subliminar dos psicógrafos, e qualquer corrente mais forte pode desviar-nos das memórias objetivas que temos em vista". David Fontana, *Is There an Afterlife? A Comprehensive Overview of the Evidence*, Ropley, O Books, 2007, pág. 187.

p. 88 "Tantos anos se passaram. (...) Um homem solitário até então." Geraldine Cummins, *Swan on a Black Sea: The Cummins-Willett Scripts*, Norwich, Pilgrim Books, 1986, págs. 37–38.

p. 89 "Se existe um mundo após a morte (...) que os textos nos apresentam." C.D. Broad, "Foreword", *in* Geraldine Cummins, *Swan on a Black Sea: The Cummins-Willett Scripts*, págs. li–lii.

p. 92 "relata-se que 'Edmund Gurney' (...) entrou em Jerusalém montado em um burro". Archie E. Roy, *The Eager Dead*, págs. 203–205.

p. 92 "Muitos investigadores usaram técnicas aleatórias para ver se produziam algo similar." Christopher Moreman, "A Re-examination of the Possibility of Chance Coincidence as an Alternative Explanation for Mediumistic Communication in the Cross-correspondences", *Journal of the Society for*

Psychical Research, 67 (2003), págs. 225–242. Os resultados de Moreman são criticados em Montague Keen e Archie Roy, "Chance Coincidence in the Cross-correspondences", *Journal of the Society for Psychical Research, 68* (2004), págs. 57–59.

p. 93 "Gerada por um método (...) nunca duvidou de que as entidades existissem." George Mills Harper, *The Making of Yeats's A Vision: A Study of the Automatic Script*, vol. 1, Londres, Macmillan, 1987.

p. 94 "algumas vezes se alegou que os espíritos desencarnados (...) pelas conhecidas tendências do eu subliminar". F.W.H. Myers, *Human Personality*, vol. 2, pág. 140.

p. 94 "Foi a obra de Myers que inspirou (...) glossolalia, o 'marciano' podia ser interpretado e entendido." Theodore Flournoy, *From India to the Planet Mars: A Case of Multiple Personality with Imaginary Languages*, Princeton, Princeton University Press, 1994, com nova introdução de Sonu Shamdasani.

p. 95 "A despeito do lamentável fato (...) admiráveis explorações de Theodore Flournoy." André Breton, "The Automatic Message", *in* A. Breton, *What Is Surrealism? Selected Writings*, Londres, Pluto Press, 1989, pág. 100. Este trecho é citado por S. Shamdasani em sua introdução ao livro de Theodore Flournoy, *From India to the Planet Mars*, pág. xv.

p. 95 "um certo automatismo psíquico (...) fora daquele *ditado* mágico." André Breton, "The Mediums Enter", *in* A. Breton, *The Lost Steps*, tradução de Mark Polizotti, Lincoln e Londres, University of Nebraska Press, 1996, págs. 90–91.

p. 96-97 "P. *Quem é você?* (...) R. *Com ninguém.*" F.W.H. Myers, "On a Telepathic Explanation of Some So-called Spiritualistic Phenomena", *Proceedings of the Society for Psychical Research, 2* (1884), págs. 226–231.

p. 98 "Myers escreve que havia empurrado a expressão 'cerebração inconsciente' tão longe quanto ela pudesse ir." F.W.H. Myers, "Automatic Writing", *Proceedings of the Society for Psychical Research, 3* (1885), págs. 24–25.

p. 99 "a intimidade entre as pessoas, como os fenômenos ocultistas, é fundamentalmente desconcertante". Adam Phillips, *Terrors and Experts*, Londres e Boston, Faber & Faber, 1995, pág. 20.

p. 99 "antes é a sanidade que precisa ser explicada (...) que está precisando cair logo no mar". F.W.H. Myers, "Automatic Writing", *Contemporary Review*, 47 (1885), págs. 233-234. Esse trecho é citado por Frank M. Turner em seu livro *Between Science and Religion: The Reaction to Scientific Naturalism in Late Victorian England*, New Haven, Yale University Press, 1974, págs. 126-127.

p. 100 "Se houvesse sonhos para vender, qual você compraria?" Thomas Lovell Beddoes, "Dream-Pedlary", *Selected Poetry*, ed. org. por Judith Higgins e Michael Bradshaw, Manchester, Fyfield Books, 1996, pág. 30.

p. 102 "Isso eu não consigo lembrar." Gary Lachman, *In Search of P.D. Uspenski: The Genius in the Shadow of Gurdjieff*, Wheaton & Madras, Quest Books, 2006, págs. 241-242.

p. 103 "Algum dia um macaco vai pegar do chão um crânio humano e se perguntar de onde veio aquilo." Joseph Finder, *Red Carpet*, Nova York, Holt, Rinehart & Winston, 1983, pág. 11.

p. 104 "'Um raio de intensa paixão' correu de um para o outro, e Moura juntou-se a Wells por uma noite, no quarto dele. 'Acreditei que ela me amava', escreveu ele, 'e acreditei em cada palavra que ela me disse'." G.P. Wells (org.), *H.G. Wells in Love: Postscript to an Experiment in Autobiography*, Londres, Faber & Faber, 1984, pág. 164.

p. 106 "Ela usava um velho impermeável inglês cáqui (...) galante, íntegra e adorável." G.P. Wells (org.), *H.G. Wells in Love*, págs. 163-4.

p. 106 "uma senhora que eu havia conhecido na Rússia em 1914 (...) seria mantido com antolhos durante toda minha visita". H.G. Wells, *Russia in the Shadows*, Nova York, George H. Doran Co., 1921, pág. 16.

p. 106 "No entanto, de acordo com o que contou sua filha, Moura nunca frequentou Newnham e nunca esteve em Cambridge." Tania Alexander, *An Estonian Childhood: A Memoir*, Londres, Heinemann, 1987, pág. 151.

p. 107 "Na época ela tinha 26 anos. (...) Nunca poderia ter sido uma burguesa." R.H. Bruce Lockhart, *Memoirs of a British Agent*, Londres, Pan Books, 2002, págs. 243-244.

p. 108 "É a mais completa antítese de qualquer coisa que seja anglo-saxônica. (...) Levará o homem aos usurários e até mesmo ao crime." R.H. Bruce Lockhart, *Memoirs of a British Agent*, 60.

p. 109 "Também Sidney Reilly (...) vieram mais tarde a ser mortos numa ação montada pelos bolcheviques." Gordon Brook-Shephard, *Iron Maze: The Western Secret Services and the Bolsheviks*, Londres, Pan Books, 1998, págs. 81–125, e Michael Occleshaw, *Dances in Deep Shadows: Britain's Clandestine War in Russia 1917–20*, Londres, Constable, págs. 124–143. Sobre evidências de que os aliados possam ter planejado matar Lenin e Trótski, ver Michael Smith, *Six: A History of Britain's Secret Intelligence Service, Part 1: Murder and Mayhem 1909–1939*, Londres, Dialogue, 2010, págs. 229–230.

p. 110 "Fui levado a um quarto escuro e comprido. (...) Era Peters." R.H.B. Lockhart, *Memoirs*, pág. 318.

p. 111 "Ao regressar à Inglaterra, Lockhart foi (...) que Lockhart conhecera na Rússia." R.H.B. Lockhart, *Memoirs*, pág. 74-5.

p. 113 "Hoje estou com 65 anos (...) onde desperdicei tanto de meu tempo e dinheiro." *The Diaries of Sir Robert Bruce Lockhart, vol. 2: 1939–1965*, ed. org. por Kenneth Young, Londres, Macmillan, 1980, págs. 741-742, 753.

p. 114 "Mais tarde, Moura diria a Górki que a Cheka a havia plantado na vida dele (...) continuou a acreditar que Moura fosse espiã britânica." Para uma discussão sobre os contatos de espionagem de Moura, ver Andrea Lynn, *Shadow Lovers: The Last Affairs of H.G. Wells*, Boulder, Westview Press, 2001, págs. 179-197.

p. 115 "Lenin pareceu, a Wells, 'um bom exemplo de homem de ciência' (...) Wells achou Lenin 'muito refrescante'." H.G. Wells, *Russia in the Shadows*, págs. 152, 81, 78 e 162.

p. 116 "'Ela esteve aqui há uma semana' (...) há três dias!" G.P. Wells (org.), *H.G. Wells in Love*, pág. 175.

p. 116 "Não dormi mais durante o resto da minha estada na Rússia (...) chorava como uma criança desapontada." G.P. Wells (org.), *H. G. Wells in Love*, pág. 176.

p. 116 "Afinal de contas (...) do meu pulmão enfisemático." G.P. Wells (org.), *H.G. Wells in Love*, pág. 210.

p. 117 "O que há nessa sua mala? (...) sem cérebro." G.P. Wells (org.), *H.G. Wells in Love*, pág. 184.

p. 118 "Wells não podia aceitar que ela não tivesse alternativa (...) deixou o assunto morrer." A conversa de Wells com Moura é relatada em Anthony West, *H.G. Wells: Aspects of a Life*, Londres, Hutchinson, 1984, pág. 145.

p. 119 "Desejamos ardentemente uma mulher (...) apenas velou seu rosto." H.G. Wells, *The Anatomy of Frustration: A Modern Synthesis*, Londres, The Cresset Press, 1936, pág. 236.

p. 119 "Ela mata nossos Deuses e nossos Amantes e, se eles se erguem novamente, fazem-no transformados." H.G. Wells, *The Anatomy of Frustration*, págs. 237–238.

p. 119 "Alguns insistirão (...) possa ser subestimado." Anthony West, *H.G. Wells*, págs. 142–145.

p. 121 "Não há nenhum 'padrão de coisas por vir'." H.G. Wells, *Mind at the End of Its Tether*, Londres, William Heinemann, 1945, pág. 15.

p. 122 "terão pouca piedade e menos ainda benevolência com relação a uma multidão de criaturas tolas e desprezíveis". H.G. Wells, *Anticipations*, Londres, Chapman & Hall, 1902, pág. 299.

p. 122 "E quanto ao resto, esses enxames. (...) Seu destino é extinguir-se e desaparecer." H.G. Wells, *Anticipations*, pág. 317.

p. 123 "pensou com tristeza no Progresso da Humanidade (...) destruir seus construtores". H.G. Wells, *The Time Machine*, Londres, Penguin, 2005, pág. 91.

p. 123 "as coisas mais humildes que Deus, em Sua sabedoria, colocou sobre esta Terra". H.G. Wells, *The War of the Worlds*, Londres, Penguin, 2005, pág. 168.

p. 123 "Para eles, talvez, e não para nós, o futuro esteja assegurado." H.G. Wells, *The War of the Worlds*, 179.

p. 123-24 "A cada vez que mergulho uma criatura viva em um banho de dor abrasadora, digo: 'desta vez extrairei pelo fogo todo o animal, desta vez farei minha própria criatura racional'." H.G. Wells, *The Island of Doctor Moreau*, Londres, Penguin, 2005, pág. 78.

p. 124 "Elas constroem suas próprias tocas (...) bestas que perecem." H.G. Wells, *The Island of Doctor Moreau*, pág. 79.

p. 124 "A coisa que está diante de você não é mais um (...) descobrir o limite extremo da plasticidade em uma coisa viva." H.G. Wells, *The Island of Doctor Moreau*, pág. 75.

p. 124 "Não pude persuadir a mim mesmo (...) obrigava a vagar sozinho." H.G. Wells, *The Island of Doctor Moreau*, pág. 130.

p. 124 "o estudo da Natureza torna o homem pelo menos tão impiedoso quanto a Natureza". H.G. Wells, *The Island of Doctor Moreau*, pág. 75.

p. 125 "Estou procurando fascistas liberais, nazistas esclarecidos." Michael Sherborne, *H. G. Wells: Another Kind of Life*, Londres, Peter Owen, 2010, pág. 289.

p. 125 "os judeus teriam provavelmente perdido muito de seu particularismo e teriam deixado de ser um elemento fisicamente diferente nas questões humanas". H.G. Wells, *Anticipations*, pág. 317.

p. 125 "No livro *Russia in the Shadows*, faz referência. (...) Lenin havia prendido os líderes sionistas e proibido o ensino do hebraico." H.G. Wells, *Russia in the Shadows*, pág. 88.

p. 126 "Alguns de vocês podem ter lido um livro. (...) Mentes marcianas em corpos terráqueos amadurecidos." H.G. Wells, *Star Begotten*, ed. org. por John Huntington, Middletown, Wesleyan University Press, 2006, pág. 62.

p. 126 "'mais dura, mais clara' (...) incrível pesadelo antes do amanhecer". H.G. Wells, *Star Begotten*, 131.

p. 126-27 "E quando desperto, esse mundo foge de mim, se desvanece (...) sem deixar nem ruínas para trás." H.G. Wells, *Star Begotten*, pág. 132.

p. 127 "Não há nenhuma razão para acreditar (...) corrente do destino, em direção à degradação, ao sofrimento e à morte." H.G. Wells, *The Fate of Homo Sapiens*, Londres, Secker & Warburg, 1939, págs. 311–312.

p. 127 "Este, quando chegue a hora, evidentemente terá que dizer: 'Eu avisei, seus *tolos condenados*.' Os itálicos são meus." H.G. Wells, *The War in the Air*, Londres, Penguin, 2005, pág. 279.

p. 127 "Nosso universo (...) está caminhando de modo nítido para fora da existência, sem deixar qualquer ruína para trás." H.G. Wells, *Mind at the End of Its Tether*, pág. 17.

p. 127 "'pobre humanidade' está 'muito próxima do limite de suas forças'". H.G. Wells, *Star Begotten*, pág. 82.

p. 128 "Não há, nem nunca houve, essa unidade mental original (...) Esta é a sua mais elevada integridade." H.G. Wells, "A Thesis on the Quality of Illusion in the Continuity of the Individual Life in the Higher Metazoa, with Particular Reference to the Species *Homo sapiens*", *in* H.G. Wells, *'42 to '44: A Contemporary Memoir upon Human Behaviour during the Crisis of the World Revolution*, Londres, Secker & Warburg, 1944, pág. 169 e seguintes.

p. 129 "Coisas como os sonhos são inventadas (...) a mente alerta os apanha enquanto se desvanecem." H.G. Wells, "The Betterave Papers", *Virginia Quarterly Review, 21.3* (verão de 1945), pág. 433.

p. 129 "A bondade é uma questão de costumes, de bom comportamento social, e existe uma diversidade tão ampla de valores sociais no mundo (...) A transitoriedade da moralidade está em nítido contraste com a imortal finalidade da beleza." H.G. Wells, *The Happy Turning: A Dream of Life*, Londres, William Heinemann, 1945, pág. 48.

p. 129-30 "Publicado 'de forma deliberada como livro caro' (...) há não muito tempo havia se tornado pública." H.G. Wells, *'42 to '44*, pág. 7.

p. 130 "Durante quarenta anos venho investindo dinheiro (...) mesmo que sua inteligência possa lhe indicar o contrário." H.G. Wells, *'42 to '44*, 11.

p. 130 "Todos os precedentes favorecem (...) epidemias humanas letais, às quais elas sejam imunes." H.G. Wells, *'42 to '44*, 211–12.

p. 131 "um final conclusivo às séries de ensaios, memorandos e panfletos através dos quais o escritor havia feito experiências, desafiado discussões e reunido material que tratava sobre a natureza fundamental da vida e do tempo". H.G. Wells, *Mind at the End of Its Tether*, pág. vii.

p. 131 "mais difícil tornou-se esboçar qualquer Padrão de Coisas Por Vir (...) Não há nenhum caminho por fora, ao redor ou através delas". H.G. Wells, *Mind at the End of Its Tether*, págs. 5, 15.

p. 131 "Cada ano, mais e mais energia de pensamento se acumula no mundo (...) coisas que nem podemos imaginar hoje." Ver Bernice Glatzer Rosenthal (org.), *The Occult in Russian and Soviet Culture*, Ithaca e Londres, Cornell University Press, 1997, pág. 194.

p. 132-33 "O Deus de quem o velho fala é a humanidade (...) a humanidade do futuro." Sheila Fitzpatrick, *The Commissariat of Enlightenment: Soviet Organisation of Education and the Arts under Lunacharsky*, Cambridge, Cambridge University Press, 1970, pág. 5.

p. 133 "'Que fantasia sombria!' disse Blok, sorrindo com sarcasmo. 'É reconfortante saber que a lei da preservação da matéria a contradiz'." Maksim Górki, *Fragments from My Diary*, trad. de Moura Budberg, Londres, Allen Lane/Penguin Press, 1972, págs. 145–146.

p. 134 "Como presidente do Comissariado do Povo para a Educação e a Cultura." Para um relato sobre Lunacharski e o Comissariado do Povo para a Educação e a Cultura, ver Fitzpatrick, *The Commissariat of Enlightenment*.

p. 135 "o desenvolvimento do espírito humano em direção ao 'Espírito do Todo'". Nina Tumarkin, *Lenin Lives! The Lenin Cult in Soviet Russia*, Cambridge, Harvard University Press, 1997, pág. 21.

p. 135 "A personalidade não é destruída após a morte (...) mas, depois de manifestar seus diferentes aspectos durante a vida, vive eternamente como uma partícula da criação humana universal." B.G Rosenthal, *The Occult in Russian and Soviet Culture*, pág. 259.

p. 135 "Ambos os estados de consciência. (...) Tudo que os homens dizem, tudo o que fazem, eles o dizem e o fazem durante o sono." P.D. Uspenski, *In Search of the Miraculous: Fragments of an Unknown Teaching*, Londres, Penguin/Arkana, 1987, pág. 143.

p. 136 "Bekhterev morreu no dia seguinte (segundo certas fontes, no mesmo dia)." Relatos ligeiramente diferentes sobre a morte de Bekhterev são feitos em Donald Rayfield, *Stalin and His Hangmen: An Authoritative Portrait of a Tyrant and Those Who Served Him*, Londres, Penguin, 2005, pág. 158, e em Roman Brackman, *The Secret File of Joseph Stalin*, Londres, Frank Cass, 2001, págs. 195–197.

p. 137 "Em nosso país, em qualquer área da atividade humana, podemos criar milagres." Ver B.G. Rosenthal, *New Myth, New World: From Nietzsche to Stalinism*, Pennsylvania, Pennsylvania State University Press, 2002, pág. 414.

p. 137 "Em nossa União Soviética, camaradas, as pessoas não. (...) Eu fui *feito* como um ser humano." B.G. Rosenthal, *New Myth, New World*, pág. 416.

p. 137 "Precisamos fazer experiências com os próprios seres humanos (...). Centenas de unidades humanas serão necessárias." Arkadi Vaksberg, *The Murder of Maxim Gorky: A Secret Execution*, Nova York, Enigma Books, 2007, pág. 283. Sobre a utilização de seres humanos em experiências com armas biológicas na União Soviética no início dos anos 1920, ver Smith, *Six*, págs. 296–297.

p. 138 "Ao mudar a natureza, o homem muda a si mesmo." Anne Applebaum, *Gulag: A History of the Soviet Camps*, Londres, Allen Lane, 2003, pág. 81.

p. 138 Ao trabalharem em condições que ameaçavam a vida. (...) Muitos comiam cascas de árvores e capim no esforço de permanecerem vivos. David Remnick, *Lenin's Tomb*, Londres, Penguin, 1994, pág. 139.

p. 139 "Assumo que a maior parte dos 35 milhões de pessoas afetadas pela fome vai morrer (...) e seu lugar será ocupado por uma nova tribo de homens letrados, inteligentes e vigorosos." A. Nekrich e M. Heller, *Utopia in Power: A History of the Soviet Union from 1917 to the Present*, Londres, Hutchinson, 1986, pág. 121.

p. 139 "As forças elementares da natureza criam massas de parasitas; nossa vontade racional nos impede de estar em paz com eles — ratos e camundongos causam muito dano à economia do país." B.G. Rosenthal, *New Myth, New World*, pág. 271.

p. 139 Engels celebrava a subjugação dos "povos não históricos" (...) e dava as boas-vindas à sua destruição na próxima guerra mundial como um passo adiante na história. Sobre o racismo de Engels, ver Tristram Hunt, *The Frock-Coated Communist: The Revolutionary Life of Friedrich Engels*, Londres, Allen Lane/Penguin, 2009, págs. 169–171.

p. 140 "A conquista do ar será seguida pela conquista do espaço (...) não se pode duvidar da conquista da imortalidade." *Selected Works of Konstantin E. Tsiolkovsky*, Honolulu, University Press of the Pacific, 2004, págs. 124–127.

p. 140-41 "O mosquito sem peso toca (...) quando o mosquito-morte se aproxima." Keith Douglas, "How to Kill", *in* Keith Douglas, *The Complete Poems*, Londres e Nova York, Faber & Faber, 2000, pág. 119.

p. 142 "Mesmo quando viveu no estrangeiro, Górki manteve vínculos estreitos com o Estado soviético. (...) Yagoda também transferiu 4 mil dólares destinados a pagar um automóvel para o escritor." Vitaly Shentalinsky, *Arrested Voices: Resurrecting the Disappeared Writers of the Soviet Regime*, Nova York e Londres, Martin Kessler Books/Free Press, 1996, págs. 252–254.

p. 142 "Havia ocorrido um êxodo em massa da União Soviética: centenas de intelectuais foram deportados em navios a vapor alugados por Lenin, e muitos outros abandonaram o país de moto próprio." Leslie Chamberlain, *The Philosophy Steamer: Lenin and the Exile of the Intelligentsia*, Londres, Atlantic Books, 2006.

p. 144 "em maio de 1934, o filho de Górki, Maksim Peshkov, morreu (...) havia ganho uma coleção de selos confiscada pelo Estado por ajudar a polícia secreta". Donald Rayfield, *Stalin and His Hangmen*, pág. 210.

p. 146 "Mortos de todos os países, uni-vos!" B.G. Rosenthal, Ver *The Occult in Russian and Soviet Culture*, pág. 27.

p. 146 "Stalin e Zinoviev foram os que maior destaque tiveram entre os que carregaram o caixão de Lenin, ao passo que Trótski — que se recuperava de uma doença à beira do Mar Negro — nem soube a data do enterro." Ilya Zbarsky e Samuel Hutchison, *Lenin's Embalmers*, trad. de Barbara Bray, Londres, Harvill Press, 1998, págs. 17–18.

p. 147 "Nikolai Fedorov." Analisei Fedorov e sua influência sobre os bolcheviques em *Straw Dogs: Thoughts on Humans and Other Animals*, Londres, Granta Books, 2002, págs. 137–139. Para uma análise brilhante, à qual muito devo, ver Dmitry Shlapentokh, "Bolshevism as a Federovian Regime", *Cahiers du Monde Russe*, 37.4 (outubro–novembro de 1996), págs. 429–466.

NOTAS

p. 148 "O destino da Terra nos convence (...) e esta é sua suprema *raison d'être.*" Nikolai Fedorovich Federov, *What was Man Created For? The Philosophy of the Common Task*, Lausanne, Honeyglen Publishing, 1990, págs. 96–97.

p. 149 "foi Krasin que dirigiu a vasta operação (...) algo assim como 160 bilhões de dólares". Sean McMeekin, *History's Greatest Heist: The Looting of Russia by the Bolsheviks*, New Haven e Londres, Yale University Press, 2009, pág. 91.

p. 149 "Estou certo de que o dia chegará em que a ciência se torne onipotente (...) entre as grandes figuras estará nosso camarada." Nina Tumarkin, *Lenin Lives!*, pág. 181.

p. 150 "A forma cúbica da tumba de Lenin foi idealizada pelo artista Kazimir Malevitch." B.G. Rosenthal, "Political Implications of the Early Twentieth Century Occult Revival", *in* B.G. Rosenthal, *The Occult in Russian and Soviet Culture*, págs. 405–406.

p. 150 "O ponto de vista de que a morte de Lenin não é morte (...) com o qual podemos conservar a vida eterna de Lenin derrotando a morte." Nina Tumarkin, *Lenin Lives!*, pág. 190.

p. 150 "Santuários para o líder morto foram estabelecidos nos 'cantos de Lenin', instalados nas fábricas e escritórios de todo o país." Richard Overy, *The Dictators: Hitler's Germany and Stalin's Russia*, Old Saybrook, Konecky & Konecky, 2004, pág. 109.

p. 150-51 "Nenhum livro, nenhuma Escritura, nenhuma ciência pode sequer imaginar (...) além de mim, não há nada." Charlotte Douglas, "Beyond Reason: Malevitch, Matiushin and Their Circle", *in* C. Douglas, *The Spiritual in Art: Abstract Painting 1890–1985*, Nova York, Los Angeles County Museum of Art & Abbeville Press, 1986, págs. 188–190.

p. 151 "A arquitetura moderna muitas vezes refletiu ideias ocultistas (...) mostrada na significância iconográfica dada ao ângulo reto." J.K. Birkstead, *Le Corbusier and the Occult*, Cambridge e Londres, MIT Press, 2009.

p. 151 "Vladimir Ilitch é eterno. (...) Como honraremos sua memória? Na arquitetura, o cubo é eterno. (...) Que o mausoléu que erigiremos como monumento a Vladimir Ilitch derive de um cubo." Nina Tumarkin, *Lenin Lives!*, pág. 189.

p. 153 "O esforço para preservar o corpo de Lenin teve continuidade (...) as orelhas haviam se enrugado." Ilya Zbarsky & Samuel Hutchison, *Lenin's Embalmers*, págs. 24-31; Catherine Merridale, *Night of Stone: Death and Memory in Russia*, Londres, Granta Books, 2000, pág. 182-184.

p. 155 "Ao longo das últimas décadas do comunismo, o terno de Lenin foi trocado a cada 18 meses e substituído por um novo, especialmente feito por uma costureira da KGB." David Remnick, *Lenin's Tomb*, págs. 443-444

p. 156 "Adeus, minha mãe e minha mulher (...) estamos condenados a beber do cálice amargo até o fim." Citado por Michael Jakobson, *Origins of the Gulag: The Soviet Prison Camp System 1917-1934*, Lexington, University Press of Kentucky, 1993, pág. ii

p. 156 "Não há maior alegria, nem melhor música/ Que o ruído de ossos e vidas quebrados." Donald Rayfield, *Stalin and His Hangmen*, pág. 76

p. 156 "Para nós, os velhos sistemas de moralidade e 'humanidade' (...) em nome da liberdade universal." W. Bruce Lincoln, *Red Victory: A History of the Russian Civil War, 1918-1921*, Nova York, Simon & Schuster, 1989, pág. 388.

p. 157 "Segundo certas fontes, Dzerzhinski haveria encontrado arquivos que incriminavam Stalin como ex-agente da polícia secreta do tsar." Roman Brackman, *Secret File of Joseph Stalin*, pág. 192.

p. 158 "Em seu diário, Lockhart narra que o diplomata norte-americano George Kennan afirmava, em 1958, que poderia provar que Stalin estivera na folha de pagamento da polícia czarista (Kennan era dos que pensavam que Stalin tivesse sido 'ajudado a morrer')." R.B. Lockhart, *The Diaries of Sir Robert Bruce Lockhart*, vol. 2, pág. 758.

p. 159 "Estamos entrando em choque com o universo/ Estamos armando o mundo contra nós mesmos./ Estamos organizando a matança de espantalhos." B.G. Rosenthal, *New Myth, New World*, págs. 98-99.

p. 161 "Sou como um camundongo enjaulado, quero viver. Não importa como, não importa que vida, eu quero viver." Roman Brackman, *Secret File of Joseph Stalin*, pág. 207.

NOTAS

p. 161 "O desaparecimento de Blyumkin foi ainda mais complexo (...) recomendou que fosse concedido a Blyumkin o título de 'Herói da União Soviética'." Para um relato recente sobre Blyumkin, ver Mary-Kay Wilmers, *The Eitingons: A Twentieth-Century Story*, Londres, Faber & Faber, 2009, págs. 158-159.

p. 162 "Foi Menzhinski, então o ajudante mais confiável de (...) as enviava para a tortura, para o estupro e para a execução." Roman Brackman, *Secret File of Joseph Stalin*, pág. 209.

p. 163 "Uma ideia de como Stalin imaginava o futuro. (...) 'Os alemães são mesmo uns caras brilhantes'!" Joseph Roth, *The Silent Prophet*, Londres, Peter Owen, 2002, pág. 175.

p. 163 "Uma máquina constantemente produz os vivos a partir dos mortos, ao passo que a outra produz os mortos a partir dos vivos." B.G. Rosenthal, *The Occult in Russian and Soviet Culture*, pág. 26.

p. 164 "A eletricidade ocupará o lugar de Deus. Deixe o camponês rezar para a eletricidade; ele sentirá mais o poder das autoridades centrais do que o poder dos céus." Dmitri Volkogonov, *Lenin: Life and Legacy*, Londres, HarperCollins, 1994, pág. 372.

p. 165 "Ele compreendeu que o homem é um fenômeno (...) que se movia racionalmente em direção a seus próprios objetivos." Vitaly Shentalinsky, *Arrested Voices*, págs. 214-215.

p. 166 "A execução sumária foi empregada pelos bolcheviques (...) pessoas de centenas de quilômetros ao redor vejam, tremam, saibam e gritem." Tim Tzouliadis, *The Forsaken – From the Great Depression to the Gulags: Hope and Betrayal in Stalin's Russia*, Londres, Little, Brown, 2008, pág. 357.

p. 166 "Precisamos executar não só os culpados; executar os inocentes impressionará ainda mais as massas." David Remnick, *Lenin's Tomb*, pág. 506.

p. 166 "Krylenko revelou um certo senso de humor quando explicou (...) mas sim fuzilado." Donald Rayfield, *Stalin and His Hangmen*, pág. 114.

p. 167 "As execuções ocorriam como resultado de se constar de uma lista, não por qualquer coisa que se tivesse feito." Donald Rayfield, *Stalin and His Hangmen*, pág. 80.

p. 167 "Entre a metade de 1918 e o fim da guerra civil, em 1921, a Cheka executou algo entre 100 mil e 250 mil (...) no último século do czarismo." W. Bruce Lincoln, *Red Victory*, pág. 384.

p. 167 "Apesar disso, os bolcheviques executaram mais pessoas nos quatro primeiros anos de poder do que os Romanov o fizeram nos trezentos anos de sua história." Michael Jakobson, *Origins of the Gulag*, págs. 24–25.

p. 167 "Os métodos de execução eram (...) queimá-los vivos em fornalhas." Donald Rayfield, *Stalin and His Hangmen*, pág. 80.

p. 167-68 "Outro método (...) um ralo cheio até a borda de matéria cinzenta dos crânios humanos despedaçados." W. Bruce Lincoln, *Red Victory*, pág. 385.

p. 168 "O que restava das vítimas não era desperdiçado (...) tinha dentaduras feitas com os dentes de ouro das vítimas de seus interrogatórios." Donald Rayfield, *Stalin and His Hangmen*, pág. 75.

p. 168 "Quanto mais cedo nos livrarmos destes prisioneiros, mais cedo alcançaremos o socialismo." W. Bruce Lincoln, *Red Victory*, pág. 389.

p. 168 "Quando permitiram que Bruce Lockhart saísse do quartel-general da Cheka (...) não era de seu interesse utilizá-los." William Henry Chamberlin, *The Russian Revolution*, vol. 2, Nova York, Grosset & Dunlap, 1965, págs. 70–71.

p. 169 "A rebelião camponesa de Tambov, de 1919-1921, foi esmagada (...) todas as casas da aldeia eram destruídas pelo fogo." Sobre o uso de gás venenoso para esmagar a rebelião Tambov e a deportação e destruição de aldeias inteiras, ver *The Black Book of Communism*, Cambridge e Londres: Harvard University Press, 2000, págs. 116–118.

p. 169 "Outro grupo que sofreu grandes perdas foi constituído pelos soldados dos exércitos brancos (...) tornaram-se alvos de ataques indiscriminados." Donald Rayfield, *Stalin and His Hangmen*, págs. 79–80.

p. 170 "Em outubro de 1920, comunistas judeus relataram a Lenin que o Exército Vermelho, em sua retirada da Polônia, organizava *pogroms*. Lenin negou-se a tomar qualquer atitude." Richard Pipes, *The Unknown Lenin: From the Secret Archive*, New Haven e Londres, Yale University Press, 1998, págs. 116–117.

NOTAS

p. 170 "No mesmo instante em que o texto circulava pelos exércitos brancos (...) bania todos os livros em hebraico, independentemente de seu conteúdo." Norman Cohn, *Warrant for Genocide*, Londres, Serif, 1996, pág. 132.

p. 171 "Sem se comoverem com esses fatos, os brancos atacavam os judeus sem descanso, e assassinaram cerca de 300 mil na Ucrânia e na Bielorrússia." Donald Rayfield, *Stalin and His Hangmen,* pág. 82.

p. 171 "Em termos de seu tamanho e alcance, o Terror desencadeado pela Cheka era *sui generis*. (...) Que serviram à Cheka e seus sucessores como informantes." John J. Dziak, *Chekisty: A History of the KGB*, Nova York, Ivy Books, 1988, Capítulos 1 e 2.

p. 171 "De acordo com estatísticas oficiais, liberadas em 1922." A. Nekrich e M. Heller, *Utopia in Power*, pág. 173.

p. 172 "As rebeliões camponesas foram reprimidas (...) milhares de corpos foram carregados para o mar pelos rios da região." A. Nekrich e M. Heller, *Utopia in Power*, págs. 236–237.

p. 172 "Mais de um milhão de *kazakhs* morreram de fome entre 1930 e 1932, e cerca de 3 milhões de ucranianos entre 1932 e 1933." Para essas estimativas, ver Timothy Snyder, "Holocaust: The Ignored Reality", *New York Review of Books*, 56.12 (16 de julho de 2009).

p. 172 "Na Mongólia, quase um terço da população pereceu como resultado da coletivização e da destruição dos mosteiros." Donald Rayfield, *Stalin and His Hangmen*, pág.190.

p. 172 "No seu auge, o Gulag pode ter abrigado mais seres humanos em confinamento do que todo o resto do mundo junto." Michael Jakobson, *Origins of the Gulag*, pág. 139.

p. 173 "Existe alguma evidência de que foi utilizado gás (...) em uma caminhonete hermética." Catherine Merridale, *Night of Stone*, pág. 254.

p. 173 "Mesmo assim, não houve nada parecido com o extermínio perpetrado pelos nazistas em Sobibor e Treblinka". Robert Gellately, *Lenin, Stalin and Hitler: The Age of Social Catastrophe*, Londres, Vintage Books, 2008, págs. 460 e 521.

p. 173 "De acordo com números oficiais." Donald Rayfield, "Killing Fields", *Literary Review*, setembro de 2010, pág. 11.

p. 173 "A morte causada pelo frio criava um problema para as autoridades (...) as mãos congeladas dos mortos eram amputadas e penduradas para que descongelassem e as impressões digitais pudessem ser tomadas para os arquivos do NKVD." Tim Tzouliadis, *The Forsaken*, pág. 230.

p. 173 "Em um sítio escavado (...) foram encontrados corpos com objetos que as vítimas tinham consigo quando foram mortas — bolsas, óculos, brinquedos de crianças." Tim Tzouliadis, *The Forsaken*, págs. 355-356.

p. 173 "Em um sítio de execuções, um antigo monastério perto de Moscou, os prisioneiros eram levados a um quarto chamado de 'os chuveiros'." David Remnick, *Lenin's Tomb*, págs. 138-139.

p. 174 "Cerca de 18 milhões dos mortos na União Soviética entre 1941 e 1945 foram vítimas dos nazistas (...) um Plano de Fome, por conta do qual cerca de 30 milhões de pessoas teriam morrido de fome." Donald Rayfield, *Stalin and His Hangmen*, pág. 395. Outras estimativas colocam as baixas soviéticas da invasão nazista acima de 25 milhões. Sobre o assassinato em massa de judeus, ver Patrick Desbois, *The Holocaust by Bullets*, Londres, Palgrave Macmillan, 2008. Sobre o Plano de Fome, ver Timothy Snyder, "Holocaust: The Ignored Reality".

p. 174 "Lenin e Stalin praticaram o Terror por números (...) suprimentos de água-de-colônia para diminuir o duradouro cheiro da morte." Tim Tzouliadis, *The Forsaken*, pág. 103.

p. 176 "Durante sua visita, foi levado por ruas cheias de padarias (...) os pães eram feitos de gesso pintado." Ver Gustaw Herling, *Volcano and Miracle*, Nova York, Penguin, 1996, pág. 248.

p. 176 "Fred Beal, sindicalista enviado à União Soviética pelo Partido Comunista Norte-Americano, foi à Ucrânia sem supervisão (...) publicou seus relatos em iídiche." Tim Tzouliadis, *The Forsaken*, págs. 56-57.

p. 177 "Duranty era atraído por filosofias exóticas (...) reuniu-se a Crowley para encenar uma série de 'trabalhos mágicos' em Paris." Sobre a admiração que Duranty professava por Weininger e seu envolvimento com Crowley, ver S.J. Taylor, *Stalin's Apologist: Walter Duranty, The New York Times's Man in Moscow*, Nova York, Oxford University Press, 1990, págs. 28–38.

p. 177 "seu discípulo, o major general J.F.C. Fuller, foi um destacado estrategista de guerra de tanques na Inglaterra". Ver Patrick Wright, *Tank: The Progress of a Monstrous War Machine*, Londres, Faber & Faber, 2000, Capítulo 10.

p. 178 "a geração sem sorte das netas de Anna Karenina, vítimas da Revolução". Tim Tzouliadis, *The Forsaken*, pág. 53.

p. 179 "Duranty terá sido empregado da OGPU enquanto viveu na União Soviética? (...) o radical norte-americano I.F. Stone." Para informações sobre I.F. Stone, ver John Earl Haynes, Harvey Klehr e Alexander Vassiliev, *Spies: The Rise and Fall of the KGB in America*, New Haven, Yale University Press, 2009, págs. 146–152.

p. 181 "Depois de cumprir seu propósito, Akhmeteli foi preso, torturado até ficar paralisado e perdeu o poder da fala. Então foi fuzilado, e suas posses lciloadas no teatro." Donald Rayfield, *Stalin and His Hangmen*, pág. 340, e D. Rayfield, "As though no one was looking", *Times Literary Supplement* (12 de dezembro de 2008), pág. 23.

p. 182 "'Assumir que o processo era inventado e encenado como um projeto de ficção política dramática' (...) 'seria pressupor o gênio criador de um Shakespeare e o gênio de um Belasco na produção teatral'." Tim Tzouliadis, *The Forsaken*, pág. 113.

p. 182 "Em um único dia de dezembro de 1938, Stalin assinou trinta listas de sentenças de morte, totalizando cerca de 5 mil pessoas, nenhuma das quais já fora julgada." David Remnick, *Lenin's Tomb*, pág. 406.

p. 183 "Ser o eu singular de si mesmo, desprezar (...) isso seria dizer adeus, dizer adeus." Wallace Stevens, "Waving Adieu, Adieu, Adieu", *Collected Poems*, Londres, Faber & Faber, 2006, pág. 109.

p. 184 "de nenhuma maneira 'fingidos'". Kenneth Young (org.), *The Diaries of Robert Bruce Lockhart, vol. 1: 1915–1938*, Londres, Macmillan, 1973, pág. 156.

p. 184 "Sou uma agente soviética. Gosto de usar joias e pertenço à mais alta sociedade." Citado em Nina Berberova, *Moura: The Dangerous Life of the Baroness Budberg*, trad. de Marian Schwartz e Richard D. Sylvester, Nova York, New York Review of Books Classics, 2005, pág. 245. Ver também Stephen Koch, *Double Lives: Stalin, Willi Munzenberg and the Seduction of the Intellectuals*, Nova York, Enigma Books, 2004, pág. 293, e Lachlan Mackinnon, *The Lives of Elsa Triolet*, Londres, Chatto & Windus, 1992, págs. 104-105.

p. 185 "Em 1951, ela contou a 'Klop' Ustinov (...) Blunt só foi desmascarado publicamente em 1979." "Baroness warned MI5 about Blunt in 1951", *Daily Telegraph* (28 de novembro de 2002); Richard Greene (org.), *Graham Greene: A Life in Letters*, Londres, Abacus, 2007, pág. 405. Em um programa de televisão da BBC 4, My Secret Agent Auntie, transmitido em 7 de maio de 2008, Dmitri Collingbridge, descendente de Moura, sugeriu que ela poderia não ter estado envolvida com espionagem. Isso é muito forçado, mas Collingbridge prestou um serviço valioso ao confirmar que Moura não estava envolvida na morte de Górki. A carreira de Moura foi examinada por Donald MacIntyre no *The Times* de 27 de abril de 2010, no artigo "Há um pouco da baronesa em Nick Clegg"? O título do artigo de MacIntyre refere-se ao fato de que Moura era tia-bisavó do líder democrata liberal britânico.

p. 186 "a alegria de sobreviver intacta; a alegria de saber que não tinha sido destruída por aqueles que amou". Nina Berberova, *Moura*, pág. vxxi.

p. 188 "A capacidade de visão remota (...) os resultados tenham sido inconclusivos." Sobre a visão remota e fenômenos relacionados, ver Damien Broderick, *Outside the Gates of Science*, Nova York, Thunder's Mouth Press, 2007.

p. 189 "O experimento Scole (...) foi agudamente criticado por colegas pesquisadores do psiquismo, entre outros." Para uma avaliação cautelosa do experimento Scole, ver o artigo de Bryan Appleyard no *The Sunday Times* de 27 de junho de 1999. O experimento foi defendido em David Fontana, *Is There an Afterlife – A Comprehensive Overview of the Evidence*, Ropley, O Book, 2007, págs. 324-347.

p. 189 "O experimento ficou incompleto e terminou quando os participantes da sessão foram informados de que aquela sessão estava dificultando a viagem no tempo de alienígenas de outra galáxia." Archie E. Roy, *The Eager Dead*, pág. 561.

p. 189 "As ideologias laicas do século (...) em parte por essa razão, a religião reviveu." Sobre a tendência à dessecularização, ver John Micklethwaite e Adrian Wooldridge, *God Is Back: How the Global Rise of Faith Is Changing the World*, Londres, Allen Lane, 2009.

p. 190 "*The Prospect of Immortality*, livro de Robert Ettinger que se tornou a bíblia da criogenia." Para uma discussão esclarecedora sobre Ettinger e seus seguidores ver Bryan Appleyard, *How to Live Forever or Die Trying: On the New Immortality*, Londres e Nova York, Simon & Schuster, 2007, págs. 198–199.

p. 190 "o prêmio é a Vida (...) formas, cores e texturas que agora mal podemos sentir". Robert C. W. Ettinger, *The Prospect of Immortality*, Palo Alto, Ria University Press, 2005, págs. 6, 180.

p. 190 "Nossa sobrevivência, sem o Deus que uma vez (...) nossa legítima herança." Alan Harrington, *The Immortalist: An Approach to the Engineering of Man's Divinity*, St. Albans, Panther, 1973, págs. 11, 15, 29 e 229.

p. 194 "Bêbado com a taça de vinho vazia da (...) e os segundos passavam em pesadas gotas cobertas de mel." George Faludy, *Selected Poems of George Faludy 1933–1980*, ed. org. e trad. por Robin Skelton, Athens, University of Georgia Press, 1985, pág. 98.

p. 196 "*Transcend: Nine Steps to Living Well Forever.*" Ray Kurzweil e Terry Grossman, MD, *Transcend: Nine Steps to Living Well Forever*, Nova York, Rodale Books, 2009.

p. 197 "A lei dos retornos acelerados (...) com nossa inteligência humano-mecânica." Ray Kurzweil, *The Singularity Is Near: When Humans Transcend Biology*, Nova York, Viking, 2005, págs. 24–29.

p. 198 "o universo se tornará sublimemente inteligente". Ray Kurzweil, *The Singularity Is Near*, pág. 390.

p. 198 "Uma perspectiva comum é que a ciência vem corrigindo, consistentemente (...) o universo inteiro esteja em nossas mãos." Ray Kurzweil, *The Singularity Is Near*, pág. 487.

p. 199 "os computadores podem chegar a ser menos importantes (...) filamentos de código autorreplicantes." George Dyson, *Darwin among the Machines*, pág. 32.

p. 199 "Na verdade, a teoria de Gaia não requer a ideia de propósito e pode ser formulada em termos estritamente darwinianos." Para uma formulação darwiniana da teoria de Gaia, ver James Lovelock, *The Vanishing Face of Gaia*, Londres, Allen Lane, 2009, págs. 112–118.

p. 200 "Se tivesse que dizer o que é o mundo para mim (...) e os movimentos da dança." Czeslaw Milosz, "Throughout our Lands", publicado em *New and Collected Poems*, Londres, Penguin, 2005, pág. 182.

p. 201 "não acredito que qualquer fuga (...) capazes, mesmo que debilmente, de compreendê-lo". A.J. Balfour, *The Foundations of Belief*, pág. 301.

p. 201 "habitualmente usam uma fraseologia. (...) Elas não possuem nem poderes independentes nem existência real". A.J. Balfour, *The Foundations of Belief*, pág. 310–311.

p. 203 "Tomemos o Argumento do Projeto Inteligente, segundo o qual a ordem que os seres humanos encontram no mundo não poderia ter surgido sozinha." Um converso recente ao Argumento do Projeto Inteligente foi Antony Flew. Ver Antony Flew e Roy Abraham Varghese, *There Is a God: How the World's Most Notorious Atheist Changed His Mind*, Nova York, HarperCollins, 2008, Capítulo 5.

p. 203 Se nosso universo é um entre muitos (...) não há necessidade da figura de um projetista. Para uma discussão dessas questões, ver Paul Davies, *The Goldilocks Enigma: Why Is the Universe Just Right for Life?* Londres, Penguin, 2007.

p. 205 "apenas ferramentas que usamos para remendar o mundo". Devo a utilização do termo "remendar" a Nassim Nicholas Taleb. Ver o livro de N.N. Taleb *Tinkering: How to Live in a World We Don't Understand*, que está para ser publicado.

p. 207 "um espírito verdadeiramente despojado não pode assumir que o mundo é totalmente inteligível (...) por temor de ficar louca". George Santayana, "Ultimate Religion", *in* G. Santayana, *The Essential Santayana: Selected Writings*, Bloomington e Indianápolis: Indiana University Press, 2009, pág. 343.

p. 208 "Quando afinal desenganei meu espírito da enorme impostura de um projeto (...) esperança e possibilidades ilimitadas." Richard Jefferies, "Absence of Design in Nature", *in* R. Jefferies, *Landscape with Figures: An Anthology of Richard Jefferies's Prose*, Londres, Penguin, 1983, pág. 244.

p. 208 "Fiquei acordado ouvindo a chuva (...) 'Bem-aventurados sejam os mortos sobre os quais a chuva cai'." Edward Thomas, *The Icknield Way*, Londres, Wildwood House, 1980, págs. 280–283.

p. 210 "A alta floresta (...) E a mim mesmo." "Lights Out", Edward Thomas, *Annotated Poems*, ed. org. por Edna Longley, Tarset, Bloodaxe, 2008, pág. 136.

p. 211 Eu tinha distinguido esse odor emitido pela cidade, leve, volúvel, quase obsceno de putrefação (...) uma poltrona confortável onde descansar. György Faludy, *My Happy Days in Hell*, trad. de Kathleen Szasz, Londres, Penguin Books, 2010, págs. 113–114.

Este livro foi composto na tipologia Adobe
Garamond Pro, em corpo 11,5/16, e impresso em
papel off-white no Sistema Cameron da Divisão
Gráfica da Distribuidora Record.